오가닉 코튼으로 만드는
친환경 아기용품

Organic Cotton

중앙books

추천의 글

오가닉 코튼에 대한 관심이 높아지는 요즘, 김원미 작가의 《오가닉 코튼으로 만드는 친환경 아기용품》의 출간은 아주 반가운 일입니다.

케이준 컴퍼니는 오가닉 코튼의 방적부터 편직, 제직, 염색, 가공, 프린트, 봉제에 이르기까지 모든 과정을 다루는 기업입니다. 그리고 국제적인 오가닉 인증 마크 'GOTS'와 'OE'를 받은 국내 최초의 기업으로서 오가닉 코튼에 대한 올바른 정보를 제공하는 데 막중한 책임을 느낍니다. 일반 코튼과 오가닉 코튼을 육안으로 구분하기란 어려운 일이고, 검증되지 않은 많은 업체들이 자신의 제품이 오가닉 코튼임을 주장하고 있지만 신뢰하기 어려운 경우가 많습니다. 오가닉 인증 마크를 받은 원사라 해도 제조 과정에서 일반 염색 처리를 하면 진정한 오가닉 코튼 제품이라 할 수도 없습니다.

이 책에 소개된 DIY 제품은 모두 국제 오가닉 인증 마크인 'GOTS'와 'OE'를 받은 오가닉 코튼으로 만든 것입니다. 오가닉 코튼 특유의 소박한 컬러와 패턴은 특히 아기용품과 아주 잘 어울립니다. 여기에 오랫동안 파트너로 함께 일해온 김원미 작가의 센스 넘치는 손재주가 더해져 더욱 특별한 오가닉 아기용품으로 탄생했습니다. 소중한 내 아이에게 최고의 것만 선물해주고 싶은 엄마들에게 이 책은 부족함이 없을 것입니다.

이 책을 통해 많은 사람들이 오가닉 코튼의 매력을 깨닫고, 올바른 공정을 거친 오가닉 코튼을 이용해 다양한 DIY 제품을 만드는 데 도움이 되었으면 합니다.

케이준 컴퍼니 대표이사 강성문

케이준 컴퍼니는…

(주)케이준컴퍼니는 국내 최초로 국제 유기 섬유 인증 GOTS(GLOBAL ORGANIC TEXTILE STANDARD)와 OE(ORGANIC EXCHANGE STANDARD)를 획득함으로써 국내 선두주자로 입증된 오가닉 코튼 제조 회사로, 국내 생산된 오가닉 코튼을 수출하는 계기를 열었습니다. 국제 인증 기관 인 컨트롤 유니온 그룹에서 제조 시설에 관한 실사 검증 후 오가닉 코튼 제조 전 과정에 대한 인증을 받은 회사이기도 합니다. www.kjune.co.kr

Do you want to save resources and energy? Do It Yourself! Hand knitting pieces for gifts or for yourself is a great way to do so, while also picking up a social hobby. If you're looking for environmentally friendly materials, and some good knitting advice, <Organic Cotton DIY> is a best guide that will be able to give you the perfect advice.

<Organic Cotton DIY> is using environmentally friendly materials such as organic cotton. Organic cotton is cotton that is grown without chemical fertilizers or pesticides from plants which are not genetically modified. Organic production systems replenish and maintain soil fertility, reduce the use of toxic and persistent pesticides and fertilizers, and build biologically diverse agriculture.

Control Union World Group J.M. Schipper
Control Union Certifications

에너지와 자원을 절약하고 싶으세요? 이제 스스로 하세요! 손바느질을 해서 선물하거나, 취미로 삼는 것은 아주 좋은 방법입니다. 《오가닉 코튼으로 만드는 친환경 아기용품》은 친환경 재료로 손바느질을 하고 싶은 당신에게 완벽한 조언을 줄 수 있는 책입니다.

이 책에서는 오가닉 코튼과 같은 환경친화적인 재료를 사용합니다. 오가닉 코튼이란 농약이나 화학 물질 없이 자란 목화에서 추출한 실로 직조한 면직을 말합니다. 오가닉 생산 시스템은 토양을 비옥하게 만들고 살충제와 화학 비료의 사용을 줄이며, 나아가 생물학적으로 다양하게 농업을 발전시킬 수 있습니다.

컨트롤 유니온 월드 그룹 코리아 지사 대표이사 시퍼 얀 마린어스

컨트롤 유니온은…

컨트롤 유니온(Control Union Certifications)은 국제적인 네트워크 및 해외 지사 등을 통해 각 국가에서 해당 최종 목적지에 이르기까지 통합 물류 및 품질 관리를 하고 있는 네덜란드 기업 피터슨(Peterson) 그룹에 속한 인증 기관입니다. 현재 국제 기준에 따라 세계 전 지역에서 생산되는 오가닉 섬유와 코튼, 산림과 제지, 유기농 농산물 및 식품 등의 심사와 인증을 전 세계에서 가장 많이 하고 있으며 인지도와 신뢰도가 가장 높은 곳입니다.
www.controlunion.com

아이를 사랑하는 마음을 담아

한 땀 한 땀 엮어가는 착한 바느질 이야기

여자라면 뱃속에 내 아이를 품고 기다리는 열 달만큼 설레고 행복한 시간은 또 없을 겁니다. 모두들 사는 게 팍팍하다고, 하루하루 너무 바쁘다고 바둥거릴 때, 소중한 생명을 품은 임신 기간만큼이라도 삶의 여유를 가졌으면 좋겠습니다. 잘 다듬어진 아기옷을 파는 매장은 수없이 찾을 수 있지만, 한 땀 한 땀 엄마의 정성이 담긴 아기옷은 어디서도 구할 수 없습니다. 아기를 위해 손바느질에 몰두하는 동안 엄마도, 뱃속의 아기도 몸과 마음의 온전한 여유가 허락되었으면 합니다.

아이들에게 미술을 가르치며 아동 심리 교사로 일하던 시절, 어린이 한일 미술 교류전을 기획하고 진행하던 시간, 첫 조카 태이를 위해 처음으로 아기옷을 만들던 순간⋯⋯. 가만 생각해보면 지금까지 아이와 함께하고 아이에게 집중했던 시간만큼 더없이 행복한 순간은 없었습니다. 2006년, 오가닉 코튼으로 만든 아기용품 DIY 패키지를 선보이는 '오가닉 코튼 DIY(www.ocdiy.co.kr)' 회사를 세운 이래, 여러 백화점 문화센터 및 강의 프로그램에 초청을 받으면서 매년 '베이비 페어'를 비롯한 다수의 전시에 참여하면서, 믿을 수 있는 오가닉 코튼으로 더 다양한 아이템들을 직접 만들어보고 싶다는 엄마들을 많이 만났습니다. 이 책은 그런 엄마들의 요구를 만족시키고, 임신 중인 여성에게 행복한 태교의 순간을 선사하고 싶은 작은 마음에서 출발했습니다. 그리고 무엇보다 국내 최초의 오가닉 코튼을 이용한 DIY 가이드북이라는 점에서 큰 보람을 느낍니다.

화학 물질을 사용하지 않고 친환경 재배 과정을 거친 오가닉 코튼이 아기 피부 건강에 좋은 건 당연합니다. 그러나 우리가 오가닉 코튼에 주목해야 하는 이유는 단순히 아토피나 알레르기 걱정 때문만은 아닙니다. 그보다 먼저 우리 아이들이 자라 이 지구의 주인이 되는 미래를 위해 엄마들이 할 수 있는 아주 작은 실천이기 때문입니다. 지금은 수요가 많지 않아 오가닉 코튼이 비쌀 수밖에 없지만, 많은 엄마들이 오가닉 코튼에 관심을 갖고 하나 둘 더 많이 찾기 시작한다면 그 비용 부담 또한 차츰 줄어들 것입니다. 화학 비료와 농약을 쓰지 않은 오가닉 코튼을 선택하는 순간, 아이들에게 물려줄 지구도 조금 더 건강해질 겁니다. 그렇게 우리 아이들도 조금 더 건강하게 자라길 바라며 이 책을 준비했습니다.

끝으로 오가닉 제품에 대한 많은 정보와 적극적인 협조를 아끼지 않으신 컨트롤 유니온 대표이사님과 케이준 컴퍼니 대표이사님, 촬영 때마다 다양한 가구와 소품을 흔쾌히 협찬해주신 트리앤그린 사장님, 처음으로 책을 내는 필자가 좌충우돌할 때마다 든든한 길잡이가 되어주신 이 책의 포토그래퍼 F1 스튜디오 실장님, 출판이라는 새로운 도전에 기꺼이 함께하며 한걸음 성장할 수 있게 도와준 우리 회사 식구들, 마지막으로 사랑스러운 조카 태이에게 진심으로 감사드립니다.

2009년 여름 김원미

CONTENTS

Organic Cotton

02 .... 추천사
04 .... 프롤로그
10 .... 아기옷, 왜 오가닉 코튼이 좋을까

PART 1
NEWBORN CLOTHES
보들보들 부드러운 아기옷

14 .... 심플한 기본 스타일 **반팔 티셔츠**
18 .... 앙증맞은 주머니가 달린 **풀 스커트**
20 .... 엉덩이가 귀여운 **스트라이프 옆트임 7부 바지**
24 .... 아장아장 첫 걸음마를 위한 **스트라이프 단추 신발** (실본 수록)
28 .... 예쁜 공주님을 위한 완벽한 소품 **꽃 장식 아기 머리띠**
29 .... 머리와 귀를 따뜻하게 감싸주는 **파일럿 모자** (실본 수록)
34 .... 요정처럼 사랑스럽게 **하트 묶음 모자** (실본 수록)
36 .... 꼬물꼬물 귀여운 아기 손을 위한 **하트 & 화이트 손싸개**
37 .... 부드럽게 발을 감싸주는 **스트라이프 & 곰돌이 발싸개**
40 .... 태어나서 처음 입히는 신생아 옷 **배냇저고리 반팔 & 긴팔** (실본 수록)
44 .... 신세대 엄마들의 인기 아이템 **콤비 배냇저고리 반팔 & 긴팔** (실본 수록)
48 .... 바지로 원피스로 다양하게 활용하는 **투웨이 커버올** (실본 수록)
54 .... 이니셜 아플리케로 장식한 **민소매 보디수트** (실본 수록)
60 .... 스타일리시한 수 장식이 돋보이는 **후드 우주복** (실본 수록)

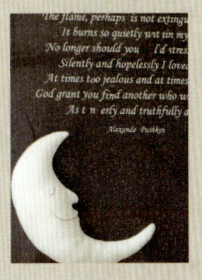

PART 2
SOFT BEDDING
새근새근 행복한 꿈나라

68 .... 엄마 품처럼 포근한 **요, 이불, 베개 3종 침구 세트**
74 .... 아기를 부드럽게 감싸주는 **속싸개**
75 .... 폭신폭신 기분 좋은 **겉싸개**
80 .... 가볍고 휴대하기 좋은 **이불 조끼**
84 .... 돼지, 강아지, 토끼 삼남매 **동물 짱구 베개**
90 .... 꿈나라 단짝 친구 **고양이 인형**

PART 3
NURSING & BATHING
쑥쑥 자라는 수유 시간 &
뽀드득 개운한 목욕 시간

96 .... 동글이, 곰돌이, 꽃 모양 **턱받이 3종 세트**
100 .... 편안한 수유를 위한 **별 수유 베개**
104 .... 깜찍이 더듬이가 예쁜 **무당벌레 쿠션**
106 .... 동화 속 달님과 함께 **달 수유 쿠션**
108 .... 턱받이로, 머리 수건으로 **다용도 거즈 수건**
110 .... 쓱쓱싹싹 깨끗해지는 시간 **목욕 장갑** (실본 수록)
116 .... 뽀송뽀송해진 아기에게 **옆트임 마린 목욕 가운**
120 .... 구석구석 상쾌하게 **목욕 타월**

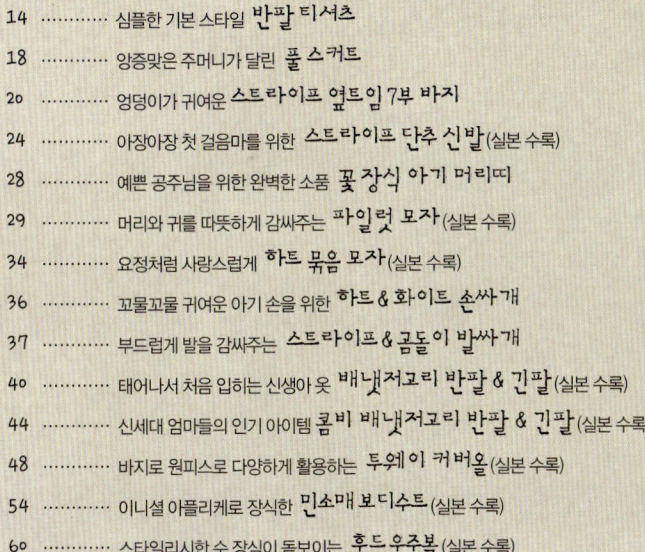

CONTENTS

Organic Cotton

PART 4
INTERESTING TOYS
잼잼까꿍 재미난 놀이 시간

- 126 ········· 간질간질 아기 잇몸을 위한 **곰돌이 & 토끼 치발기 수건**
- 130 ········· 재미난 다용도 장난감 **숟가락 & 포크 치발기 인형**
- 132 ········· 소리 나는 아기 팔찌 **곰돌이 & 토끼 손목 딸랑이**
- 134 ········· 흔들수록 재미나는 **카우 삑삑이 & 소프트볼 딸랑이** (실본 수록)
- 140 ········· 반짝반짝 사랑스러운 **별 모빌**
- 142 ········· 하나, 둘, 셋 **숫자 놀이 장난감**
- 144 ········· 주렁주렁 사과가 열리는 **주사위 장난감**

PART 5
TODDLER STREET LOOK
랄라~ 엄마랑 아기랑 즐거운 나들이

- 150 ········· 기본 스타일로 심플하게 **외출용 조끼 & 팬티** (실본 수록)
- 151 ········· 아기 엉덩이처럼 포동포동 **기저귀 팬티** (실본 수록)
- 154 ········· 리틀 패션 리더를 위한 **뒤트임 원피스 & 민소매 원피스** (실본 수록)
- 160 ········· 편안하게 걸치기 좋은 **후드 카디건**
- 164 ········· 아기의 건강을 위한 엄마의 배려 **병아리 장식 마스크**
- 166 ········· 가볍게 경쾌하게 편리하게 **에코 백**
- 168 ········· 돌돌 말아 간편하게 챙겨가는 **휴대용 담요**
- 170 ········· 쓸모 많은 가방 속 주머니 **기저귀 파우치**
- 174 ········· 뜨거운 태양을 피하는 스타일 아이템 **선캡** (실본 수록)
- 175 ········· 엄마랑 아기랑 맞춰 쓰는 **커플 모자** (실본 수록)

GUIDE FOR BEGGINNERS
초보자도 쉽게 따라하는 오가닉 코튼 DIY 가이드

- 182 ········· 바느질 도구
- 184 ········· 기본 바느질
- 185 ········· 업그레이드 바느질
- 186 ········· 부자재 달기
- 187 ········· 기본 스티치로 수놓기
- 188 ········· 이니셜 수놓기
- 189 ········· 동물 장식 만들기
  병아리 장식 · 토끼 장식 · 곰돌이 장식

이 책은요…

- 이 책에 수록된 모든 아이템은 인증받은 오가닉 코튼으로 만들었습니다 (레이스, 끈 등의 부자재는 예외).
- 도안 그리기 & 재단하기 과정에 표기된 사이즈는 cm 기준입니다.
- 만들기 방법을 이해하기 쉽도록 각 과정마다 상세한 일러스트를 첨부했습니다.
- 재료 중 원단 부분은 브라운 컬러로 구분했습니다.
- 원단 1마는 150cm 폭 원단을 기준으로 합니다.
- 바이어스 테이프는 대각선으로 재단하므로 바이어스 테이프를 만들기 위해서는 원단 1마가 필요합니다.
- 원단 구입 tip에 쓰인 반마, 1마의 기준은 정확한 원단 소요량이 아닙니다.
  원단을 구입할 수 있는 최소 단위를 반마라고 가정하고 구매에 도움을 드리기 위해 기입한 양입니다.
- 가위, 자, 바늘, 실, 수성 초크 등 기본 바느질 도구는 재료에 따로 표기하지 않았습니다.

INFORMATION

아기옷, 왜 오가닉 코튼이 좋을까?

우리 아이가 먹는 이유식, 밥은 꼭 친환경 오가닉 밥상이어야 한다고 굳게 믿는 엄마도 아이의 의류나 침구류까지 반드시 오가닉 코튼일 필요가 있을까 고개를 갸웃할지 모르겠다. 일회용 기저귀 대신 천 기저귀를 채우고 화학 섬유 대신 순면 옷을 선택하는 것으로 많은 엄마들이 안심한다.

재래 면과 오가닉 코튼 무엇이 다를까?

하지만 100% 면 소재라 하더라도 엄연히 오가닉 코튼과는 그 품종부터 제조 과정까지 커다란 차이를 보인다. 면 소재라 해도 과산화수소와 가성소다 같은 염소계 표백제와 형광증백제를 사용한 원단은 아이 몸에 좋지 않다.
일반적인 재래 면의 경우에는 목화 씨앗부터 곰팡이 제거제와 살충제를 사용하여 재배한다. 미국 농무성에 의하면 옥수수, 밀, 콩에 이어 네 번째로 농약을 많이 사용하는 작물이 바로 목화라는 통계도 있다. 전 세계 경작지의 2.5%에 불과한 목화 재배지에 전 세계 살충제의 25%, 제초제의 10%에 해당하는 양을 사용한다는 충격적인 진실을 알고 나면, 더 이상 재래면이 최상이 아니라는 것을 느낄 수 있을 것이다.
오가닉 코튼은 3년간 농약, 제초제, 화학 비료 등을 사용하지 않고 쇠똥이나 퇴비 등을 이용해 재배, 생산된 목화를 말한다. 유전자 조작을 하지 않은 씨앗으로 윤작을 통해 토양을 쉬게 하며 친환경 수확 과정을 거쳐 키운다. 잡초는 땅을 뒤집어 묻는 방법으로 제거하고 익충을 이용해 해충을 방제한다. 수확한 목화는 고엽제를 사용하지 않기 때문에 씨앗, 낙엽 등의 잡물이 간혹 원단에 남아 반점처럼 보이기도 한다. 무엇보다 오가닉 코튼은 인위적으로 염색하지 않은 천연 그대로의 컬러를 이용한다는 점에서

안심할 수 있다. 흔히 오가닉 코튼의 컬러는 크게 아이보리, 브라운, 그린 3가지 색을 띠는데, 이는 모두 오가닉 코튼 품종 자체의 색으로 어떤 염색제나 표백제도 넣지 않은 천연의 색이다.

오가닉 코튼 어떻게 구별할 수 있을까?

최근 친환경, 웰빙 바람을 타고 오가닉 코튼을 공급하는 업체가 많아지고 있다. 오가닉 코튼이 좋은 것은 알지만, 국내에서 전혀 생산되지 않고 100% 수입에만 의존해야 하는 현실에서 진짜 오가닉 코튼을 어떻게 구분할 수 있을까? 가장 확실한 방법은 인증 마크를 확인하는 것이다. 오가닉 코튼 시장을 선도해온 독일, 영국, 미국, 일본 등의 국가를 대표하는 4개 기구가 모여 2005년 단일화된 국제 표준을 확정하고, 그 기준에 부합하는 제품에 'GOTS(Global Organic Textile Standard)' 혹은 'OE(Organic Exchange Standard 100)'라는 오가닉 인증 마크를 부여하고 있다. 'GOTS'와 'OE' 오가닉 인증 마크는 모든 염료와 조제가 독성 및 생물분해성에서 기초 기준을 충족시키고 독성 중금속, 포름알데히드, GMO 등의 규제를 만족시켜야 보증받을 수 있다. 이 인증 마크가 달린 오가닉 코튼 제품이라면 믿고 구입해도 좋다. 현재 'GOTS'와 'OE' 오가닉 인증 마크는 세계적인 오가닉 인증 기업인 '컨트롤 유니온'에서 철저하게 심사하여 인증하고 있다. 국내에서는 ㈜케이준 컴퍼니가 원단 제조와 봉제, 제품의 전 과정에 이르기까지 국제 'GOTS'와 'OE' 오가닉 인증 마크를 획득해 국내 오가닉 코튼의 80% 이상을 공급하고 있다. 오가닉 코튼을 이용한 아기용품 DIY 패키지 및 재료를 다루는 '오가닉 코튼 DIY(www.ocdiy.co.kr)' 역시 국제 오가닉 인증 마크를 받은 케이준 컴퍼니의 오가닉 코튼만 취급하고 있다. 이 책에 소개된 아기용품을 직접 만들 때도 이곳 사이트를 이용하면 믿을 수 있는 오가닉 코튼 원단을 구입할 수 있다.

자료 제공 · 케이준 컴퍼니

PART 1
NEWBORN CLOTHES

보들보들
부드러운 아기옷

태어나서 처음 입는 배내옷부터 하루종일 아기 피부와 직접 닿는 커버올, 보디수트까지.
피부가 여린 신생아를 위한 옷이라면 엄마 마음이 더욱 쓰이는 법이다. 공장에서
붕어빵처럼 찍어내는 화학 옷 대신 이제 '오가닉 코튼'으로 한땀 한땀 정성껏 바느질한
'엄마표' 아기옷을 입혀보자. 뱃속의 소중한 아기가 세상에 나오는 기쁨의 순간을
기다리며, 엄마 손으로 직접 만든 안전한 오가닉 옷을 아기에게 처음 입힐 그날을
기다리며. 하나 둘 완성한 옷은 태교에도 좋고 실속 아이템으로도 유용하다. 엄마 품처럼
따뜻하고 보들보들한, 우리 아기를 위한 첫 번째 옷.

PART 1
NEWBORN CLOTHES

심플한 기본 스타일
반팔 티셔츠

봄, 여름에 가볍게 입을 수 있는 베이식 티셔츠. 가슴 부분을 이니셜 아플리케로 장식하고, 목둘레와 소매에 스트라이프 바이어스 테이프를 둘러 밋밋함을 없앴다. **어깨 한쪽은 똑딱이단추를 달아 옷을 편하게 갈아입힐 수 있도록 배려했다.** 엄마의 사랑을 듬뿍 담은 나만의 이니셜 아플리케로 심플하지만 결코 평범하지 않은 티셔츠를 완성해보자.

반팔 티셔츠

티셔츠 원단 36×28cm 2장, 이니셜 아플리케 스트라이프 원단 20×5cm 1장, 하트 장식 무지 원단 6.4×6cm 2장, 바이어스 테이프 폭 4cm 길이 42cm 1개(목둘레용)·폭 4cm 길이 23cm 2개(팔둘레용), 똑딱이단추 3쌍, 솜 10g

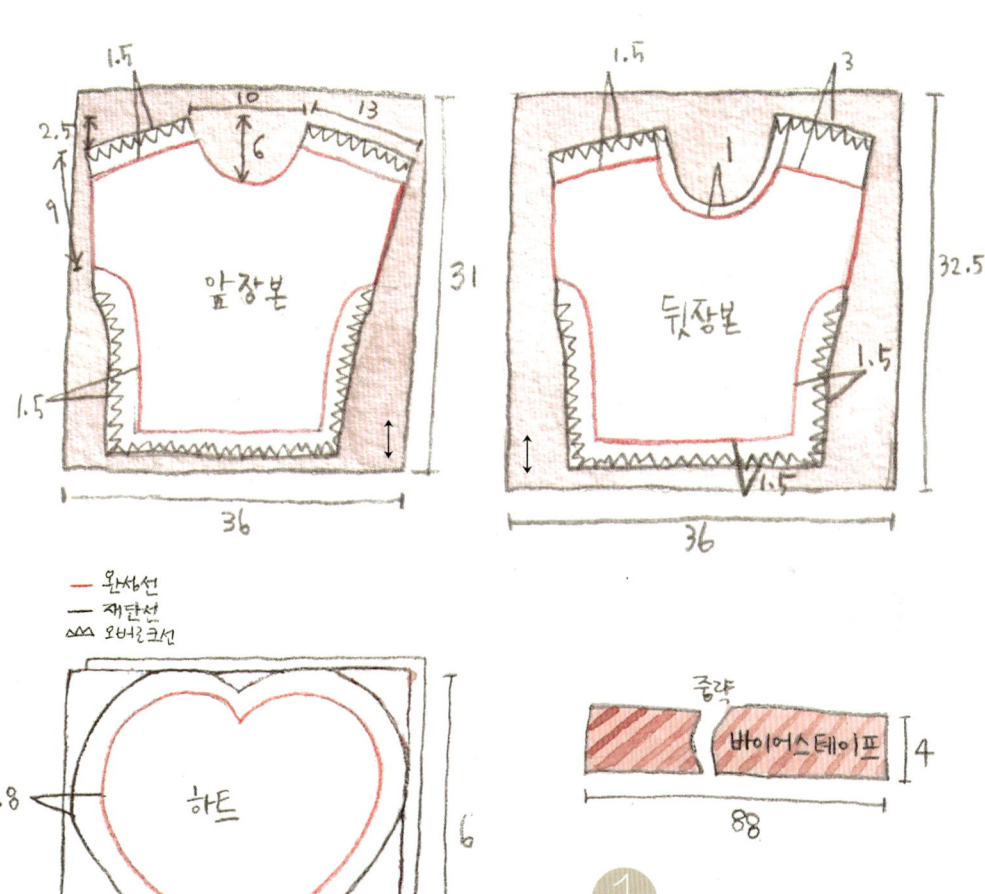

1. 도안 그리기 & 재단하기

표시된 사이즈대로 모눈종이에 도안을 그려 본을 만든다. 오가닉 원단에 그림과 같이 본을 대고 그린 후 재단선을 따라 재단한다. 오버로크선으로 표시한 시접은 올이 풀리지 않도록 오버로크 혹은 감침질한다. 스트라이프 오가닉 원단의 바이어스 테이프를 준비한다.

※point 더 자세한 바이어스 테이프 재단 방법은 p.185 참조.

반팔 티셔츠

 티셔츠 옆선 & 어깨선 연결하기

앞장과 뒷장 원단의 겉면과 겉면을 마주 대어 옆선과 어깨선의 완성선을 따라 박음질한다. 그림과 같이 B 부분의 4cm와 C 부분의 어깨선은 박음질하지 않고 남긴다.

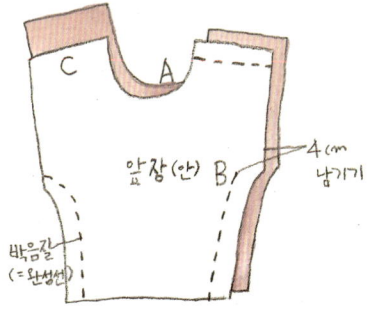

 바이어스 박음질하기

티셔츠 원단을 겉면으로 뒤집은 후, 목둘레 A, 팔둘레 B, C 부분에 바이어스 테이프를 두른다. A, B, C 부분 모두 바이어스 테이프를 시작 지점에서 마무리 지점까지 둘러 시침핀으로 고정하고 윤곽선에서 0.8cm 안으로 들어와 박음질한다. 이때 안쪽의 시접은 가름솔로 펴준다.

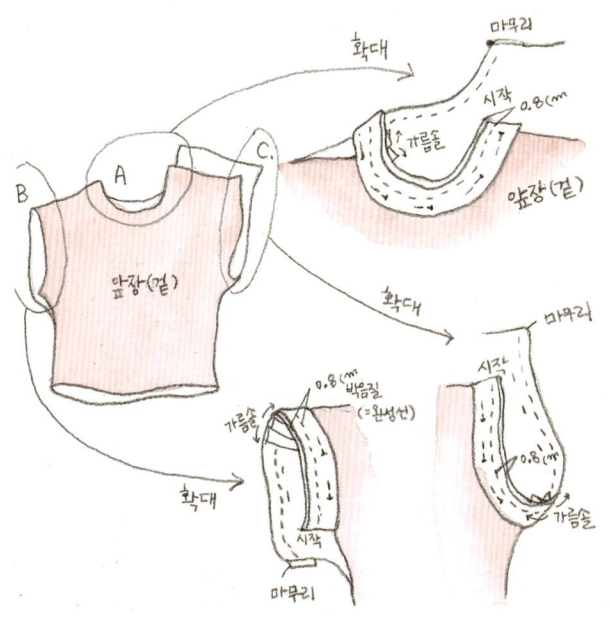

 바이어스 공그르기

A, B, C 부분의 바이어스 테이프를 각각 바느질한 시접 부분을 감싸서 안쪽으로 두 번 접고 시침핀으로 고정한 후 공그르기한다.

※ **point** 더 자세한 바이어스 테이프 두르기 방법은 p.185 참조.

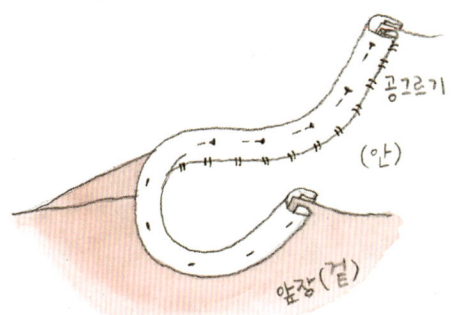

 옆선 마무리하기

원단을 안면으로 뒤집은 후 남겨놓은 B 부분을 완성선을 따라 박음질한다.

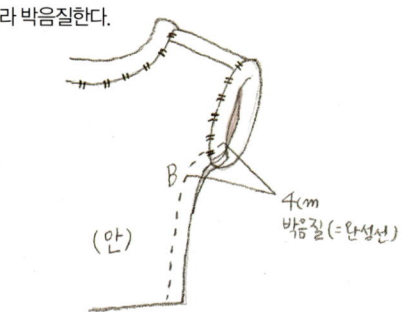

 밑단 마무리하기

원단을 겉면으로 뒤집은 후 밑단을 안면 쪽으로 1.5cm 접는다. 접은 선에서 1cm 안으로 들어와 홈질한다.

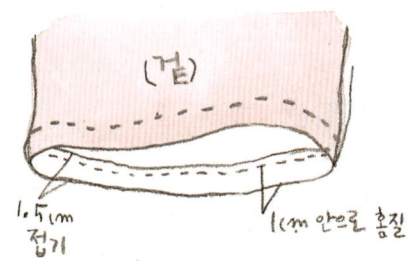

어깨선 마무리하기

남겨놓은 어깨선 C 부분을 그림과 같이 안면 쪽으로 1.5cm 접는다. 접은 선에서 0.5cm 안으로 들어와 홈질한다.

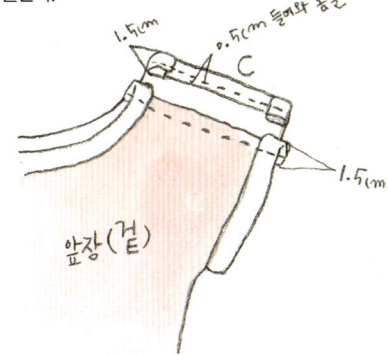

장식 만들기

하트 장식 원단의 겉면과 겉면을 마주 대어 창구멍 2~3cm를 남기고 완성선을 따라 박음질한다. 창구멍을 통해 뒤집은 후 창구멍 사이로 솜을 넣고 공그르기해 창구멍을 막는다.

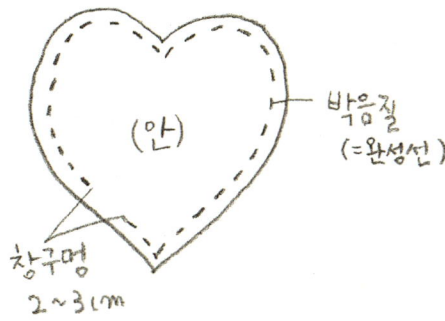

똑딱이단추 달기

어깨선 C 부분에 그림과 같이 일정한 간격을 두고 똑딱이단추 3쌍을 단다. 앞장 겉면 어깨선에 똑딱이 암을, 뒷장 안면 시접에 똑딱이 수를 단다.

※point 더 자세한 똑딱이단추 달기 방법은 p.186 참조.

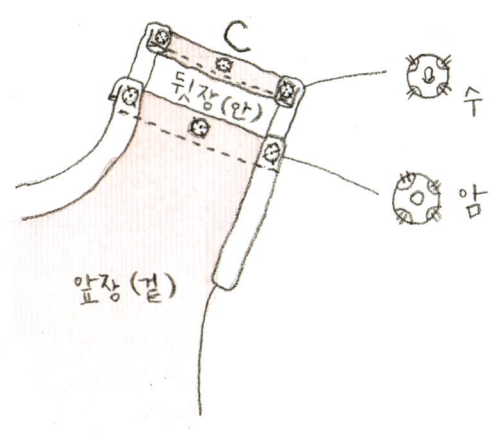

아플리케 달기

원하는 이니셜을 스트라이프 원단에 그리고 재단한 후 준비한 하트 장식과 함께 티셔츠 가슴 부분에 놓고 윤곽선에서 0.2cm 안으로 들어와 홈질한다.

※point 더 자세한 아플리케 달기 방법은 p.188 참조.

PART 1
NEWBORN CLOTHES

앙증맞은 주머니가 달린
풀 스커트

발랄한 체크 무늬 원단에 앙증맞은 주머니를 달아 더욱 사랑스러운 풀 스커트. 여자아이라면 풀 스커트 하나로 개성 넘치는 우리 아이만의 스타일을 연출할 수 있다. 깜찍한 티셔츠와 함께 입히면 더욱 경쾌해 보인다. 넉넉한 치마폭과 고무줄을 넣은 허리는 아이가 활동하는 데 아무런 불편함이 없게 해준다.

풀 스커트

치마 원단 44×28cm 2장, 주머니 원단 10×8.5cm 1장, 고무줄 35cm 1개, 레이스끈 10cm 1개

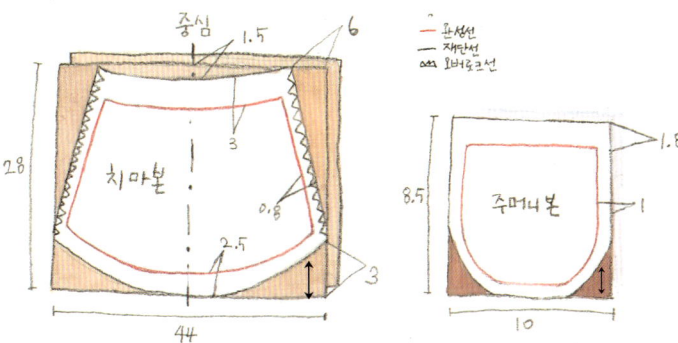

1 도안 그리기 & 재단하기

표시된 사이즈대로 모눈종이에 도안을 그려 본을 만든다. 오가닉 원단에 그림과 같이 본을 대고 그린 후 재단선을 따라 재단한다. 오버로크선으로 표시한 시접은 올이 풀리지 않도록 오버로크 혹은 감침질한다.

2 옆선 박기

치마 원단 2장의 겉면과 겉면을 마주 대어 옆선 완성선을 따라 박음질한다. 양쪽 옆선의 시접은 가름솔로 펴준다.

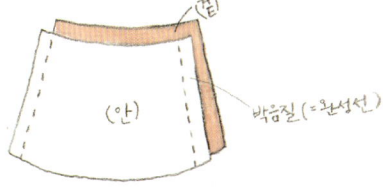

3 허리선 & 밑단 정리하기

허리선을 3cm 접어내려 그중 1cm를 다시 안으로 접어넣는다. 양쪽 윤곽선에서 0.5cm 안으로 들어와 두 줄 홈질한다. 이때 아래 허리선의 1cm는 바느질하지 않고 남긴다. 밑단을 2.5cm 접어올려 그중 1cm를 다시 안으로 접어넣은 후 0.5cm 안으로 들어와 홈질한다.

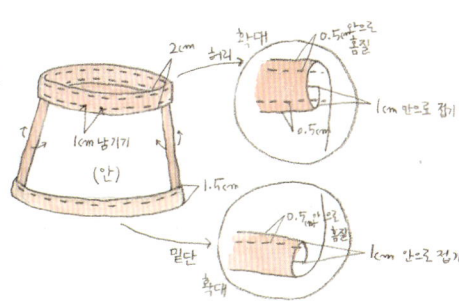

4 고무줄 마무리하기

허리선에 바느질하지 않고 1cm 남겨놓은 공간 사이로 고무줄을 화살표 방향으로 넣는다. 고무줄의 양쪽 끝을 포개 그림과 같이 박음질해 고정한다. 남겨놓은 허리선 1cm 부분을 홈질로 막는다.

※point 고무줄 끝에 옷핀을 꽂아 넣으면 고무줄을 수월하게 넣을 수 있다.

5 주머니 만들기

주머니 윗선을 1.8cm 접어내려 그중 0.8cm를 다시 안으로 접어넣는다. 0.8cm 접어넣은 시접 사이에 그림과 같이 레이스끈을 끼운 후 0.3cm 안으로 들어와 시접과 레이스를 함께 홈질한다.

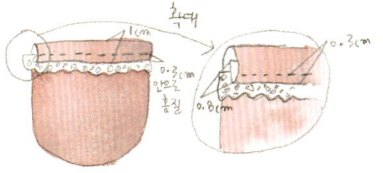

6 주머니 달기

준비한 주머니의 윤곽선을 1cm 안으로 접어넣은 후, 치마의 원하는 위치에 주머니를 놓고 0.5cm 안으로 들어와 홈질해서 고정한다.

PART 1
NEWBORN CLOTHES

엉덩이가 귀여운
스트라이프 옆트임 7부 바지

stripe capri pants

> 다른 색 천으로 붙인
> 엉덩이 부분이
> 원숭이 엉덩이처럼 귀여워요.

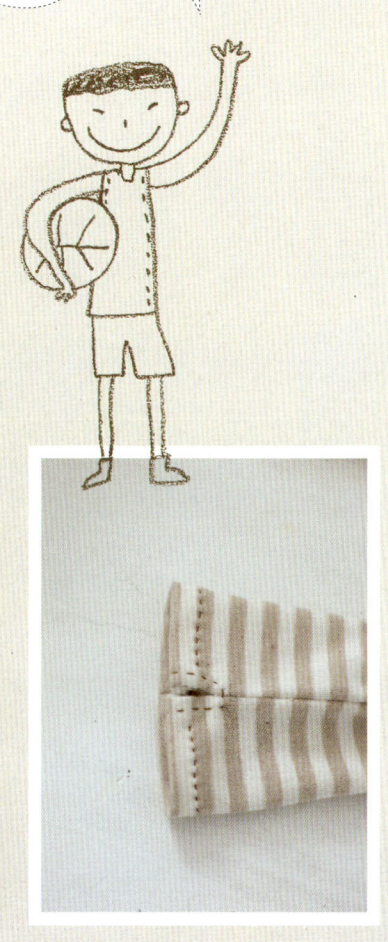

귀여운 원숭이 엉덩이처럼 엉덩이 부분만 브라운 원단을 덧대 도드라지게 만든 스트라이프 7부 바지. 바지 밑단에 살짝 옆트임을 주는 센스와 허리선에 편안한 고무줄을 넣는 실용성까지 더했다. 두툼한 기저귀를 채워도 전혀 불편하지 않도록 엉덩이 부분에 입체감을 주는 것도 빼놓지 않았다. 토실토실한 우리 아기 귀여운 엉덩이를 닮은 앙증맞은 옆트임 7부 바지.

스트라이프 옆트임 7부 바지

 바지 스트라이프 원단 30×39cm 2장, 엉덩이 브라운 원단 19×17cm 1장, 고무줄 35cm 1개, 장식실

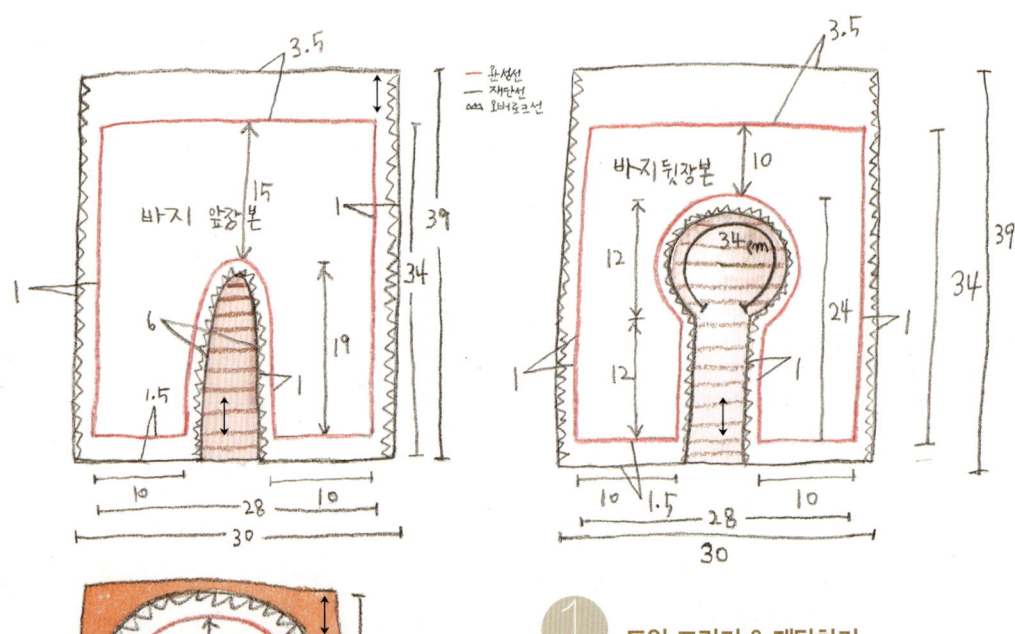

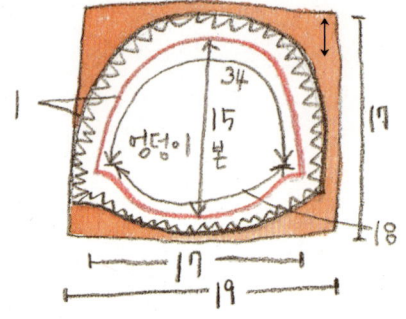

도안 그리기 & 재단하기

표시된 사이즈대로 모눈종이에 도안을 그려 본을 만든다. 오가닉 원단에 그림과 같이 본을 대고 그린 후 재단선을 따라 재단한다. 오버로크선으로 표시한 시접은 올이 풀리지 않도록 오버로크 혹은 감침질한다.

엉덩이 붙이기

바지 뒷장 A 부분과 엉덩이 원단의 중심을 맞춰 겉면과 겉면을 마주 대고 완성선을 따라 박음질한다.

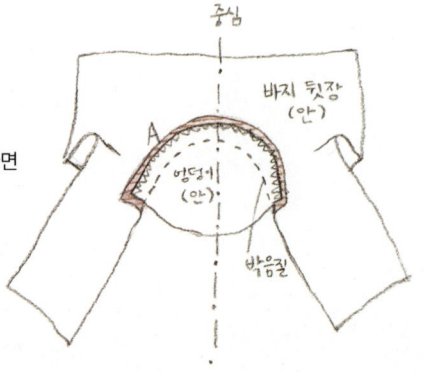

 바지 앞뒤 붙이기

바지 앞장 겉면과 엉덩이를 붙인 바지 뒷장의 겉면을 마주 대어 B 지점에서 C 지점까지 시침핀으로 고정한 후 완성선을 따라 박음질한다.

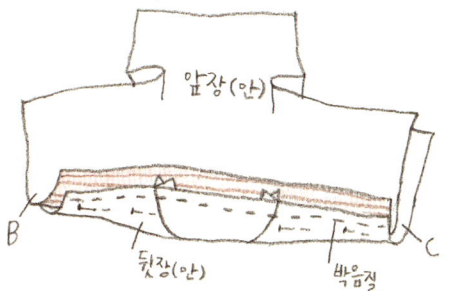

 옆선 박기

바지 옆선을 맞춰 빨간 완성선을 따라 박음질한다. 이때 밑단에서 양쪽 위로 4cm 가량은 박음질하지 않고 남긴다. 왼쪽 옆선을 박음질할 때는 그림과 같이 허리선에서 1.5cm 박음질한 후 2cm 가량은 박음질하지 않고 남긴 상태에서 다시 박음질한다. 박음질하지 않고 남긴 바지 밑단의 4cm 부분은 확대한 그림과 같이 시접을 가름솔로 펼친 후 0.5cm 간격을 두고 장식실로 홈질한다.

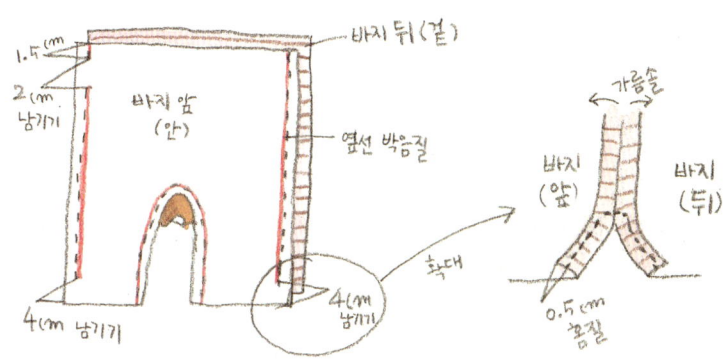

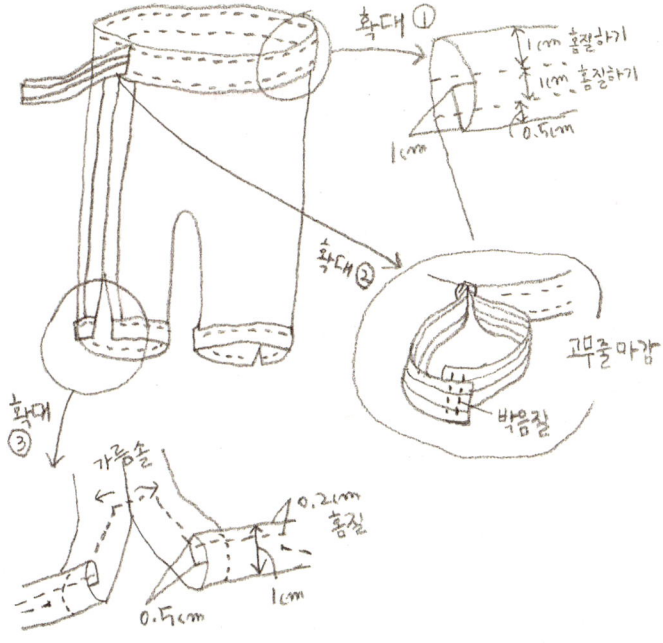

 허리선 마무리하기

허리선은 확대①그림과 같이 3.5cm 접어내리고 그중 1cm를 다시 안으로 접어 시침핀으로 고정한다. 이때 옆선의 시접은 가름솔로 펼쳐준다. 허리선 위에서 1cm 내려와 허리 한 바퀴를 홈질하고, 그 홈질선 아래로 1cm 내려와 한 번 더 홈질한다. 왼쪽 허리 옆선에 박음질하지 않고 남겨놓은 구멍 사이로 고무줄을 넣는다. 고무줄의 양쪽 끝을 포개고 확대②그림과 같이 박음질해서 고정한다.

 밑단 마무리하기

바지 밑단은 좌우 모두 확대③그림과 같이 1.5cm 접어올리고 그중 0.5cm를 다시 안으로 접어 시침핀으로 고정한 후 0.2cm 들어와 홈질한다.

NEWBORN CLOTHES

아장아장 첫 걸음을 위한
스트라이프 단추 신발

깜찍하고 귀여운 아기 신발을 보면 금세라도 아기가
아장아장 걸음을 옮길 것 같아 엄마 마음은 무척 설렌다.
부드러운 오가닉 코튼으로 만든 신발은 아직
걸음을 떼지 못한 신생아의 발을 보호하기에
좋은 아이템. 무지 원단을 안감으로 대어 푹신푹신한
쿠션감을 주는 센스도 잊지 말자.

스트라이프 단추 신발

실물 도안이 들어있어요

발등 무지 원단 30×14cm 2장, 발등 스트라이프 원단 30×14cm 2장, 끈 스트라이프 원단 12.5×5cm 2장, 똑딱이단추 2쌍, 단추 2개

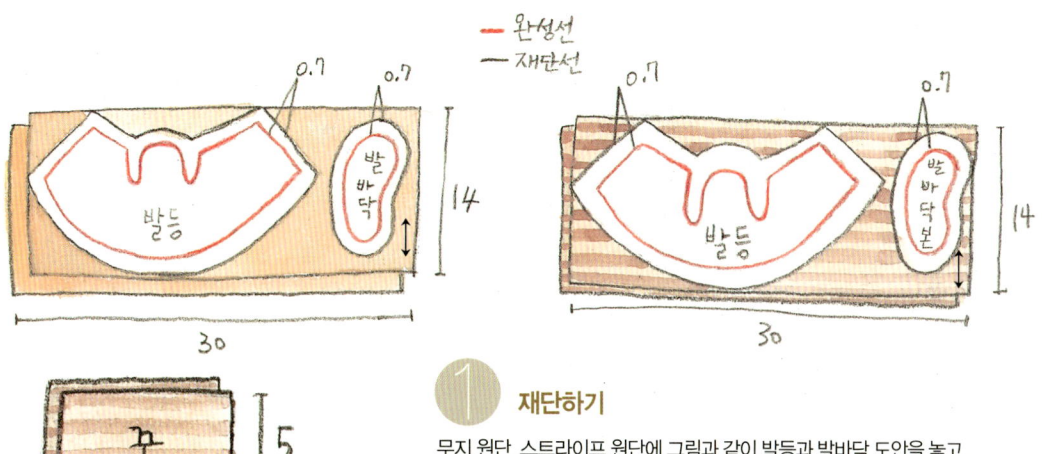

1 재단하기

무지 원단, 스트라이프 원단에 그림과 같이 발등과 발바닥 도안을 놓고 본을 뜬 후 재단선을 따라 재단한다. 끈 원단은 시접을 남기지 않고 반듯하게 재단한다.

2 끈 만들기

재단한 끈 한쪽 A 지점을 1cm 가량 접고 중심을 기준으로 양쪽을 반씩 접는다. 가운데 중심을 기준으로 다시 반을 접어 파란색 윤곽선에서 0.2cm 들어와 홈질한다.

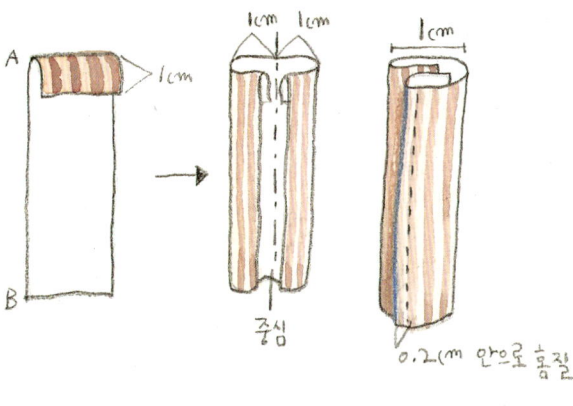

3 발등 가위집 넣기

재단한 발등 원단은 그림과 같이 표시한 양쪽 홈 부분에 가위집을 넣어준다.

※ **point** 스트라이프 원단이 신발 겉면에, 무지 원단이 신발 안면에 해당한다.

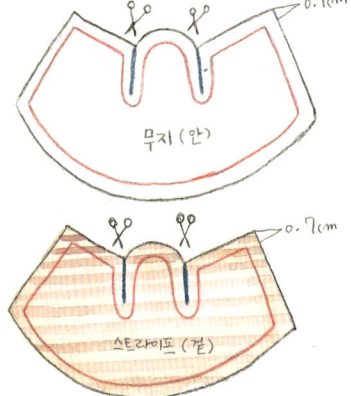

스트라이프 단추 신발

발등 끈 위치 잡기

발등 무지 원단을 겉면이 보이게 놓고, 그림과 같이 가위집을 넣은 오른쪽 홈에서 위로 1.5cm 위치한 자리에 끈을 올려놓는다(왼쪽 신발용). 이때 끝을 접지 않은 끈의 B 지점을 그림과 같이 0.5cm 밖으로 놓는다. 남은 무지 원단 한 장도 같은 방법으로 만들되, 이번에는 가위집을 넣은 왼쪽 홈에서 위로 1.5cm 위치한 자리에 끈을 놓는다(오른쪽 신발용).

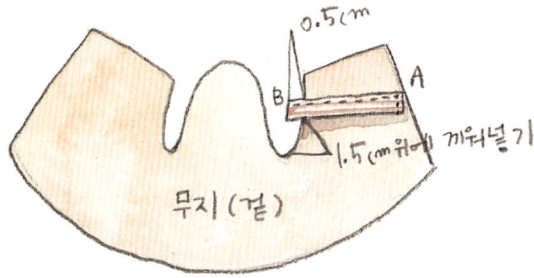

발등 끈 끼워 넣기

끈 위치를 잡은 무지 원단과 스트라이프 원단의 겉면과 겉면을 마주 대어 완성선을 따라 박음질한다.

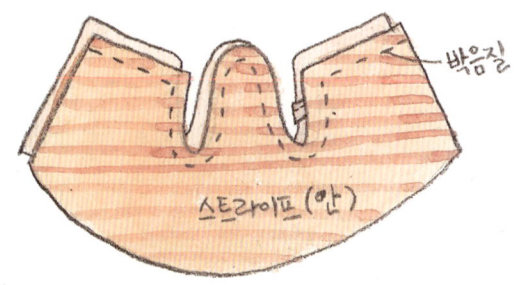

발등 & 발꿈치 연결하기

끈을 끼워 박음질한 발등 원단을 그림과 같이 펼치고, 펼친 좌우 끝의 겉면과 겉면을 마주 대어 확대 그림처럼 완성선을 따라 박음질한다.

※point 중앙 부분은 반듯하게 펼쳐지지 않으므로 양쪽 끝만 잘 펼치면 된다.

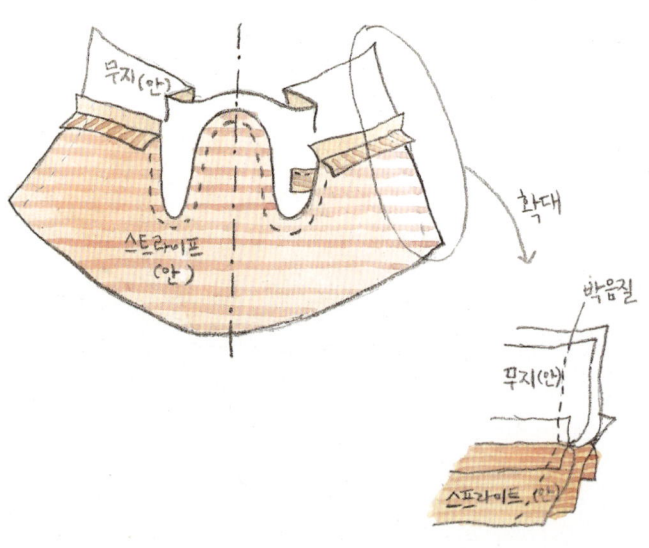

무지 원단 발바닥 붙이기

스트라이프 원단이 신발 겉면 무지 원단이 신발 안면이 되도록 발등 원단을 뒤집는다. 무지 원단으로 재단한 발바닥을 발등 원단에 그림과 같이 마주 대고 윤곽선에서 0.3cm 안으로 들어와 원단 세 겹을 함께 박음질한다.

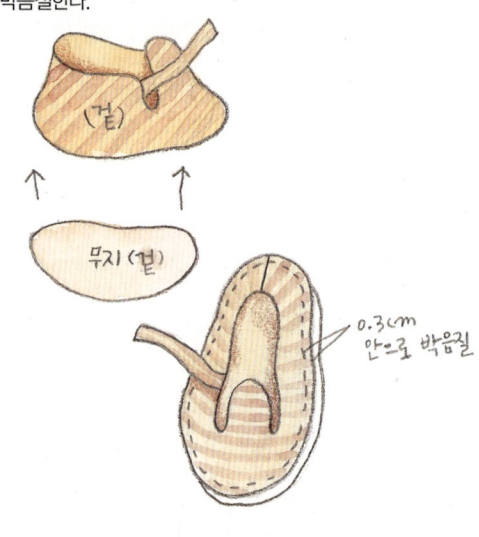

⑧ 스트라이프 원단 발바닥 붙이기

박음질한 무지 발바닥을 0.7cm 가량 안으로 접어넣고, 스트라이프 원단에 재단한 발바닥 시접도 0.7cm 안으로 접어넣는다. 두 발바닥 원단을 그림과 같이 서로 마주 대고 공그르기한다.

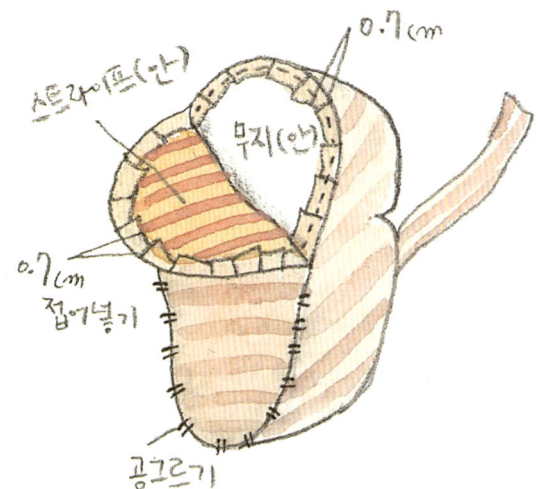

⑨ 끈 고정하기 & 똑딱이단추 달기

발등에 달린 끈은 그림과 같이 무지 원단의 발등에 박음질로 고정하고, 표시된 위치에 똑딱이단추를 단다. 이때 똑딱이 암은 발등에, 똑딱이 수는 끈 끝에 단다.

※ point 더 자세한 똑딱이단추 달기 방법은 p.186 참조.

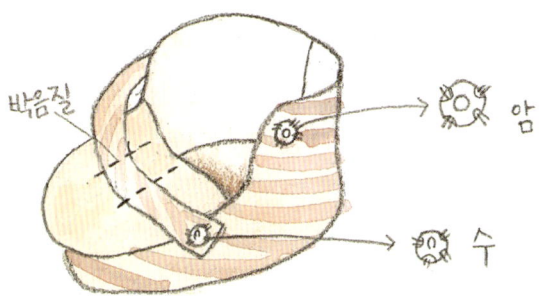

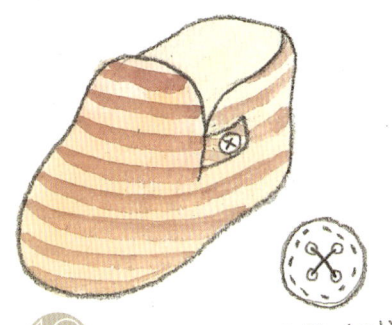

⑩ 단추 달기

끈 끝에 단추를 달아서 장식한다. 단춧구멍이 4개인 경우 장식실을 X자 모양으로 바느질하면 더 예쁘다.

※ point 더 자세한 단추 달기 방법은 p.186 참조.

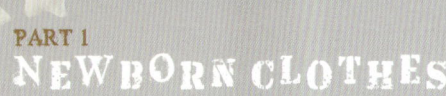

PART 1
NEWBORN CLOTHES

예쁜 공주님을 위한 완벽한 소품
꽃 장식 아기 머리띠

눈에 넣어도 안 아플 예쁜 우리 아기, 깜찍한 아기 머리띠 하나면 동화 속 공주님처럼 더욱 예뻐진다. 화려한 레이스와 갖가지 장식으로 멋을 낸 시중의 아기 머리띠에 비해 소박하고 수수하지만, 부드럽고 안전한 오가닉 코튼으로 만들어 오래 착용해도 불편함이 없다. 특히 외출할 때나 손님이 왔을 때는 잊지 말고 꼭 챙겨주자. 커다란 꽃 장식이 포인트.

머리와 귀를 따뜻하게 감싸주는
파일럿 모자

신생아는 아직 머리카락이 많지 않아서 머리를 감싸줄 면 모자 하나쯤은 반드시 있어야 한다. 파일럿 모자는 끈이 있어 아기가 모자를 잡아당겨도 쉽게 벗겨지지 않고 씌우기도 편리해서 엄마들이 많이 찾는 스타일이다. 아이보리 오가닉 코튼에 브라운 스트라이프 바이어스 테이프로 포인트를 준 파일럿 모자를 씌워 우리 아기도 모델 부럽지 않은 깜찍하고 귀여운 스타일로 표현해보자.

꽃 장식 아기 머리띠

 머리띠 원단 70×7cm 1장, 꽃잎 원단 20×4.5cm 2장,
꽃 중심 원단 6×6cm 1장, 고무줄 40cm, 솜 약간

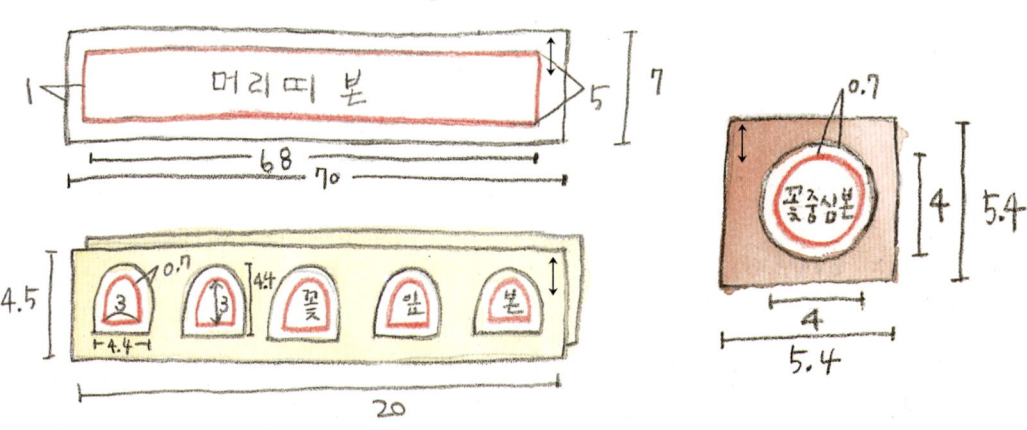

 도안 그리기 & 재단하기

표시된 사이즈대로 모눈종이에 도안을 그려 본을 만든다. 오가닉 원단에
그림과 같이 본을 대고 그린 후 재단선을 따라 재단한다.

 머리띠 박음질하기

머리띠 원단의 겉면이 마주 닿게 가로로 반
접고 완성선을 따라 박음질한다. 중앙에 창
구멍 5cm는 남긴다.

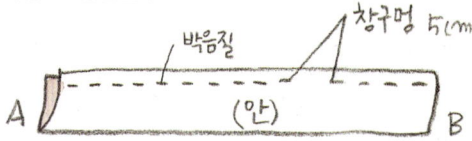

 머리띠 고무줄 박기

머리띠 원단 양쪽 끝에 그림과 같이 고무줄
을 댄다. 완성선을 따라 원단 2장을 함께 박
음질한다.

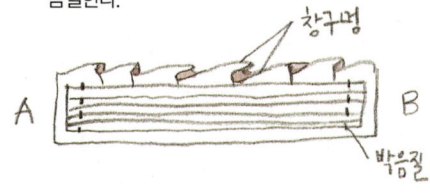

 창구멍 막기

창구멍을 통해 머리띠를 뒤집은 다음 창
구멍을 공그르기해 막는다.

※point 머리띠가 잘 뒤집어지지 않을 경우에
는 긴 도구를 활용해 뒤집는다.

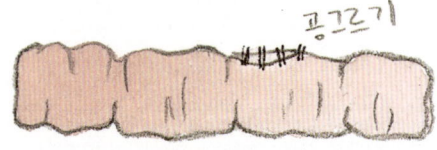

 머리띠 마무리하기

자연스레 주름이 잡힌 머리띠 양 끝 A와 B를 맞대고 촘촘하게 공그르기해 튼튼하게 고정한다.

※point 실도 두 줄로 바느질하고 실의 매듭도 두세 번 튼튼히 지어 잘 풀어지지 않게 주의한다.

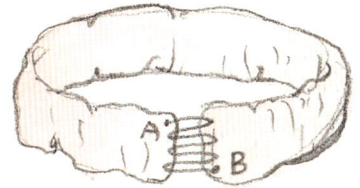

 꽃잎 만들기

꽃잎 원단 2장의 겉면과 겉면을 마주 대어 창구멍을 남기고 완성선을 따라 박음질한 뒤 창구멍을 통해 뒤집는다. 같은 방법으로 꽃잎 5장을 만든다.

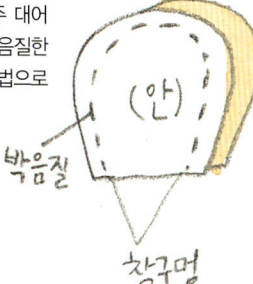

 꽃잎 연결하기

꽃잎의 창구멍으로 남긴 부분을 두세 땀 홈질로 떠서 5장의 꽃잎을 그림과 같이 연결한다. 시작 지점에서 마무리 지점까지 연결한 후 꽃 모양이 되도록 잡아당겨 시작 지점에서 매듭 짓는다.

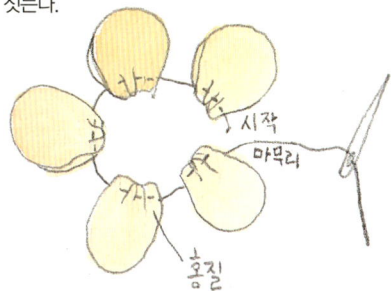

 꽃 중심 만들기

꽃 중심 원단의 동그란 완성선을 따라 홈질한다. 가운데에 솜을 올려놓고 실을 잡아당긴다. 실을 매듭지어 마무리한다.

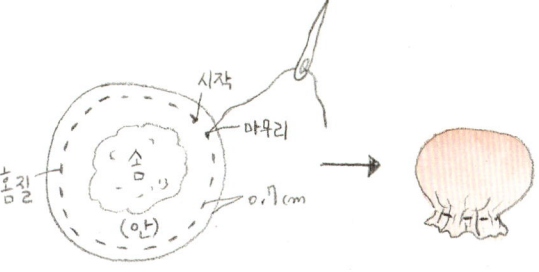

 꽃 중심과 꽃잎 연결하기기

준비한 꽃잎 5장을 솜을 넣은 꽃 중심과 공그르기로 연결한다.

 머리띠와 꽃 장식 연결하기

머리띠 양쪽 끝 A와 B를 연결한 부분에 완성한 꽃 장식을 공그르기해 고정한다.

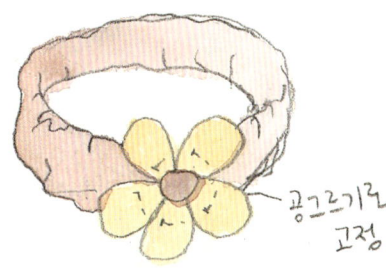

파일럿 모자

모자 원단 37.5×31.5cm 1장, 바이어스 테이프 폭 4cm 길이 28cm 1개(뒷목선용)·폭 4cm 길이 100cm 1개(이마선용), 장식실

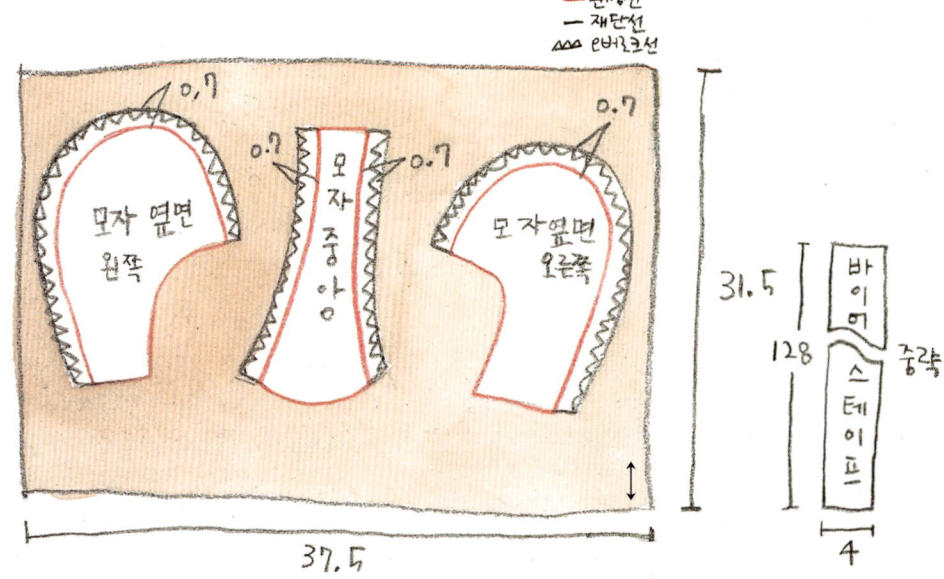

 재단하기

오가닉 원단에 도안을 놓고 본을 뜬 후 재단선을 따라 재단한다. 오버로크선으로 표시한 시접은 올이 풀리지 않도록 오버로크 혹은 감침질한다.

 중앙 부분과 옆면 연결하기

모자 중앙 부분의 파란 선과 모자 옆면(왼쪽)의 파란 선을 겉면과 겉면을 마주 대고 완성선을 따라 박음질한다. 모자 옆면(오른쪽)도 마찬가지로 모자 중앙 부분과 겉면끼리 마주 대고 완성선을 따라 박음질한다.

※point 모자 중앙과 옆면 원단을 맞출 때는 이마와 뒷목의 위치가 서도 맞도록 주의한다.

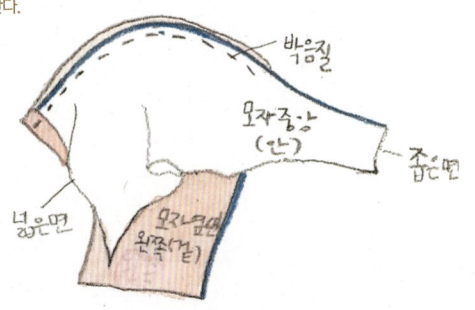

 홈질하기

그림과 같이 시접을 모자의 양 옆면으로 접고 모자 옆면과 함께 장식실로 홈질해 시접을 고정한다.

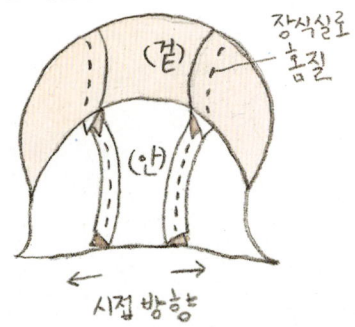

 뒷목선 바이어스 박음질하기

모자의 뒷목선을 따라 바이어스 테이프를 둘러 시침핀으로 고정한 후 윤곽선에서 0.8cm 안으로 들어와 박음질한다.

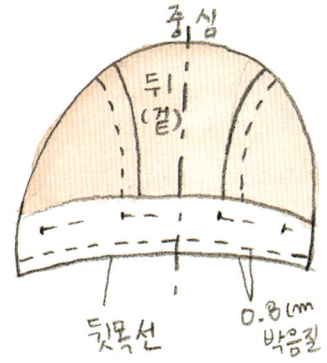

 뒷목선 바이어스 공그르기

뒷목선에 박음질한 바이어스 테이프를 바느질한 시접 부분을 감싸서 안쪽으로 두 번 접고 시침핀으로 고정한 후 공그르기한다.

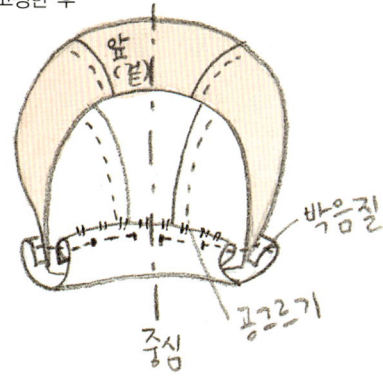

 이마, 끈 부분 바이어스 박음질하기

이마선용 바이어스 테이프를 반 접어 그 중심을 모자 이마 중심에 맞춰 양쪽 끈의 길이를 동일하게 맞춘 다음, 이마 윤곽선에서 0.8cm 안으로 들어와 모자 원단과 함께 박음질한다. 양쪽 바이어스 테이프의 끝은 1cm 접어 시침핀으로 고정한다.

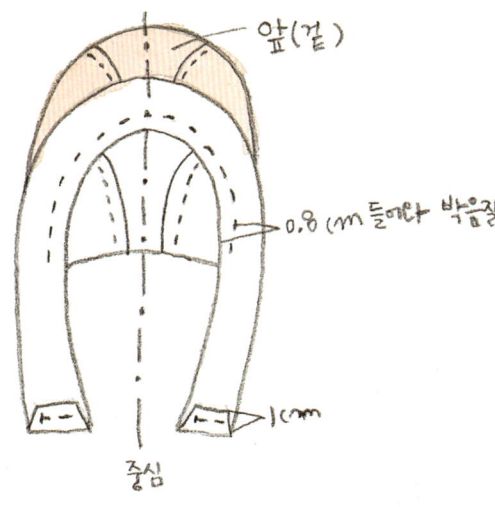

 이마, 끈 부분 바이어스 공그르기

이마선에 박음질한 바이어스 테이프를 바느질한 시접 부분을 감싸서 안쪽으로 두 번 접고 시침핀으로 고정한다. 바이어스 테이프 양쪽 끝은 A 부분과 같이 중심을 기준으로 접은 다음 B 부분과 같이 바이어스 테이프를 반 접어 시침핀으로 고정한 후 공그르기해서 마무리한다.

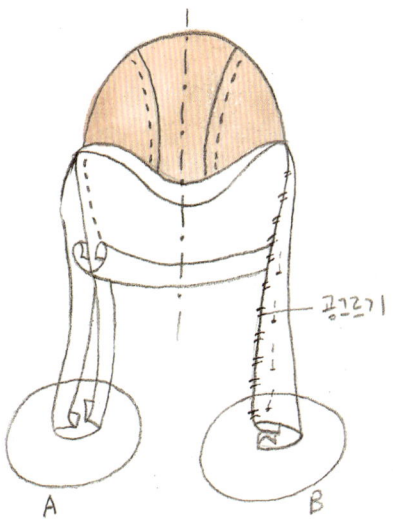

PART 1
NEWBORN CLOTHES

요정처럼 사랑스럽게
하트 묶음 모자

마치 하늘나라의 요정이 내려온 것처럼 정수리의 긴 꼭지 모양이 귀여운 하트 묶음 모자. 정수리의 꼭지를 자연스럽게 묶어주면 더욱 세련되게 스타일링할 수 있다. 브라운 컬러에 깜찍한 하트 패턴이 그려진 오가닉 원단 또한 고급스럽다. 특히 여자아이에게 씌우면 요정처럼 예쁘다.

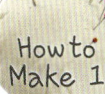

하트 묶음 모자

 실물 도안이 들어있어요

원단 24×45.5m 2장, 바이어스 테이프 폭 4cm 길이 135cm 1개(얼굴용)·폭 4cm 길이 20cm 1개(뒷목용)

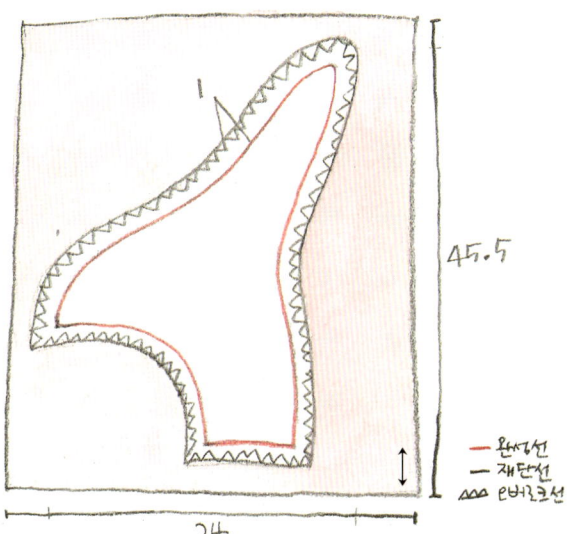

― 완성선
― 재단선
⋀⋁⋀ 오버록선

 재단하기

오가닉 원단에 도안을 놓고 본을 뜬 후 재단선을 따라 재단한다. 오버록선으로 표시한 시접은 올이 풀리지 않도록 오버록 혹은 감침질한다.

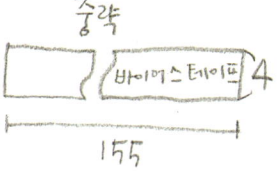

 모자 원단 연결하기

원단 2장의 겉면과 겉면을 마주 대어 완성을 따라 박음질한다. 시접은 가름솔로 펼쳐준다.

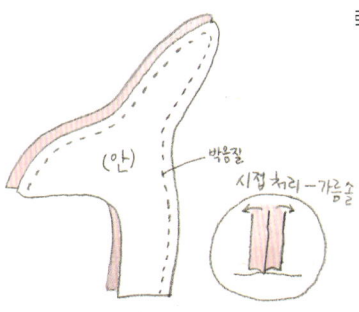

 뒷목 바이어스 박음질하기

모자를 겉면으로 뒤집는다. 뒷목 부분의 파란 선에 맞춰 뒷목용 바이어스 테이프를 시침핀으로 고정하고 윤곽선에서 0.8cm 안으로 들어와 박음질한다.

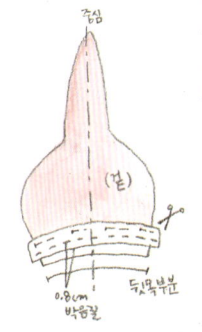

 뒷목 바이어스 공그르기

박음질한 바이어스 테이프를 바느질한 시접 부분을 감싸서 안쪽으로 두 번 접고 모자 안면에서 공그르기한다.

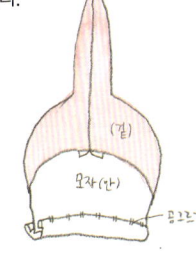

 얼굴 바이어스 박음질하기

얼굴용 바이어스 테이프를 반 접어 그 중심을 뒷목 중심에 맞춰 양쪽 끈의 길이를 동일하게 맞춘다. 바이어스 테이프 양쪽 끝은 1cm씩 접는다. 얼굴 부분의 파란 선에 맞춰 바이어스 테이프를 시침핀으로 고정하고 윤곽선에서 0.8cm 안으로 들어와 박음질한다.

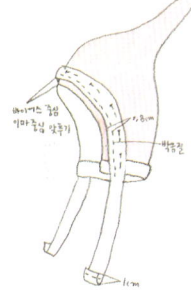

 끈 바이어스 마무리하기

박음질한 바이어스 테이프의 바느질한 시접 부분을 감싸서 안쪽으로 두 번 접고 시침핀으로 고정한다. 바이어스 양쪽 끝은 A 부분과 같이 접은 다음 B 부분과 같이 다시 반 접어 시침핀으로 고정한 후 공그르기해서 마무리한다.

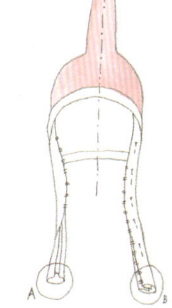

PART 1
NEWBORN CLOTHES

홈질 스티치로
더욱 러블리한 손싸개를
완성해 보세요.

꼬물꼬물 귀여운 아기 손을 위한
하트 & 화이트 손싸개

팔을 많이 움직이는 신생아 때는 아기가 자기도 모르게 손톱으로 얼굴을 긁어 상처를 입을 수 있으므로 손싸개를 꼭 준비해야 한다. 앙증맞은 하트 문양 오가닉 코튼이나 순백 오가닉 코튼으로 만든 세상에서 가장 작은 벙어리장갑 손싸개. 모양을 달리 해서 두서너 개 준비해보면 어떨까? 장식실로 예쁘게 홈질해서 모양을 내거나 리본으로 포인트를 주면 더욱 사랑스럽다.

baby mitts

부드럽게 발을 감싸주는
스트라이프 & 곰돌이 발싸개

생후 3개월 전후의 신생아라면 손싸개와 함께 발을 보호해주는 발싸개도 준비하자. 갓 태어나서는 양말을 신을 수 없으므로 양말 대용으로 발싸개를 사용한다. 스트라이프 오가닉 코튼에 리본 장식을 붙여 만든 발싸개와 하얀 오가닉 코튼에 곰돌이 장식으로 멋을 낸 발싸개, 2가지 모양에 도전해보자. 손싸개와 세트로 맞춰 같은 원단, 같은 장식으로 만들어도 예쁘다.

baby booties

How to Make 1

하트 & 화이트 손싸개

원단 10×14.5cm 4장, 고무줄 10cm 2개, 리본끈(선택) 20cm 2개

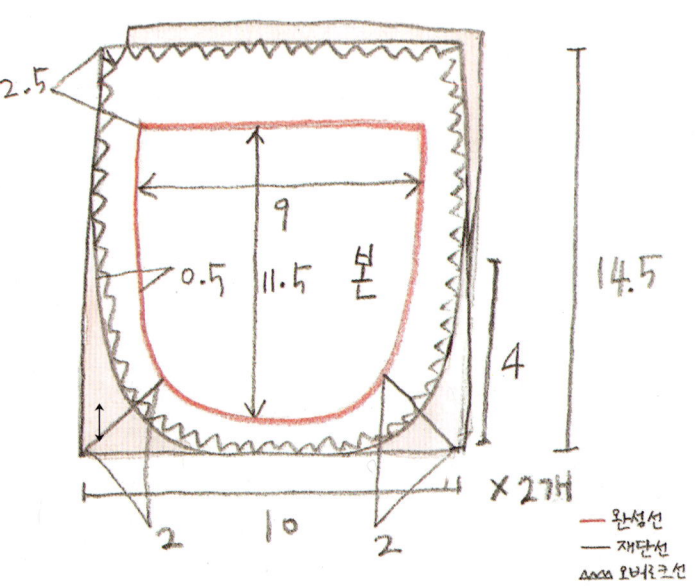

― 완성선
― 재단선
△△△ 오버로크선

 고무줄 넣기

홈질하지 않고 1cm 남겨놓은 구멍으로 고무줄을 넣고 화살표 방향으로 당긴다.

※point 고무줄 끝에 옷핀을 꽂아 넣으면 고무줄을 쉽게 넣을 수 있다.

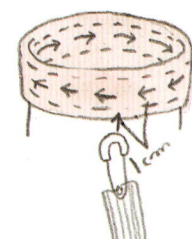

 고무줄 마무리하기

고무줄의 양쪽 끝을 포개어 그림과 같이 박음질해서 고정한다. 남겨놓은 구멍을 홈질로 막는다.

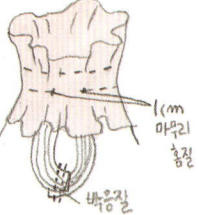

 도안 그리기 & 재단하기

표시된 사이즈 대로 모눈종이에 도안을 그려 본을 만든다. 오가닉 원단에 그림과 같이 본을 대고 그린 후 재단선을 따라 재단한다. 오버로크선으로 표시한 시접은 올이 풀리지 않도록 오버로크 혹은 감침질한다.

 홈질하기

손싸개를 겉면으로 뒤집은 후, 손둘레 부분의 안쪽으로 만져지는 시접선을 따라 0.6cm 안으로 들어와 홈질한다. 리본을 달고 싶으면 리본끈으로 리본 모양을 만들어 중앙 매듭 부분에 홈질하듯이 나란히 두 땀을 잡아 고정한다.

※point 시접선을 따라 홈질하는 이유는 아기 손이 시접에 직접 닿지 않도록 시접을 고정해주고, 잦은 빨래에 올이 풀리는 것을 막기 위해서다. 더 자세한 리본 달기는 p.186 참조.

 손둘레 박음질하기

손싸개 원단 2장의 겉면과 겉면을 마주 대어 손둘레 완성선을 따라 박음질한다. 남은 원단 2장도 같은 방법으로 박음질해서 양손을 만든다.

 고무줄 길 만들기

손목 부분을 2.5cm 접어내려 그림과 같이 두 줄 홈질한다. 아래쪽은 1cm 가량 바느질하지 않고 남겨서 고무줄이 들어갈 공간을 만든다.

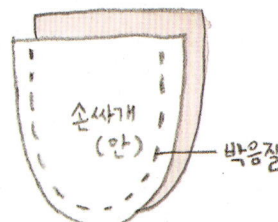

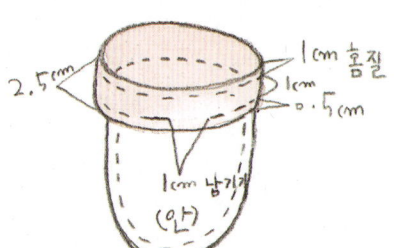

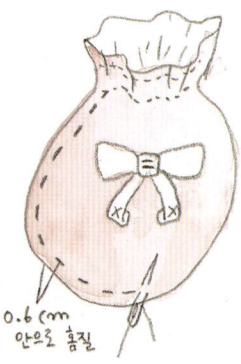

스트라이프 & 곰돌이 발싸개

발등 원단 26×11cm 2장, 발바닥 원단 10×7cm 2장,
고무줄 10cm 2개, 리본끈(선택) 20cm 2개,
곰돌이 와팬(선택) 2개

 도안 그리기 & 재단하기

표시된 사이즈대로 모눈종이에 발등 도안을 그려 본을 만든다. 오가닉 원단에 본을 대고 그린 후 재단선을 따라 재단한다. 발바닥 도안도 마찬가지로 본을 떠서 2장의 원단에 각각 그려 재단한다. 오버로크선으로 표시한 시접은 올이 풀리지 않도록 오버로크 혹은 감침질한다.

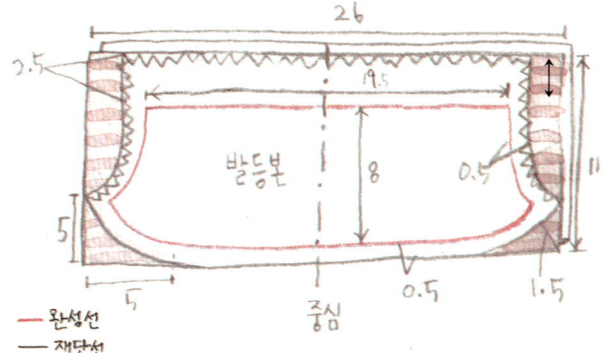

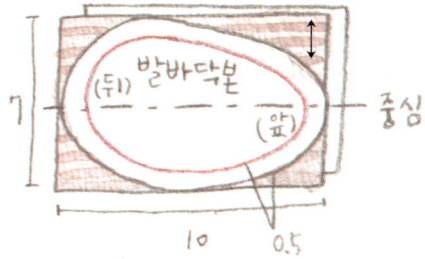

 박음질하기

발등 원단을 가운데 중심을 기준으로 겉면과 겉면을 마주 대어 반 접고 완성선을 따라 박음질한다. 원단 2장으로 각각 양발을 만든다.

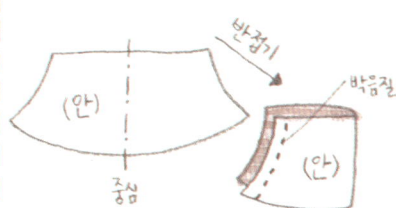

 고무줄 길 만들기

발목 부분을 2.5cm 접어내려 그림과 같이 두 줄 홈질한다. 이때 아래쪽 홈질은 1cm 가량 바느질하지 않고 남겨 고무줄이 들어갈 공간을 만든다.

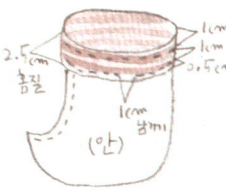

 발바닥 붙이기

준비한 발등 원단과 발바닥 원단을 겉면과 겉면을 마주 대어 그림과 같이 발등 안면 완성선을 따라 두 장을 함께 박음질한다.

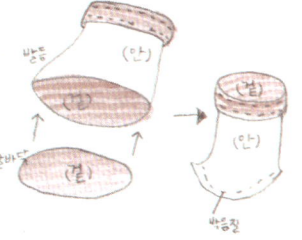

 홈질하기

발싸개를 겉면으로 뒤집는다. 발둘레 안쪽으로 만져지는 시접선을 따라 0.6cm 안으로 들어와 홈질한다. 리본을 달고 싶으면, 리본끈으로 리본 모양을 만들어 중앙 매듭 부분에 홈질하듯이 나란히 두 땀을 잡아 고정한다. 장식 와팬을 달고 싶으면 감침질로 고정한다.

※ **point** 시접선을 따라 홈질하는 이유는 아기 발이 시접에 직접 닿지 않도록 시접을 고정해주고, 잦은 빨래에 올이 풀리는 것을 막기 위해서다. 장식 와팬은 부자재 시장에서 구입한다. 더 자세한 리본 달기는 p.186 참조.

 고무줄 마무리

발목 부분에 홈질하지 않고 1cm 남겨놓은 구멍으로 고무줄을 넣는다. 고무줄의 양쪽 끝을 포개 그림과 같이 박음질해서 고정한다. 남겨놓은 구멍을 홈질로 막는다.

PART 1
NEWBORN CLOThES

태어나서 처음 입히는 신생아 옷
배냇저고리 반팔 & 긴팔

갓난아기에게 처음으로 입히는 옷, 배냇저고리는 입고 벗기가 간편하고 넉넉해서 활동이 자유로운 것이 좋다. 여기에 위생적이고 안전한 오가닉 코튼으로 만든 배냇저고리라면 우리 아이 첫 번째 옷으로 더할 나위 없이 좋을 터. 깨끗한 흰색 원단으로 만든 반팔 배냇저고리와 사랑스러운 하트 문양 원단으로 만든 긴팔 배냇저고리에 홈질 스티치로 포인트를 주었다.

배냇저고리 반팔 & 긴팔

※반팔, 긴팔은 재단하는 도안만 다를 뿐 만드는 방법이 같아요.

 원단 72×72cm 1장, 바이어스 테이프 폭 4cm 길이 90cm 1개, 면끈 25cm 6개

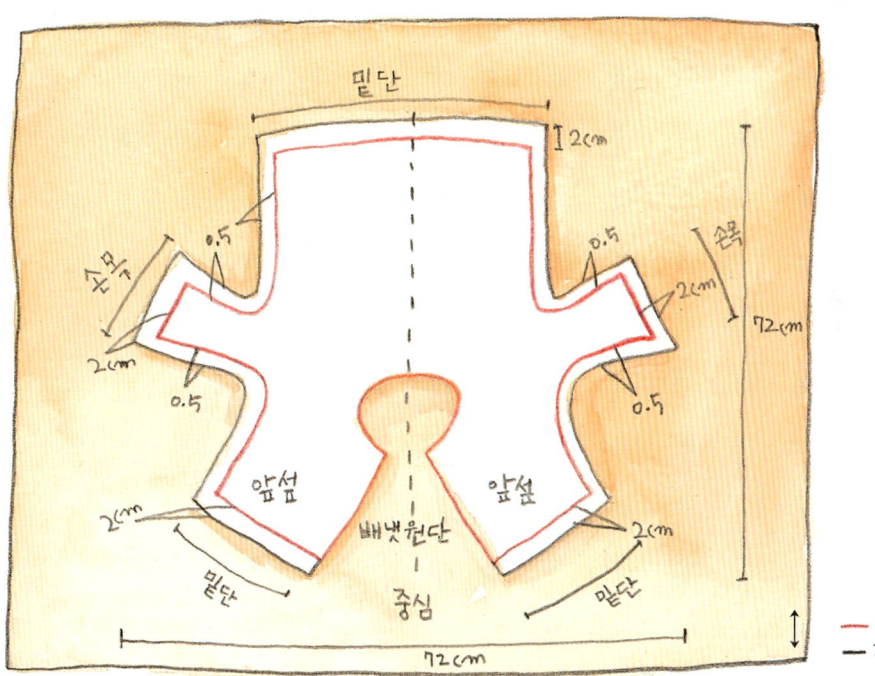

1. 재단하기

오가닉 원단에 도안을 놓고 본을 뜬 후 재단선을 따라 재단한다.
같은 오가닉 원단의 바이어스 테이프를 준비한다.

※ point 더 자세한 바이어스 테이프 재단 방법은 p.185 참조.

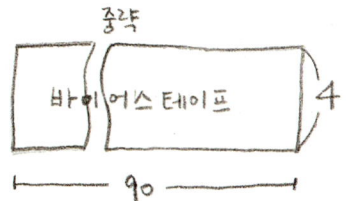

배냇저고리 반팔 & 긴팔

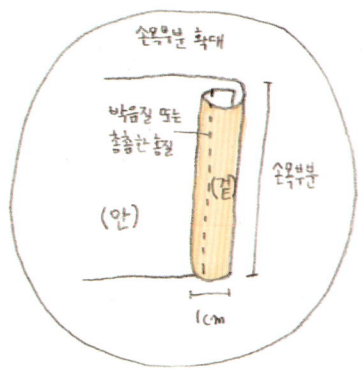

 손목 박기

배냇저고리 원단을 펼친 상태로 양쪽 손목을 1cm 가량 두 번 접어 박음질 또는 촘촘하게 홈질한다.

※ point 박음질은 겉면, 안면의 바늘땀이 서로 다른 모양으로 나오므로, 옷 겉면에 반듯한 바늘땀이 나오도록 주의한다.

 옆선 박기

원단의 안면이 겉으로 나오게 접은 후 완성선을 따라 옆선 라인을 박음질한다. 이때 그림과 같이 왼쪽 겨드랑이 부분에 끈①을 시침핀으로 고정한 후 옆선을 박을 때 같이 박음질한다. 겨드랑이 부분의 시접에 살짝 가위집을 주어 겉면이 나오게 뒤집는다.

※ point 곡선 부분 시접의 절반 정도만 살짝 가위집을 주면 원단이 울지 않고 반듯하게 뒤집어진다.

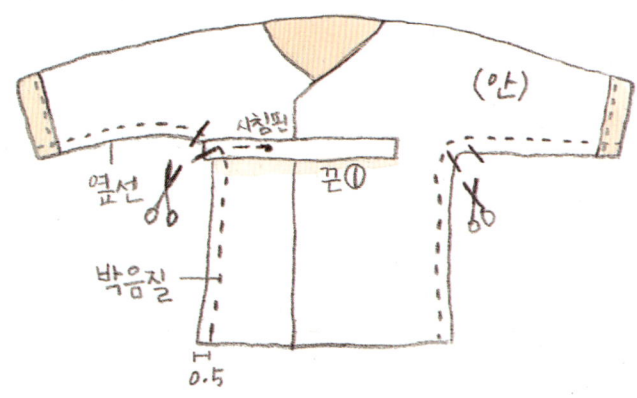

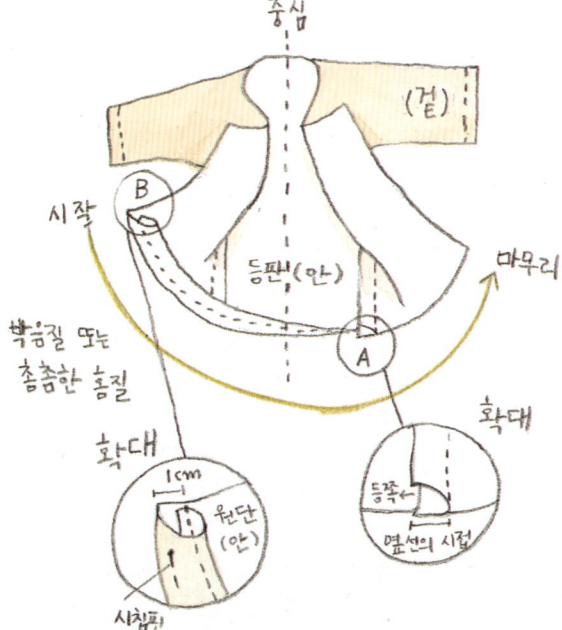

 밑단 박기

확대한 그림 A처럼 옆선의 시접을 등 쪽으로 꺾고 확대한 그림 B처럼 밑단을 1cm 가량 두 번 안으로 접어 시작 부분에서 마무리 부분까지 박음질 또는 촘촘하게 홈질한다.

※ point 박음질하기 전에 밑단을 접어 시침핀이나 시침질로 고정한 후 박음질한다. 박음질은 옷 겉면에 반듯한 바늘땀이 나오도록 주의해서 바느질한다.

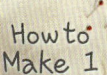

 끈 고정하기 & 바이어스 두르기

파란 선 앞섶 부분을 배냇 원단, 끈, 바이어스 테이프 순으로 정리해 시침핀으로 고정한다. 그림과 같이 끈②는 왼쪽 앞섶 겨드랑이 높이에 맞춰 고정한다.

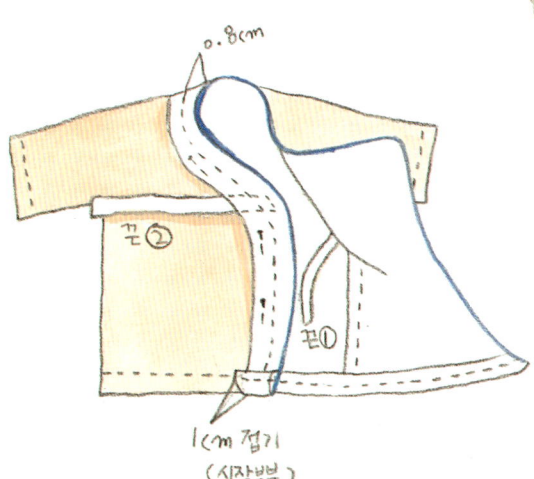

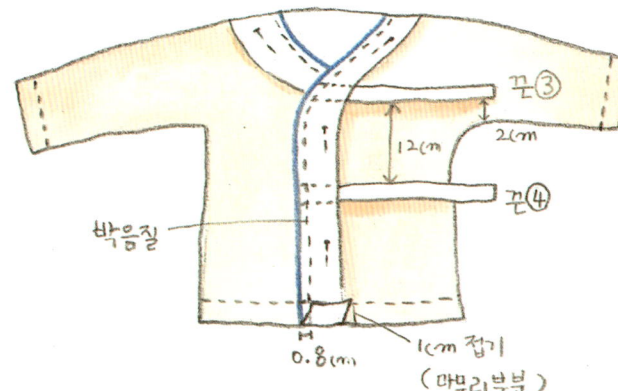

 바이어스 박음질하기

끈③은 오른쪽 앞섶 겨드랑이 위치에서 2cm 위에 고정한다. 끈④는 끈③에서 12cm 아래에 고정한다. 바이어스 테이프의 시작(과정⑤ 그림 참조)과 마무리 부분은 1cm씩 접어서 파란 선 앞섶을 따라 시침핀으로 고정한다. 파란 선에서 0.8cm 안으로 들어와 박음질한다.

 바이어스 공그르기

바이어스 테이프를 안쪽으로 두 번 접어넣고 시침핀으로 고정한 후 안면에서 공그르기한다.

※ **point** 더 자세한 바이어스 테이프 두르기 방법은 p. 185 참조.

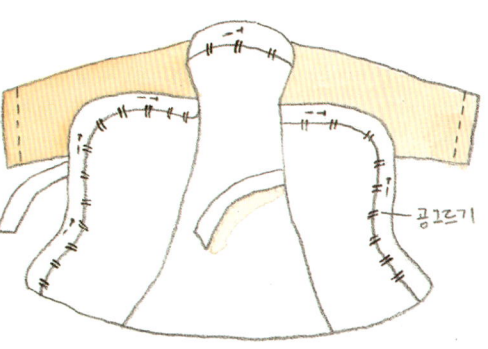

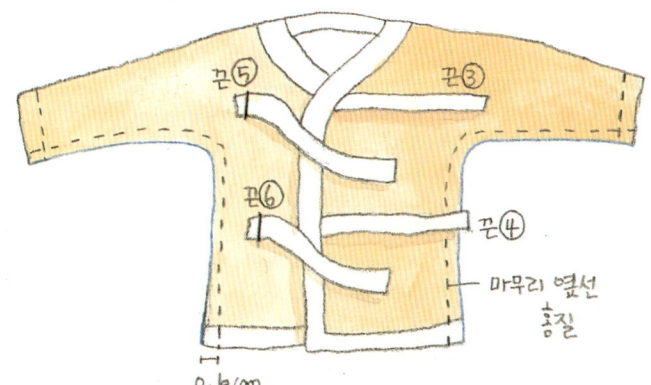

 끈 달기 & 옆선 홈질하기

파란 옆선을 따라 손목 부분부터 밑선까지 0.6cm 안으로 들어와 홈질한다. 끈⑤와 끈⑥은 각각 끈③, 끈④와 평행이 되도록 왼쪽 앞섶에 단다.

※ **point** 더 자세한 끈 달기 방법은 p. 185 참조.

PART 1
NEWBORN CLOTHES

신세대 엄마들의 인기 아이템
콤비 배냇저고리 반팔 & 긴팔

아래가 트여 있어 시원하게
통풍이 잘돼요.
예쁜 레이스로 멋내기는 기본!

for lovely baby

콤비 배냇저고리는 배냇저고리 다음 단계에 입히는 신생아 옷으로 생후 30일에서 100일 정도에 주로 입힌다. 위아래가 하나로 이어져 고무줄이 달린 바지에 비해 혈액 순환을 방해하지 않아 좋고, **기저귀를 채우고 벗기기 좋아 오랜 시간 누워 있는 신생아에게 아주 유용한 아이템이다.** 컬러와 패턴이 마음에 드는 오가닉 원단을 선택해서 예쁘게 바이어스 테이프를 두르고 정성껏 바느질을 해보자. 요즘 신세대 엄마들에게 인기만점인 필수 아이템!

콤비 배냇저고리 반팔 & 긴팔

원단 76×90cm 1장, 바이어스 테이프 폭 4cm 길이 190cm 1개 (앞섶용)·폭 4cm 길이 17cm 2개(손목용), 면끈 25cm 6개

※반팔, 긴팔은 재단하는 도안만 다를 뿐 만드는 방법이 같아요.

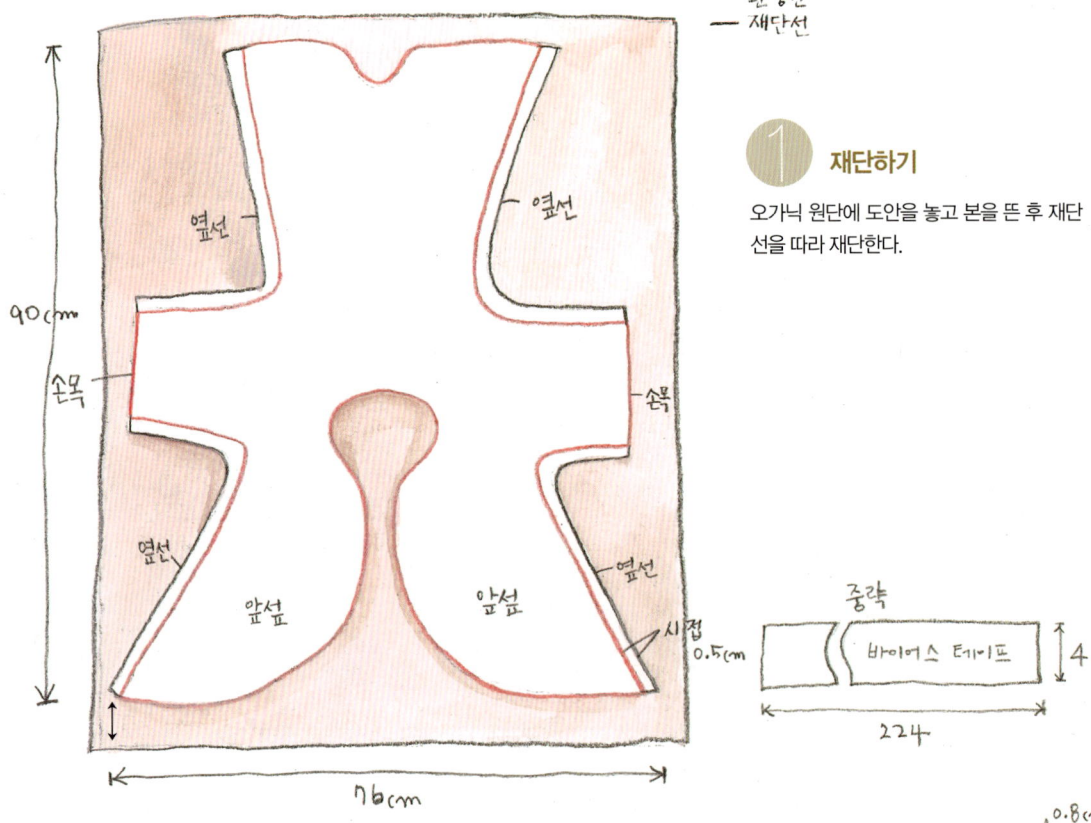

 재단하기

오가닉 원단에 도안을 놓고 본을 뜬 후 재단선을 따라 재단한다.

 손목 바이어스 두르기

원단을 펼친 상태로 양쪽 손목 겉면에 손목용 바이어스 테이프를 둘러 시침핀으로 고정한다. 손목 윤곽선에서 0.8cm 안으로 들어와 박음질한다. 박음질한 바이어스 테이프를 바느질한 부분을 감싸서 안쪽으로 두 번 접고 시침핀으로 고정한 후 공그르기한다.

※point 더 자세한 바이어스 두르기 방법은 p.185 참조.

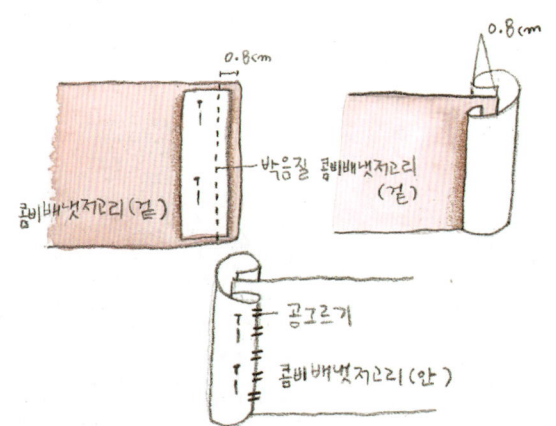

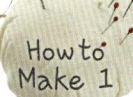

 옆선 박기

원단의 안면이 겉으로 나오게 접은 후 옆선에서 0.5cm 안으로 들어와 박음질한다. 이때 그림과 같이 왼쪽 겨드랑이 부분에 끈①을 시침핀으로 고정한 후 옆선을 박을 때 같이 박음질한다. 겨드랑이 부분 시접에 가위집을 주어 원단의 안면이 겉으로 나오게 뒤집는다.

※point 곡선 부분 시접에 절반 정도만 살짝 가위집을 주면 원단이 울지 않고 반듯하게 뒤집어진다.

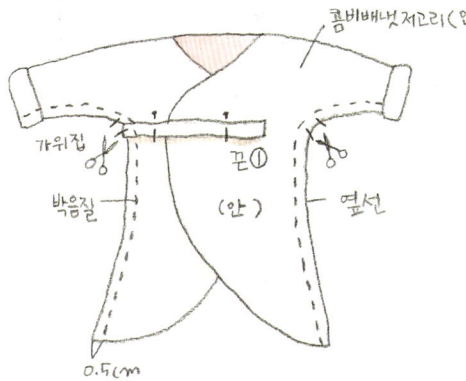

 끈 고정하기

앞섶용 바이어스 테이프를 준비한다. 원단의 겉면이 나오게 뒤집은 후 파란선 부분을 원단, 끈, 바이어스 테이프 순으로 정리해 시침핀으로 고정한다. 그림과 같이 끈②(과정⑤ 그림 참조)는 왼쪽 앞섶 겨드랑이 높이에 맞춰 고정한다. 끈③은 오른쪽 앞섶 겨드랑이 위치에서 2cm 가량 위에 고정한다. 끈④는 끈③에서 16cm 가량 아래에 고정한다.

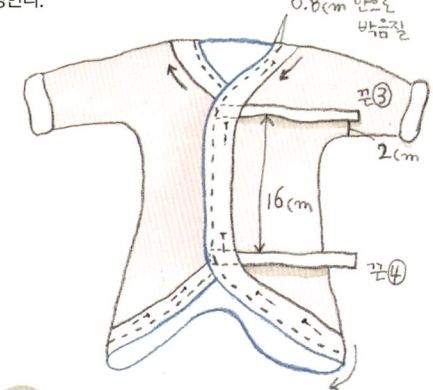

 바이어스 마무리하기

바이어스 테이프를 안쪽으로 두 번 접어넣고 시침핀으로 고정한 후 안면에서 공그르기한다.

※point 더 자세한 바이어스 두르기 방법은 p.185 참조.

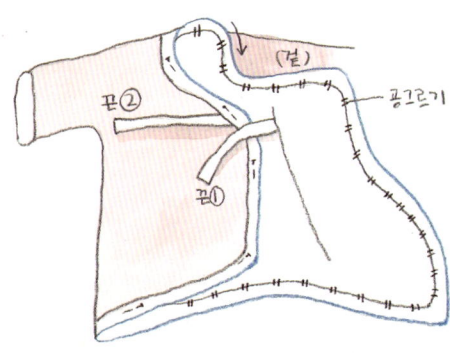

 바이어스 두르기

바이어스 테이프의 시작과 끝 부분은 2cm씩 접어서 파란 선을 따라 시작 지점에서 마무리 지점까지 바이어스 테이프를 두르고 시침핀으로 고정한다. 파란 선에서 0.8cm 안으로 들어와 박음질한다.

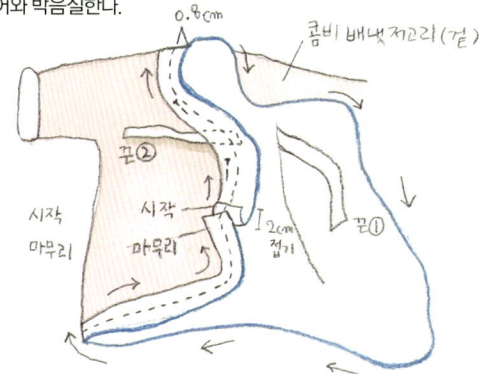

 끈 마무리하기 & 옆선 홈질하기

파란 옆선을 따라 손목 부분부터 밑선까지 0.6cm 안으로 들어와 홈질한다. 끈⑤와 끈⑥은 각각 끈③, 끈④와 평행이 되도록 왼쪽 앞섶에 단다.

※point 더 자세한 끈 달기 방법은 p.185 참조.

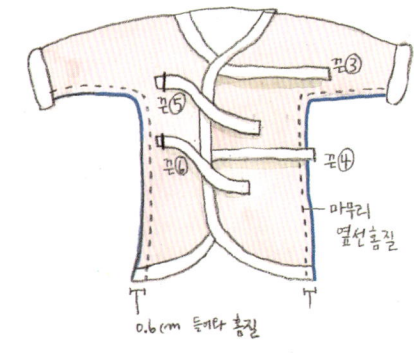

PART 1
NEWBORN CLOTHES

바지로 원피스로 다양하게 활용하는
투웨이 커버올

똑딱이단추를 잠그면 바지로,
똑딱이단추를 열면 원피스로
활용할 수 있어요.

위아래가 붙어서 온몸을 포근하게 감싸주는 커버올. 똑딱이단추를 잠그는 방식에 따라 때로는 바지로, 때로는 원피스로 활용하는 실용 아이템이다. 사랑스러운 레이스가 달린 앙증맞은 주머니와 깜찍한 싸개단추 장식이 멋을 더한다. 기저귀 갈 때도 간편하고 외출시 아이를 감싸는 보낭 대신 입혀도 좋은 투웨이 커버올은 다양한 기능 덕분에 만들어두면 요모조모로 쓸모가 많다.

투웨이 커버올

실물 도안이 들어있어요

몸판 앞장 도트 원단 25×61cm 2장, 몸판 뒷장 도트 원단 32.5×63cm 2장, 소매 스트라이프 원단 24×17.5cm 2장, 칼라 도트 원단 25×17cm 2장, 주머니 도트 원단 13×9m 2장, 싸개단추 도트 원단 6×6cm 2장, 바이어스 테이프 폭 3cm 길이 40cm 1개(목둘레용)·폭 4cm 길이 10cm 2개(주머니용), 고무줄 30cm·15cm 각 2개씩, 레이스끈 9cm 2개, 똑딱이단추 12쌍, 솜 10g

※ 원단 구입 tip
도트 원단 1마,
스트라이프 원단 반마,
바이어스 테이프용 원단 1마

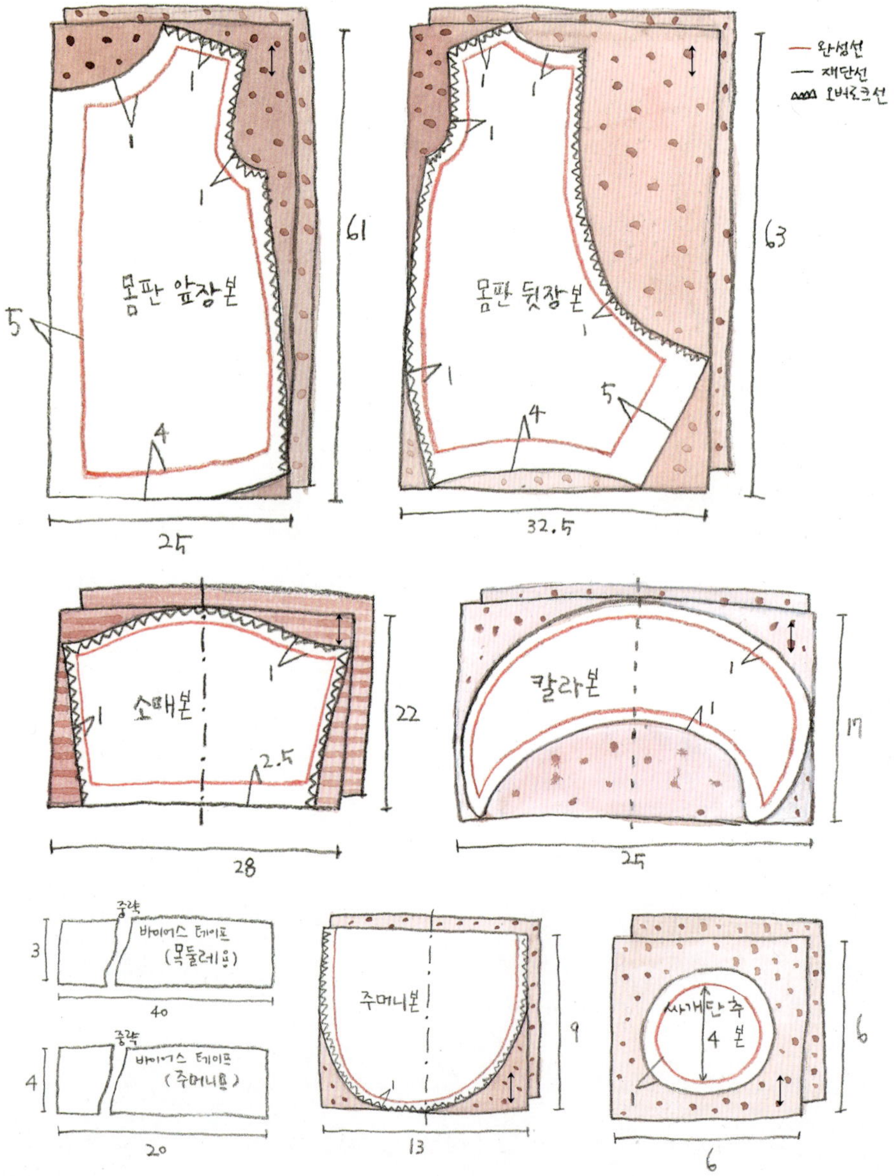

재단하기

오가닉 원단에 도안을 놓고 본을 뜬 후 재단선을 따라 재단한다. 오버로크선으로 표시한 시접은 올이 풀리지 않도록 오버로크 혹은 감침질한다. 같은 오가닉 원단의 바이어스 테이프를 준비한다.

※point 더 자세한 바이어스 테이프 재단 방법은 p.185 참조.

  칼라 만들기

칼라 원단의 겉면과 겉면을 마주 댄 다음 창구멍을 남기고 완성선을 따라 박음질한다. 창구멍을 통해 겉면으로 뒤집는다.

  뒤 중심 박기

몸판 뒷장 원단의 겉면과 겉면을 마주 댄 다음 뒤 중심 완성선을 따라 박음질한다. 이때 끝부분 5cm는 박음질하지 않고 남긴다.

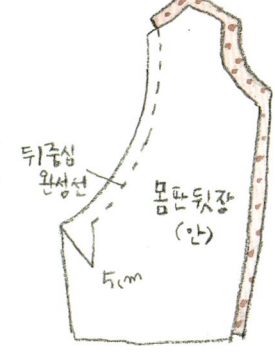

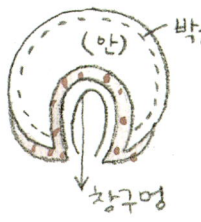

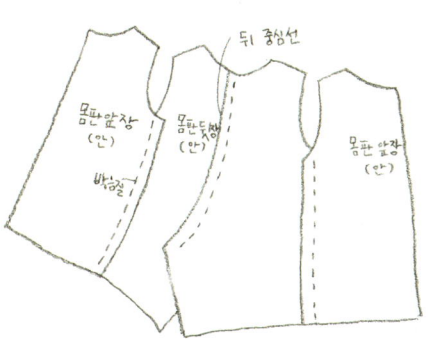

  앞뒷장 옆선 박기

뒤 중심을 기준으로 안면이 보이게 펼친다. 펼친 몸판의 뒷장 양 옆선에 앞장 옆선의 겉면과 겉면을 마주 댄 다음 완성선을 따라 박음질한다.

  밑단 고무줄 길 만들기

몸판 밑단을 2.5cm 접어올리고 그중 0.5cm를 다시 안으로 접어넣는다. 이때 시접은 가름솔로 펼쳐준다. 양쪽 윤곽선에서 0.3cm씩 들어와 촘촘하게 홈질한다. 30cm 고무줄을 밑단의 홈질한 공간 사이에 넣고, 양쪽 끝에서 7.5cm 안으로 들어온 A 부분을 박음질해 고무줄을 고정한다. 고정한 고무줄은 A 부분에 가깝게 잘라낸다.

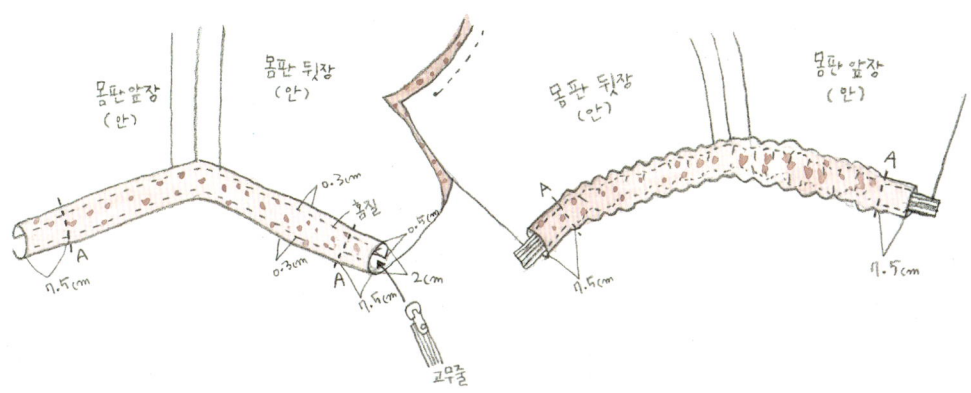

투웨이 커버올

 뒤 중심선 시접 처리하기

뒤 중심선 끝 부분의 시접을 2.5cm씩 두 번 접어 양쪽 윤곽선에서 0.3cm씩 들어와 촘촘하게 홈질한다.

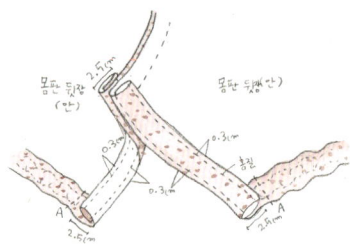

 소매 만들기

소매 원단은 안면이 겉으로 나오게 해서 가운데 중심을 기준으로 반 접고, 완성선을 따라 박음질한다. 이때 시접은 가름솔로 펼쳐준다.

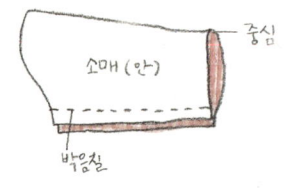

 손목 고무줄 길 만들기

손목 부분을 2.5cm 접어 그중 0.5cm를 다시 안으로 접은 후, 양쪽 윤곽선에서 0.3cm씩 들어와 촘촘하게 홈질한다. 이때 안쪽 홈질선의 1cm 가량은 홈질하지 않고 남긴다.

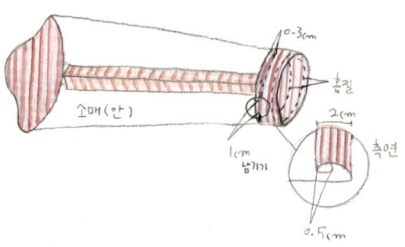

 고무줄 넣기

안쪽 홈질선의 1cm 남겨놓은 구멍 사이로 15cm 길이의 고무줄을 넣은 후, 고무줄의 양쪽 끝을 포개 그림과 같이 박음질해서 고정한다. 남겨놓은 1cm 구멍을 홈질로 막는다.

※point 고무줄 끝에 옷핀을 꽂아 넣으면 고무줄을 수월하게 넣을 수 있다.

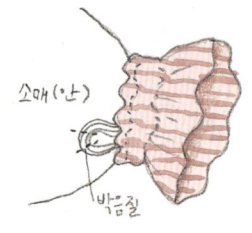

 어깨선 박기

몸판 앞뒷장 어깨선의 겉면과 겉면을 마주 대고 완성선을 따라 박음질한다.

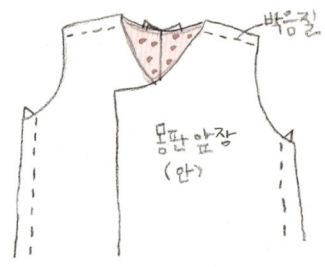

 팔둘레 연결하기

몸판의 어깨선과 옆선의 시접을 가름솔로 펼친다. 몸판 팔둘레와 소매 팔둘레의 겉면과 겉면을 마주 대고 완성선을 따라 박음질한다.

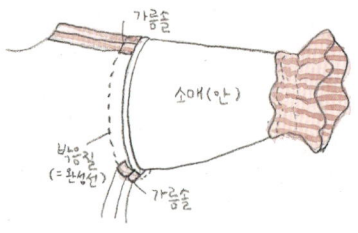

 칼라 달기 & 시접 처리하기

칼라는 몸판 앞장 중심 부분에서 7.5cm 안으로 들어와 목둘레선을 따라 둘러 시침핀으로 고정한다. 앞장 중심 부분의 시접을 2.5cm씩 그림과 같이 접는다.

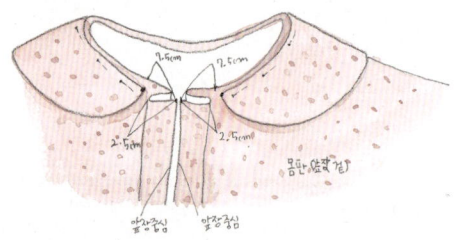

 바이어스 박음질하기

목둘레용 바이어스 테이프를 그림과 같이 시접 부분에 맞추고 목둘레선을 따라 둘러 시침핀으로 고정한다. 목둘레 윤곽선에서 0.8cm 안으로 들어와 박음질한다.

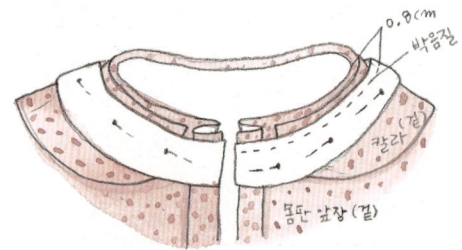

 바이어스 고정하기

박음질한 바이어스 테이프는 바느질한 시접 부분을 감싸서 한쪽으로 한 번 접어 시침핀으로 고정한다. A 지점을 기준으로 접은 앞장 중심 시접 B를 안쪽으로 뒤집는다. 이때 파란색 목둘레선을 기준으로 C 부분도 안으로 함께 접어준다.

 앞 중심 홈질하기

안으로 접은 바이어스 테이프 C 부분을 그림과 같이 0.3cm 안으로 들어와 촘촘하게 홈질한다. 앞장 중심 B 부분을 양쪽 윤곽선에서 0.3cm 안으로 들어와 밑단까지 촘촘하게 홈질한다.

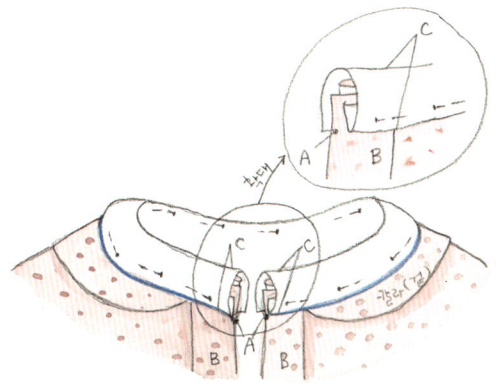

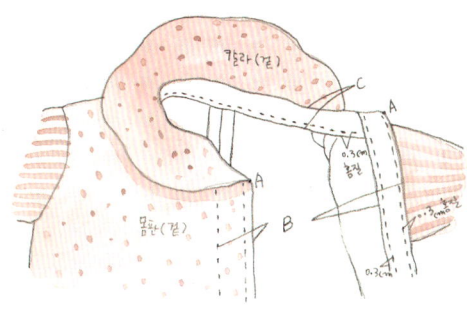

 싸개단추 만들기

싸개단추 원단을 시작 지점에서 마무리 지점까지 완성선을 따라 홈질한 후, 솜을 약간 넣고 잡아당겨 매듭을 짓는다. 같은 방법으로 싸개단추를 2개 만든다.

※point 더 자세한 싸개단추 만들기 방법은 p.186 참조.

 장식 달기 & 마무리하기

준비한 싸개단추 2개를 그림과 같이 목둘레선 바로 밑에 공그르기로 달아준다. 단추 사이의 간격은 5cm가 적당하다. 준비한 주머니는 윤곽선을 0.5cm 안으로 접어넣어 그림과 같이 앞장 양쪽에 공그르기로 달아준다. 똑딱이단추는 그림과 같이 5cm 간격으로 달아준다. 이때 똑딱이 암은 앞장 왼쪽에 뒤 중심 아래 오른쪽에, 수는 앞장 오른쪽과 뒤 중심 아래 왼쪽에 단다.

※point 똑딱이단추를 달 때는 구멍 4개에 각각 두세 번 실을 걸어 튼튼하게 고정한다. 더 자세한 똑딱이단추 달기 방법은 p.?? 참조.

 주머니 만들기

주머니 원단의 중심을 기준으로 좌우 0.5cm씩 주름을 잡아 시침핀으로 고정한다. 주머니 위쪽 윤곽선에서 0.5cm 아래로 내려와 레이스끈을 대고 고정한다.

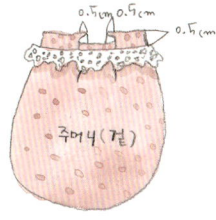

 주머니 바이어스 두르기

주머니 겉면에서 위쪽 윤곽선에 맞춰 주머니용 바이어스 테이프를 두르고 시침핀으로 고정한 후, 0.8cm 안으로 들어와 박음질한다. 박음질한 바이어스 테이프로 바느질한 시접 부분을 감싸서 안쪽으로 두 번 접고 시침핀으로 고정한 다음 공그르기한다. 같은 방법으로 주머니를 2개 만든다.

※point 더 자세한 바이어스 테이프 두르기 방법은 p.185 참조.

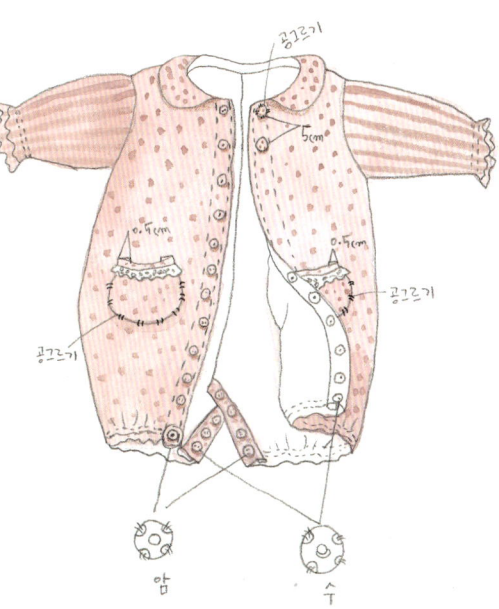

PART 1
NEWBORN CLOTHES

이니셜 아플리케로 장식한
민소매 보디수트

baby bodysuit

아기가 어릴 때는 윗도리와 바지가 일체형으로 붙은 보디수트가 편리하다. 우주복에 비해 좀 더 심플하고 실용적인 보디수트는 통풍이 잘되고 허리 조임이 없어 편안하다. 바지 아래에 똑딱이단추를 달아 기저귀를 쉽게 갈 수 있다는 것도 장점. 춥지 않은 계절이라면 반팔이나 민소매 보디수트를 입혀보자. 마음에 드는 이니셜 아플리케로 장식하면 우리 아기를 위한 개성 있는 보디수트가 뚝딱 완성!

민소매 보디수트

상의 앞장 무지 원단 35×26cm 1장, 상의 뒷장 무지 원단 35×29cm 1장. 하의 앞장 스트라이프 원단 23×18.5cm 2장, 하의 뒷장 스트라이프 원단 35×22.5cm 2장, 이니셜 아플리케 스트라이프 원단 23×5cm 1장, 바이어스 테이프 폭 4cm 길이 134cm 1개, 고무줄 28cm 2개, 단추 2개, 똑딱이단추 4쌍

※ **원단 구입 tip**
무지 원단 반마,
스트라이프 원단 반마,
바이어스
테이프용 원단 1마

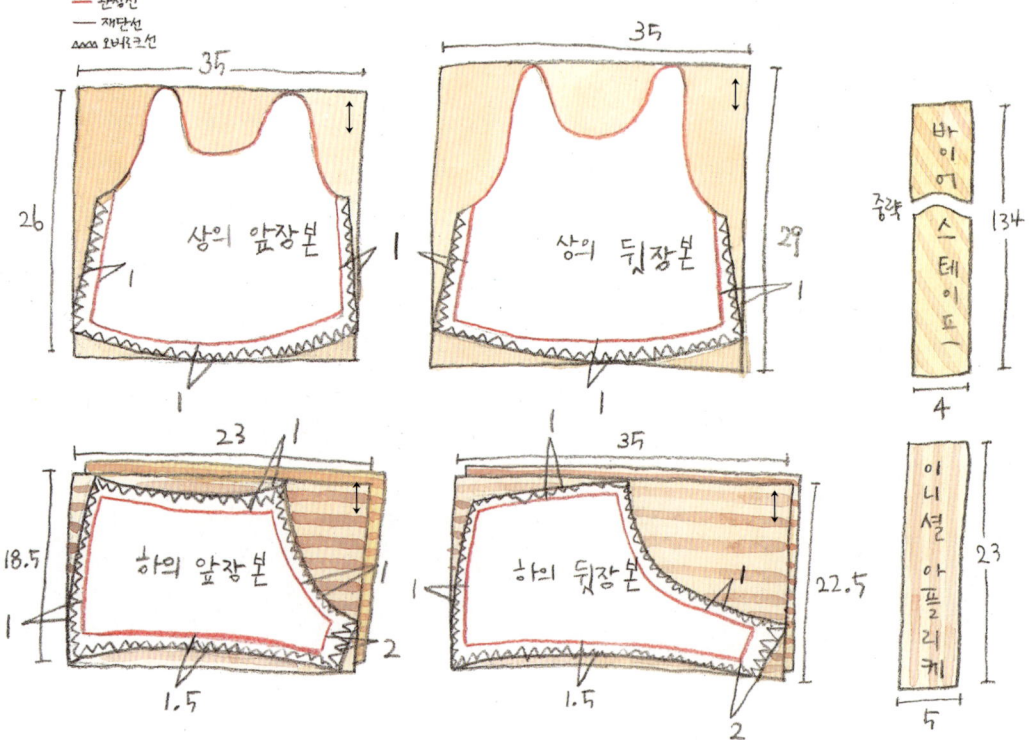

 재단하기

오가닉 원단에 도안을 놓고 본을 뜬 후 재단선을 따라 재단한다. 오버로크선으로 표시한 시접은 올이 풀리지 않도록 오버로크 혹은 감침질한다. 하의 원단과 같은 오가닉 원단의 바이어스 테이프를 준비한다.

※ **point** 더 자세한 바이어스 테이프 재단 방법은 p.185 참조.

 상의 옆선 박기

상의 앞뒷장 원단의 겉면과 겉면을 마주 대고 옆선을 맞춰 완성선을 따라 박음질한다. 이때 A 지점의 4cm는 박음질하지 않고 남긴다.

 상의 바이어스 박음질하기

상의 원단을 겉면으로 뒤집은 후, 박음질하지 않고 남긴 A 지점부터 B 지점까지 바이어스 테이프를 두르고 시침핀으로 고정한다. 윤곽선에서 0.8cm 안으로 들어와 박음질한다.

 **상의 바이어스 & 옆선 마무리하기**

상의 원단을 다시 안면으로 뒤집는다. 박음질한 바이어스 테이프로 바느질한 시접 부분을 감싸서 안쪽으로 두 번 접고 시침핀으로 고정한 후 공그르기한다. 박음질하지 않고 남긴 옆선의 4cm를 박음질해서 마무리한다.

※point 더 자세한 바이어스 테이프 두르기 방법은 p.185 참조.

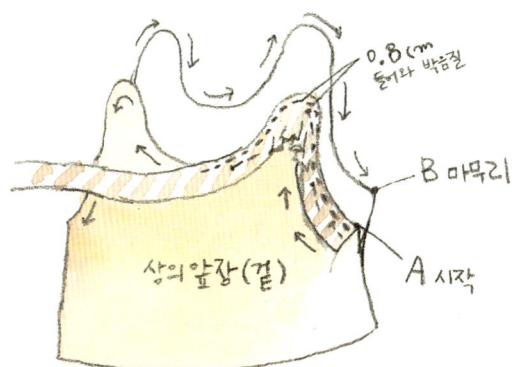

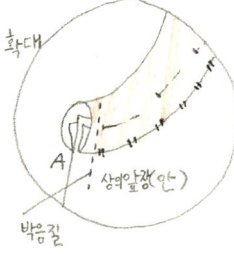

 하의 앞장 중심 박기

하의 원단 중 앞장 2장을 중심선에 맞춘 후 완성선을 따라 박음질한다. 이때 원단의 겉면과 겉면을 마주 대어 박음질하고, 앞장의 중심 끝 부분은 박음질하지 않고 1cm를 남겨놓는다.

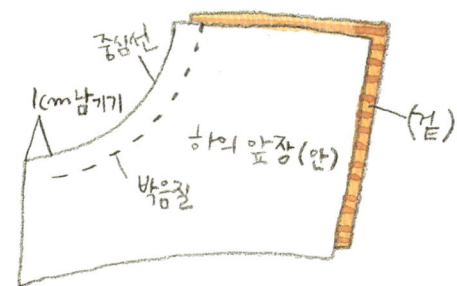

 하의 앞뒷장 옆선 연결하기

하의 앞뒷장을 중심선을 기준 삼아 좌우로 펼쳐서 그림과 같이 겉면과 겉면을 마주 댄다. 양쪽 옆선의 완성선을 박음질한다.

 하의 뒷장 중심 박기

하의 원단 중 뒷장 2장의 겉면과 겉면을 마주 대고 중심선을 맞춘 후 완성선을 따라 모두 박음질한다.

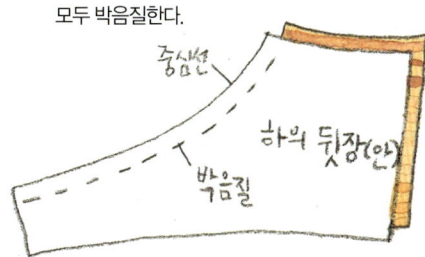

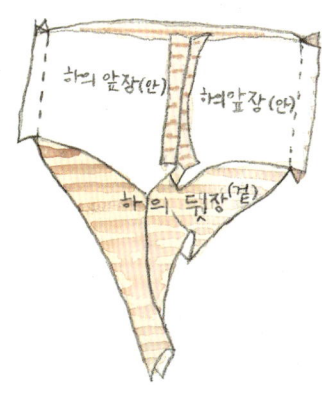

민소매 보디수트

 하의 밑단 처리하기

하의 밑단을 그림과 같이 2cm 접는다. 접은 윤곽선에서 0.5cm 안으로 들어와 앞 중심부터 뒤 중심까지 좌우 홈질한다. 이때 옆선 시접은 가름솔로 펼쳐준다.

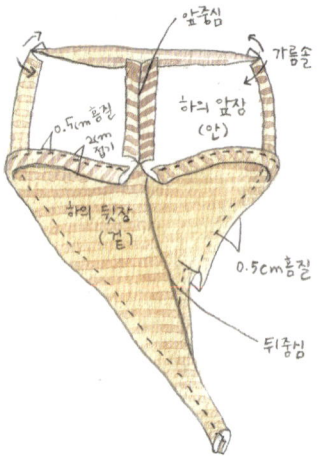

 하의 밑단 고무줄 넣기

밑단의 공간 사이에 그림과 같이 고무줄을 화살표 방향으로 넣는다. 중심을 기준으로 좌우 각각 고무줄을 집어넣는다.

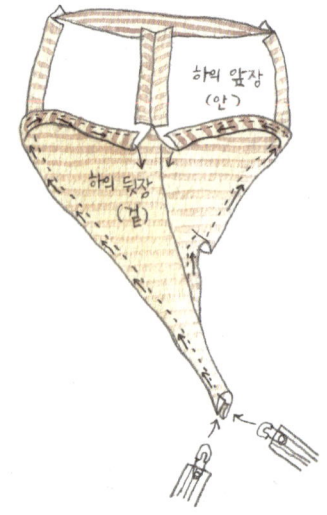

 하의 고무줄 고정하기

고무줄을 넣고 양쪽 앞뒤 중심에서 4cm 안으로 들어온 B 지점을 박음질해 고무줄을 고정한다. 고정한 고무줄은 B 지점에 가깝게 잘라낸다.

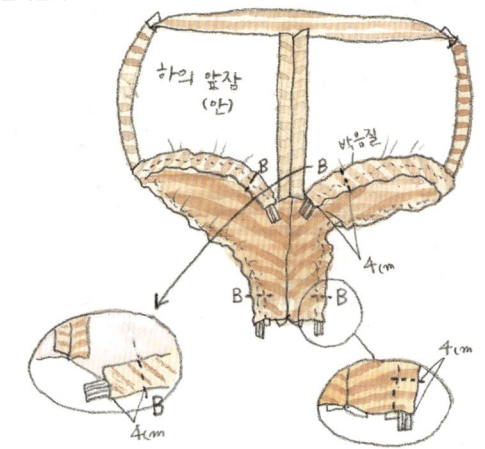

 상하의 끼우기

상의는 안면이, 하의는 겉면이 보이게 놓은 후 그림과 같이 끼운다.

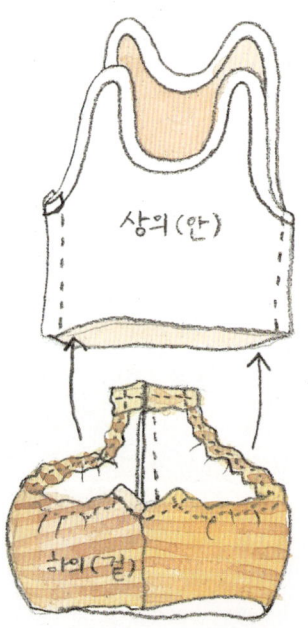

 하의 중심 시접 처리

앞 중심의 시접은 오른쪽으로 꺾고 앞뒤 중심의 끝을 1.5cm 원단의 안면으로 접는다. 접은 윤곽선에서 0.5cm 안으로 들어와 홈질한다.

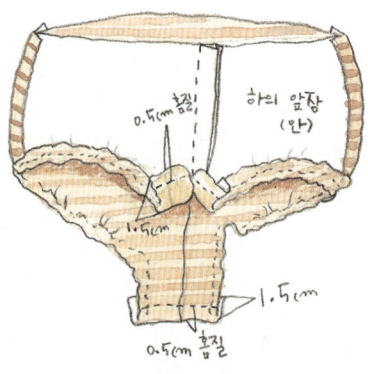

상하의 박음질하기
허리둘레의 완성선을 따라 박음질한다. 이때 상의 옆선의 시접은 가름솔로 펴준다.

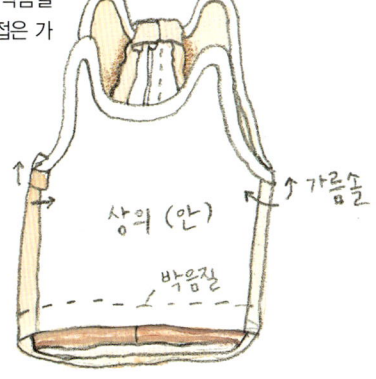

상하의 허리둘레 시접 고정
하의를 그림과 같이 아래로 내리고 허리둘레의 시접을 하의 쪽으로 모두 꺾어준다. 허리둘레 박음질선에서 0.5cm 아래로 내려와 홈질한다. 이때 상하의 시접과 하의 원단 3겹을 함께 홈질해 고정한다.

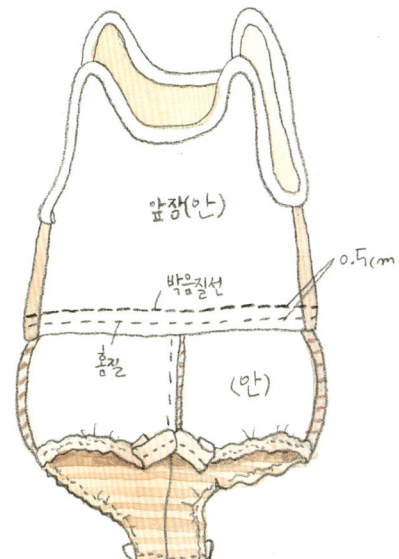

똑딱이단추 달기
원단을 겉면으로 뒤집은 후, 상의 어깨와 하의 중심 부분에 똑딱이단추를 단다. 이때 상의 앞장 겉면과 하의 앞장 겉면에 똑딱이 암을, 상의 뒷장 안면과 하의 뒷장 안면에 똑딱이 수를 단다.

※point 더 자세한 똑딱이단추 달기 방법은 p.186 참조.

단추 달기
상의 뒷장의 어깨끈 겉면에 단추를 달아 장식한다.

※point 더 자세한 단추 달기 방법은 p.186 참조.

아플리케 달기
스트라이프 원단으로 원하는 글씨를 만들어 상의 가슴 부분에 놓고 윤곽선에서 0.2cm 안으로 들어와 홈질한다.

※point 더 자세한 이니셜 아플리케 달기 방법은 p.188 참조.

PART 1
NEWBORN CLOTHES

스타일리시한 수 장식이 돋보이는
후드 우주복

좋아하는 색 장식실로
예쁘게 수놓아 장식하세요

우주복은 올인원 스타일로 위아래가 붙어서 아이가 심하게 움직여도 배가 드러나지 않아 좋다. 특히 밖에 나갈 때 도톰한 우주복 하나면 여러 겹 감싸지 않아도 아이를 따뜻하게 보호할 수 있다. 모자가 달린 후드 스타일에 깜찍한 장식실로 예쁘게 수를 놓아 외출할 때 더욱 돋보이는 우주복을 만들어보자. 앞쪽에 똑딱이단추를 달아 급하게 기저귀를 갈거나 옷을 갈아입힐 때도 쉽게 여닫을 수 있다. 또한 안감과 겉감 두 겹으로 만들어 훨씬 더 튼튼하고 따뜻하다.

hooded one-piece

후드 우주복

※ 원단 구입 tip
겉감·안감 원단 각 1마씩,
바이어스 테이프용 원단 1마

몸판 앞장 33×62cm, 18×62cm 각 1장씩(겉감)·33×62cm, 18×62cm 각 1장씩(안감), 몸판 뒷장 41×62cm 1장(겉감)·41×62cm 1장(안감), 소매 31×26cm 2장(겉감)·31×26cm 2장(안감), 모자 19.5×28.5cm 2장(겉감)·19.5×28.5cm 2장(안감), 바이어스 테이프 폭 4cm 길이 55cm 1개(모자용)·폭 4cm 길이 24cm 2개(손목용)·폭 4cm 길이 37cm 1개(왼쪽 발목용)·폭 4cm 길이 40cm 1개(오른쪽 발목용), 똑딱이단추 12쌍, 장식실

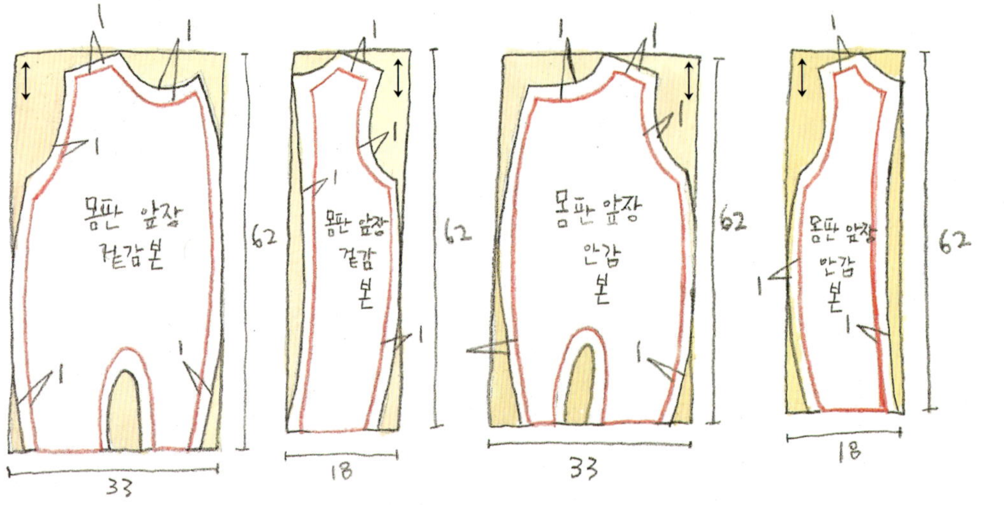

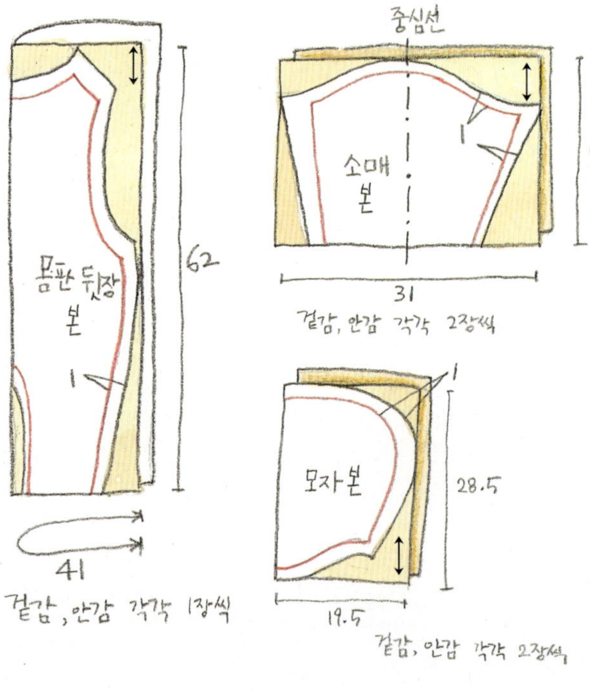

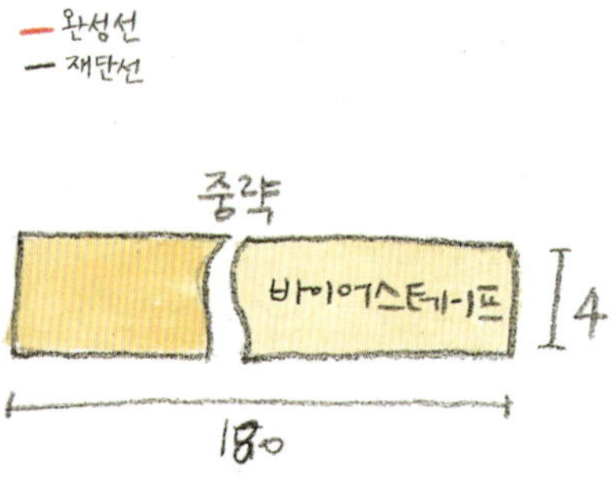

1 재단하기

오가닉 원단에 도안을 놓고 겉감과 안감을 잘 구분해서 본을 뜬 후 재단선을 따라 재단한다. 우주복 겉감과 같은 오가닉 원단의 바이어스 테이프를 준비한다.

※ point 더 자세한 바이어스 테이프 재단 방법은 p.185 참조.

 소매 만들기

소매 원단은 안면이 보이도록 해서 가운데 중심선을 기준으로 반 접고, 완성선을 따라 박음질한다. 소매 겉감과 안감을 각 2개씩 만든다.

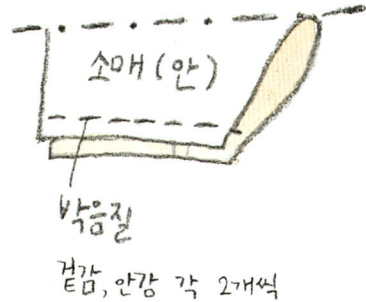

 모자 박음질하기

모자 원단 2장의 겉면과 겉면을 마주 대어 완성선을 따라 박음질한다. 모자 겉감과 안감을 각 1개씩 만든다.

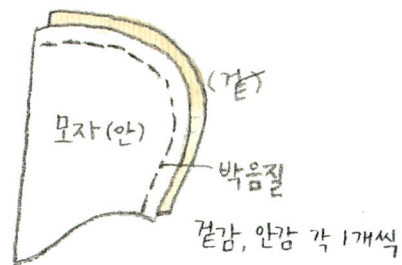

 모자 겉감, 안감 끼우기

모자 겉감 안면과 모자 안감 안면을 서로 마주 대어 그림과 같이 끼운다. 이때 시접은 가름솔로 펴준다.

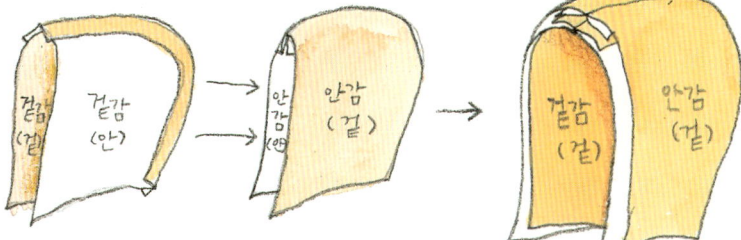

 모자 바이어스 박음질하기

모자를 겉감이 겉으로 나오게 뒤집는다. 빨간 선에 맞춰 바이어스 테이프를 두르고 0.8cm 안으로 들어와 박음질한다.

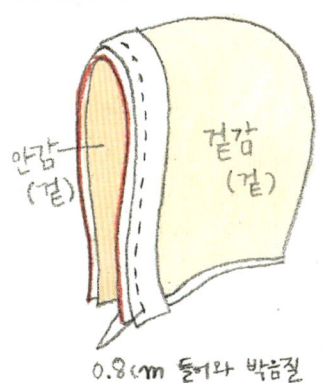

 모자 바이어스 공그르기

박음질한 바이어스 테이프는 바느질한 시접 부분을 감싸서 모자 안감의 겉면 쪽으로 두 번 접고 시침핀으로 고정한 후 공그르기한다.

※ **point** 더 자세한 바이어스 테이프 두르기 방법은 p.185 참조.

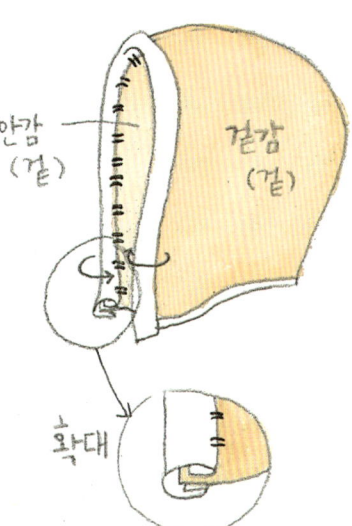

후드 우주복

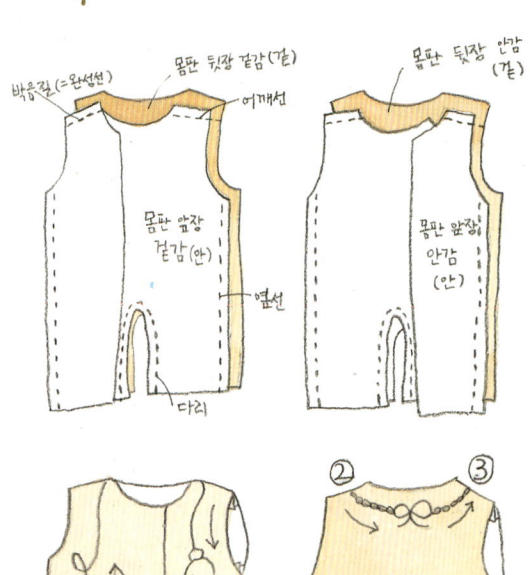

 앞뒤판 연결하기

몸판 앞뒷장의 겉면과 겉면을 그림과 같이 마주 대어 어깨선, 옆선, 다리 부분의 완성선을 따라 박음질한다. 몸판 겉감, 안감을 각 1개씩 만든다.

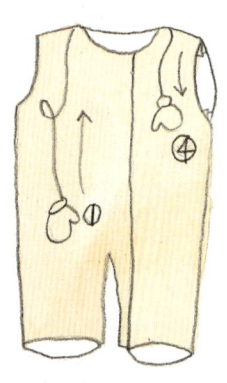
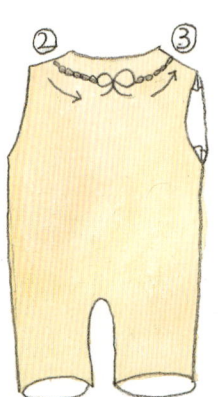

 수놓기

몸판 겉감을 겉면으로 뒤집은 후, ①~④번의 방향으로 차례차례 수를 놓는다. 장갑 모양의 수는 박음질로, 끈과 리본 모양의 수는 체인 스티치로 놓는다.

※point 더 자세한 수놓기 방법은 p.187 참조.

 팔둘레 연결하기

몸판 팔둘레와 소매 팔둘레의 겉면과 겉면을 마주 대어 완성선을 따라 박음질한다. 이때 몸판의 어깨선과 옆선의 시접, 소매의 팔 시접은 가름솔로 펼친다. 겉감과 안감을 각 1개씩 만든다.

 겉감과 안감 끼우기

안감의 겉면을 겉감의 겉면과 마주 대어 그림과 같이 끼운다. 어깨선, 옆선, 다리선, 소매선 등을 잘 끼워 맞춘다.

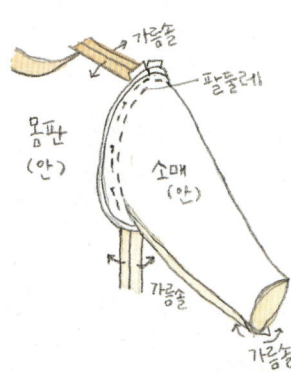
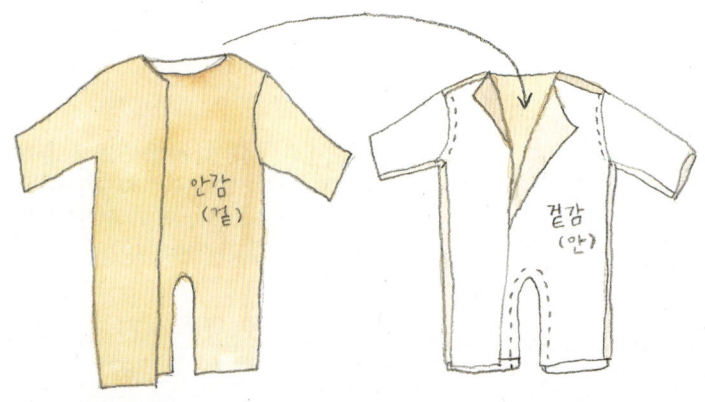

겉감과 안감 바느질

안감을 겉감에 끼운 후 양쪽 앞중심의 완성선을 따라 2장을 함께 박음질한다. 그림과 같이 몸판 앞장(과정① 그림 참조)의 중심 오른쪽을 박을 때는 목둘레도 10cm 정도 박음질한다.

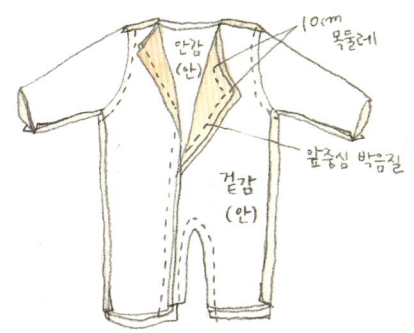

모자 끼우기

모자를 그림과 같이 몸판 겉감과 안감 사이에 끼우고 모자의 A, B 지점과 몸판의 A, B 지점을 맞춘다.

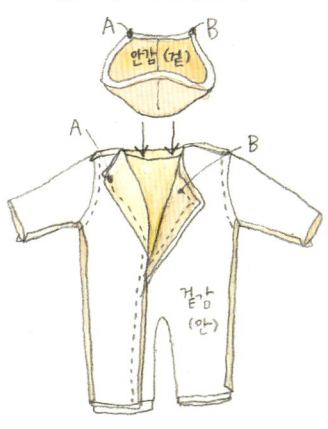

모자 박음질하기

모자 A 지점부터 B 지점까지 완성선을 따라 박음질한 후, 밑단 부분을 통해 안감과 겉감 모두 겉면으로 뒤집어준다.

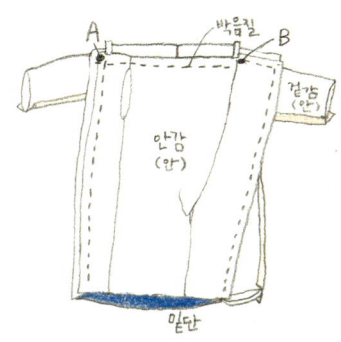

손목, 발목 바이어스 두르기

손목과 발목의 윤곽선에 맞춰 안감, 겉감, 바이어스 테이프를 함께 시침핀으로 고정한 후 0.8cm 안으로 들어와 박음질한다. 이때 양쪽 손목 A, B와 왼쪽 발목 C의 경우, 시작 지점은 1cm 접어 박음질하고 마무리 지점은 시작 지점을 덮어 정리한다. 오른쪽 발목 D의 바이어스 테이프는 양쪽 끝 모두 1cm씩 접어 0.8cm 안으로 들어와 박음질한다. 박음질한 바이어스 테이프 A~D 모두 바느질한 시접 부분을 감싸서 안쪽으로 두 번 접고 시침핀으로 고정한 후 공그르기한다.

※ point 더 자세한 바이어스 테이프 두르기 방법은 p.185 참조.

똑딱이단추 달기

그림과 같이 똑딱이단추를 5cm 간격으로 단다. 왼쪽 앞 부분에 똑딱이 암을, 오른쪽 앞 부분에 똑딱이 수를 단다.

※ point 더 자세한 똑딱이단추 달기방법은 p.186 참조.

PART 2
SOFT BEDDING

새근새근 행복한 꿈나라

꿈나라에 빠진 순한 아기 얼굴을 바라볼 때처럼 행복한 순간이 또 있을까? 세상 모르고 평화롭게 잠든 아기의 모습이 바로 천사의 모습이 아닐까? 아기는 잠을 자는 동안 가장 왕성하게 성장한다. 호르몬 분비도 원활해져 아토피 피부 질환에 걸릴 확률도 크게 줄어든다. 밤새 잘 자는 아기일수록 모유도 잘 먹는다. 그만큼 아기에게 잠자는 시간은 아주 중요하다. 우리 아기가 새근새근 잘 잘 수 있도록 따스하고 포근한 오가닉 침구를 준비해보자. 폭신한 요, 이불, 베개에서부터 아기의 온몸을 부드럽게 감싸주는 속싸개, 겉싸개, 꿈나라 단짝 친구인 동물 캐릭터 짱구 베개와 고양이 인형까지, 하루종일 누워 있는 아기에게 꼭 필요한 오가닉 침구를 직접 만들어보자.

PART 2
SOFT BEDDING

엄마 품처럼 포근한
요, 이불, 베개 3종 침구 세트

아기 침대에 재우든 바닥에 재우든 꼭 필요한 요, 이불, 베개
3종 침구 세트. 침구가 편해야 아기도 깊이 잘 잘 수 있다.
요와 이불은 가벼우면서도 따뜻하고 통기성이
좋은 오가닉 원단이 좋다. 아기 베개는 머리의
열을 내려주는 좁쌀 베개를 권한다.
엄마가 직접 만든 오가닉 침구 세트라면 우리 아기도
매일매일 스르르 편안한 꿈나라로 향할 수 있을 것이다.

요

체크·무지 원단 71×98cm 각 1장씩, 솜 76×104cm 분량

도안 그리기 & 재단하기

표시된 사이즈대로 모눈종이에 도안을 그려 본을 만든다. 오가닉 원단에 그림과 같이 본을 대고 그린 후 재단선을 따라 재단한다. 오버로크선으로 표시한 시접은 올이 풀리지 않도록 오버로크 혹은 감침질한다. 솜은 사이즈대로 재단한다.

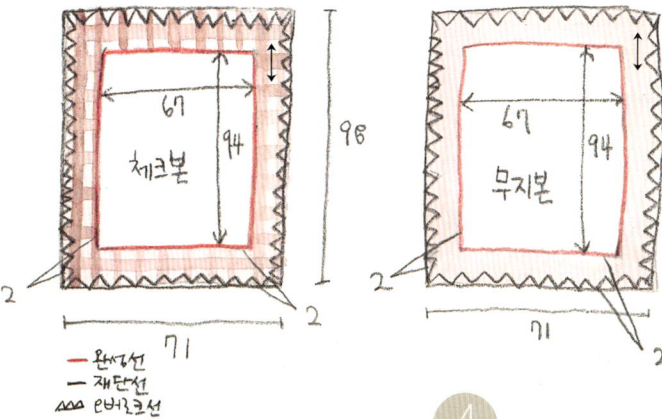

솜과 체크 원단 박음질하기

솜 위에 체크 원단을 올려놓고 시침핀으로 고정한 후, 윤곽선에서 1cm 안으로 들어와 솜과 함께 박음질한다. 이때 체크 원단의 안면을 솜과 마주 대어 바느질한다.

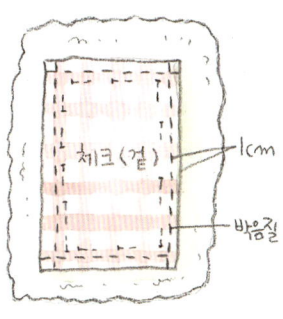

솜, 체크 원단, 무지 원단 박음질하기

박음질한 체크 원단 겉면에 무지 원단 겉면을 마주 대어 시침핀으로 고정한다. 윤곽선에서 2cm 안으로 들어와 솜, 체크 원단, 무지 원단을 모두 함께 박음질한다. 이때 그림과 같이 창구멍을 30cm 가량 남긴다.

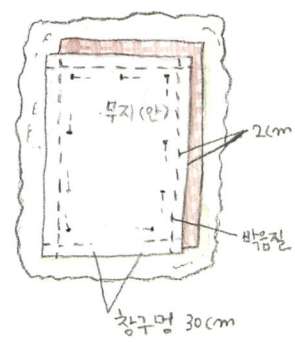

요 시접 마무리하기

윤곽선에 맞춰 솜을 가로로 잘라 정리한다. 이때 모서리 부분을 확대 그림과 같이 둥글게 자르면 모서리를 예쁘게 완성할 수 있다.

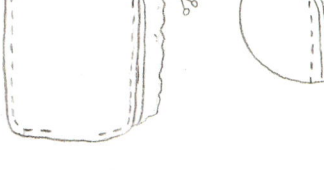

요 창구멍 막기

창구멍을 통해 요를 뒤집은 후 창구멍을 공그르기해 막는다.

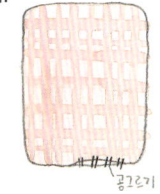

이불

앞장 체크 원단 94×57cm 1장 · 무지 원단 94×27cm 1장,
뒷장 무지 원단 94×82cm 1장, 솜 97×88cm 분량, 곰돌이 장식 1개(p.191 참조),
토끼 장식 1개(p.190 참조)

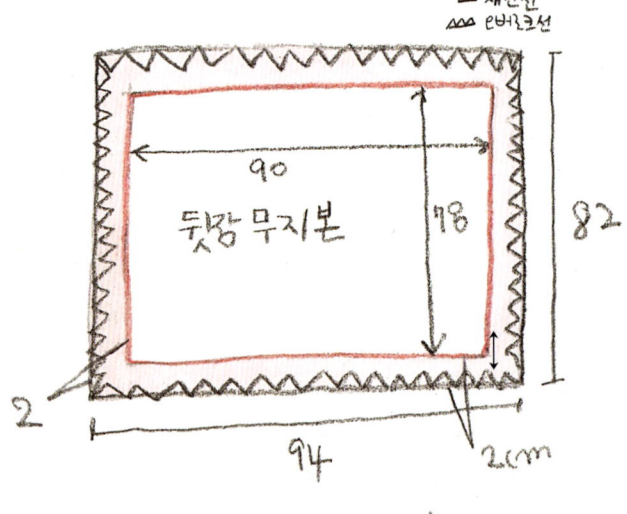

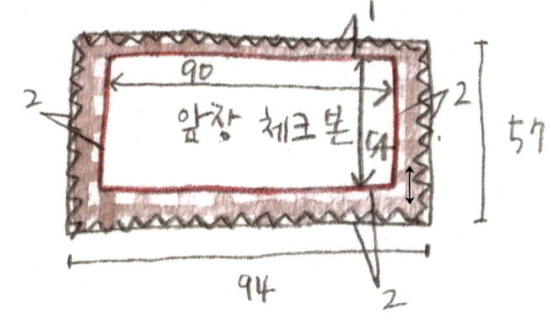

도안 그리기 & 재단하기

표시된 사이즈대로 모눈종이에 도안을 그려 본을 만든다. 오가닉 원단에 그림과 같이 본을 대고 그린 후 재단선을 따라 재단한다. 오버로크선으로 표시한 시접은 올이 풀리지 않도록 오버로크 혹은 감침질한다. 솜은 사이즈대로 재단한다.

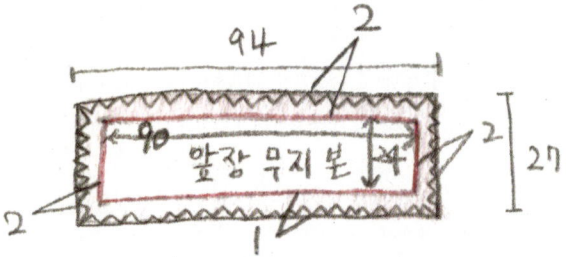

 이불 앞장 만들기

앞장 무지 원단과 앞장 체크 원단을 겉면과 겉면을 마주 대어 그림과 같이 완성선을 따라 박음질한다.

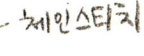

 이불 앞장 수놓기

이불 앞장을 겉면이 나오게 펼쳐 무지 원단 겉면에 원하는 이니셜을 체인 스티치로 수놓아 장식한다.

※point 더 자세한 이니셜 수놓기 방법은 p.188 참조.

 **솜과 이불 앞장 박음질하기**

솜 위에 이불 앞장을 올려놓고 시침핀으로 고정한 후, 윤곽선에서 1cm 안으로 들어와 솜과 함께 박음질한다. 이때 이불 앞장 안면을 솜과 마주 대고 시접은 가름솔로 펼쳐준다.

 솜, 앞장, 뒷장 박음질하기

박음질한 이불 앞장 겉면 위에 뒷장 무지 원단 겉면을 마주 대어 시침핀으로 고정한다. 윤곽선에서 2cm 안으로 들어와 솜, 이불 앞장, 뒷장 무지 원단을 함께 박음질한다. 이때 그림과 같이 창구멍을 30cm 가량 남긴다.

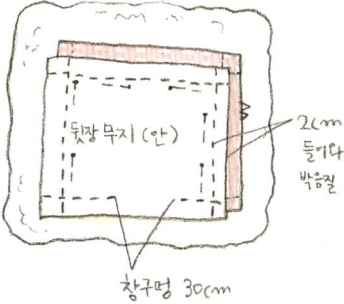

 시접 마무리하기

윤곽선에 맞춰 솜을 가로로 잘라 정리한다. 이때 모서리 부분을 둥글게 자르면 모서리를 예쁘게 완성할 수 있다.

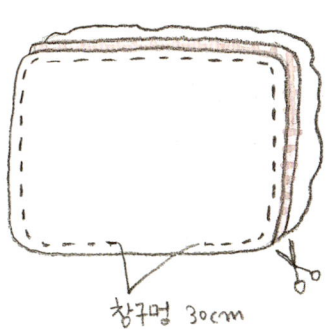

 이불 창구멍 막기 & 장식 달기

창구멍을 통해 이불을 뒤집은 후 창구멍을 공그르기해 막는다. 준비한 곰돌이와 토끼 장식을 이니셜 좌우 양쪽에 공그르기해 달아준다.

※point 더 자세한 곰돌이, 토끼 장식 만들기 방법은 각각 p.191, p.190참조

071

베개

무지 원단 33.5×22cm 2장, 체크 바이어스 테이프 폭 4cm 길이 22cm 4개, 좁쌀 베갯속, 장식실

 도안 그리기 & 재단하기

표시된 사이즈대로 모눈종이에 도안을 그려 본을 만든다. 오가닉 원단에 그림과 같이 본을 대고 그린 후 재단선을 따라 재단한다. 올이 풀리지 않도록 오버로크선으로 표시한 시접은 오버로크 혹은 감침질한다. 체크 원단의 바이어스 테이프를 준비한다.

※point 더 자세한 바이어스 테이프 재단 방법은 p.185 참조

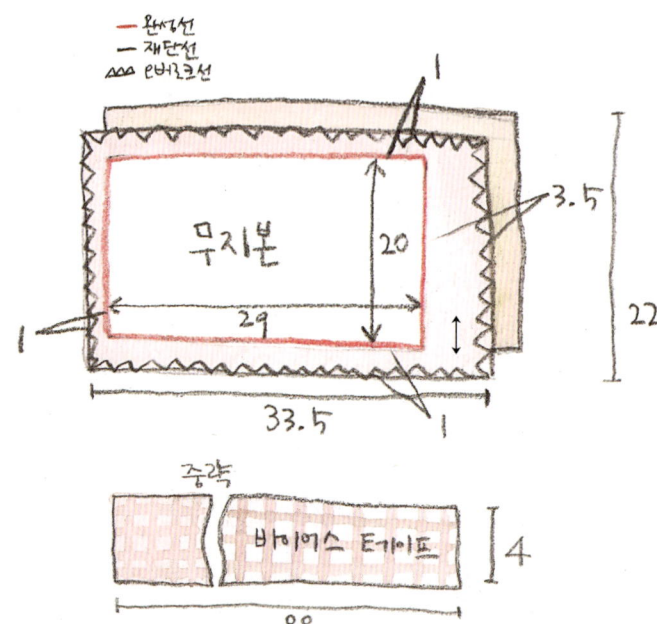

 끈 만들기

체크 바이어스 테이프를 그림과 같이 가로 중심을 기준으로 양쪽을 반 접는다. 중심을 기준으로 다시 반 접어 윤곽선에서 0.2cm 들어와 홈질한다. 같은 방법으로 끈 4개를 만든다.

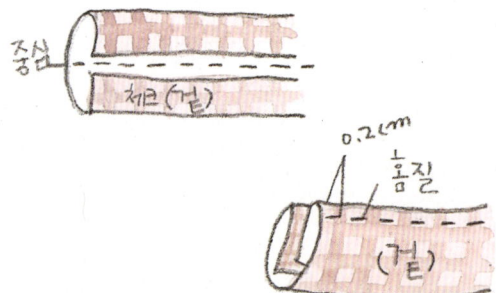

 앞장, 뒷장 연결하기

원단을 겉면과 겉면을 마주 대어 그림과 같이 A, B, C 부분을 완성선을 따라 박음질한다. 원단을 겉면이 나오게 뒤집어준다.

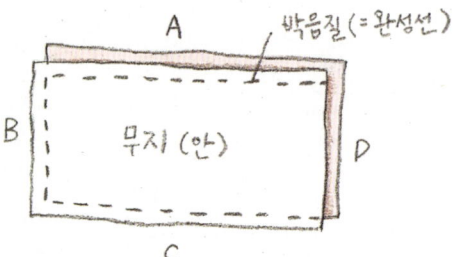

 끈 달기

베개를 겉면으로 뒤집은 상태에서 D 부분의 위아래로부터 5cm 안으로 들어온 지점에 끈을 시침핀으로 고정한다. 끈을 그림과 같이 파란 선에서 1cm 안으로 들어온 지점에 한 번 박음질하고, 파란 선에서 2cm 안으로 들어온 지점에 한 번 더 박음질한다. 베개의 뒷면도 같은 방법으로 끈을 고정한다.

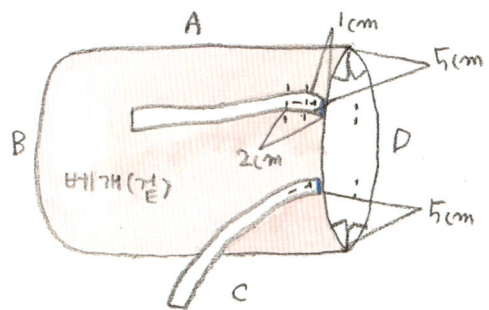

 시접 처리하기

시접 부분 D를 원단 안면으로 1cm씩 두 번 접어넣고 시침핀으로 고정한 후 윤곽선에서 0.7cm 안으로 들어와 홈질한다.

끈 마무리하기

끈 끝을 두 번 접어 장식실로 X자 스티치를 놓는다. 끈 4개 모두 X자 스티치로 장식한다. 좁쌀 베갯속을 집어넣고 끈을 리본으로 묶어준다.

※ **point** 더 자세한 끈 마무리 방법은 p.185 참조.

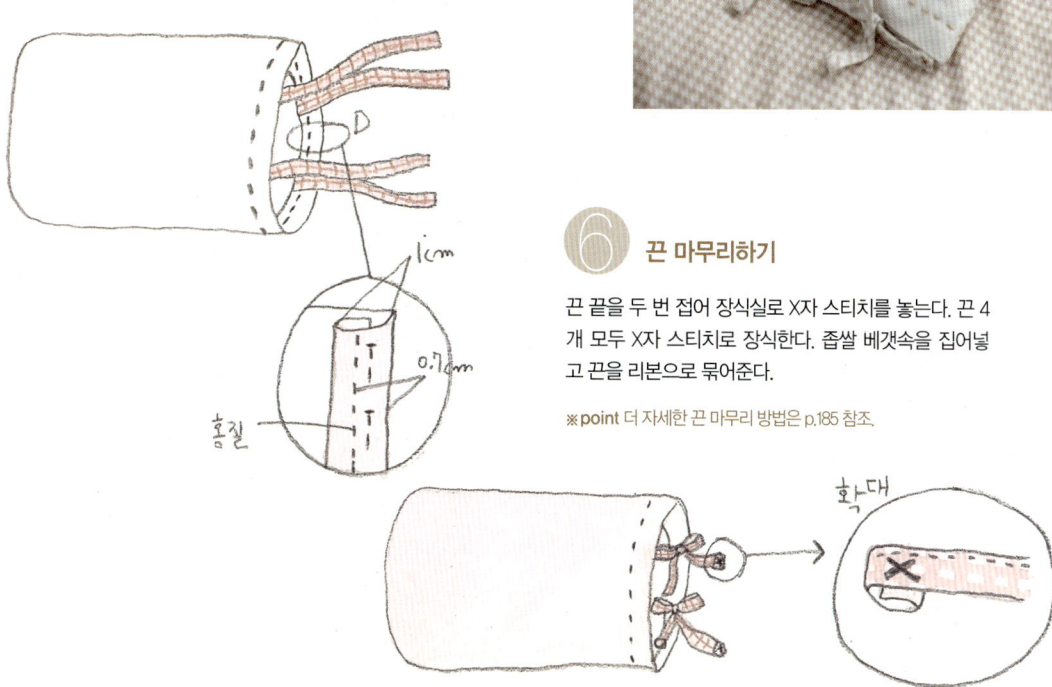

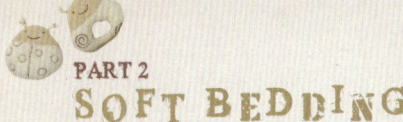
PART 2
SOFT BEDDING

아기를 부드럽게 감싸주는
속싸개

신생아 때는 팔다리를 많이 움직이지 않도록 속싸개로 잘 감싸줘야 한다. 아기가 자신의 팔 움직임에 놀라 잠에서 깨거나 경기를 일으킬 수 있기 때문이다. 오가닉 속싸개는 아기의 온몸을 부드럽게 감싸 잠잘 때는 깊은 수면을 돕고, 외출할 때는 바람을 막아준다. 고깔 모양의 모자 부분은 외출할 때 특히 유용하다. 아이가 좀 크면 배앓이 방지 덮개로 활용해도 좋다.

폭신폭신 기분 좋은
겉싸개

아기를 데리고 외출할 때는 속싸개로 한번 싸고, 다시 한 번 겉싸개로 감싸줘야 한다. 속싸개보다 두껍고 이불보다 가벼운 겉싸개는 아기에게 유용한 아이템이다.
특히 추운 겨울에는 아기를 따뜻하게 감싸서 외출할 때 꼭 필요하고, 여름에는 이불 대용으로 사용할 수 있다. 폭신폭신해서 감촉 놀이 매트로 활용해도 그만이다.

속싸개

 속싸개 원단 75×75cm 1장, 모자 원단 38×19cm 1장, 바이어스 테이프 폭 4cm 길이 305cm 1개(속싸개용) · 폭 4cm 길이 38cm 1개(모자용)

1. 도안 그리기 & 재단하기

표시된 사이즈대로 모눈종이에 도안을 그려 본을 만든다. 오가닉 원단에 그림과 같이 본을 대고 그린 후 완성선을 따라 재단한다. 바이어스 테이프를 준비한다.

※point 재단한 부분은 나중에 바이어스 테이프로 둘러주기 때문에 여기서는 시접을 남기지 않고 완성선을 따라 재단한다. 더 자세한 바이어스 테이프 재단 방법은 p.185 참조.

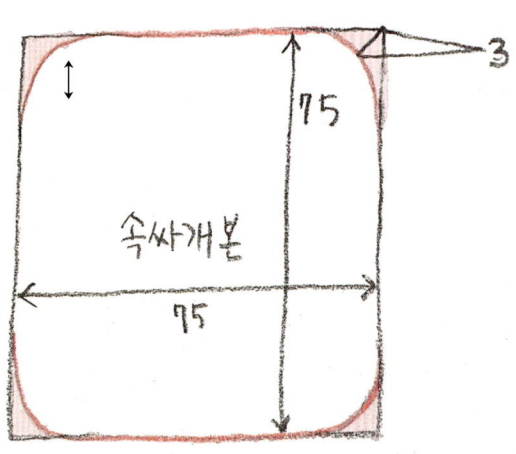

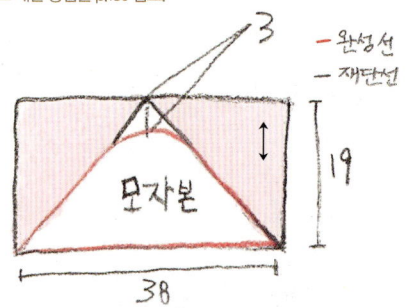
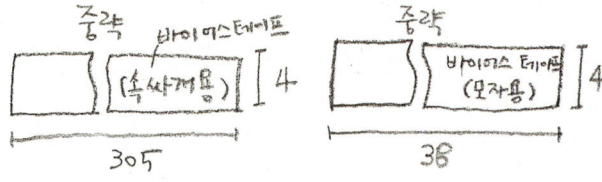

2. 모자 바이어스 박음질하기

모자 원단의 파란 선에 맞춰 바이어스 테이프를 놓고 0.8cm 안으로 들어와 박음질한다.

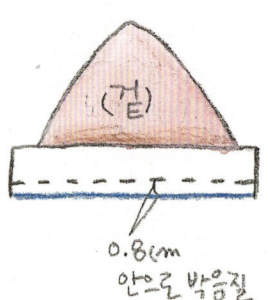

3. 모자 바이어스 공그르기

박음질한 바이어스 테이프를 바느질한 시접 부분을 감싸서 안쪽으로 두 번 접고 확대 그림과 같이 공그르기해 고정한다.

※point 더 자세한 바이어스 두르기 방법은 p.185 참조.

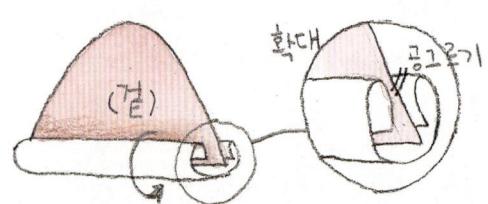

 속싸개 원단과 모자 원단 마주 대기

속싸개 원단 한쪽 모서리에 모자 원단을 그림과 같이 올린다. 이때 모자 안면과 속싸개 안면을 마주 댄다.

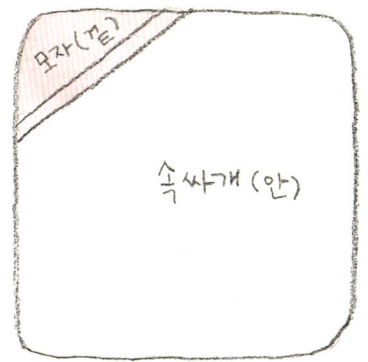

 속싸개 바이어스 두르기

속싸개 원단의 윤곽선을 따라 바이어스 테이프를 둘러 시침핀으로 고정한다. 이때 시작 지점의 바이어스 테이프를 2cm 접고 마무리 지점은 시작 지점을 덮어 완성한다.

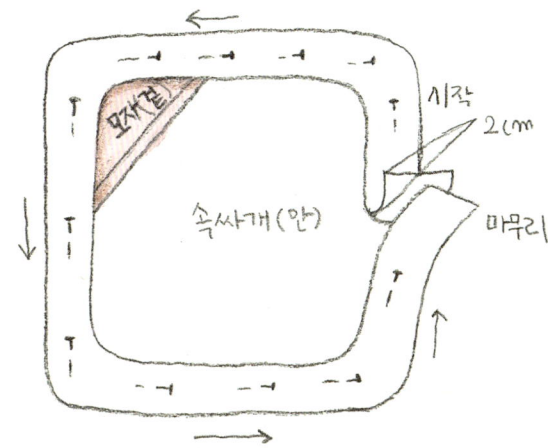

 속싸개 바이어스 박음질하기

속싸개 윤곽선에서 0.8cm 안으로 들어와 바이어스 테이프를 박음질한다. 이때 모서리 곡선 부분은 가위집을 넣어준다.

※ **point** 곡선 부분은 시접의 절반 정도만 살짝 가위집을 주면 원단이 울지 않고 반듯하게 바느질할 수 있다.

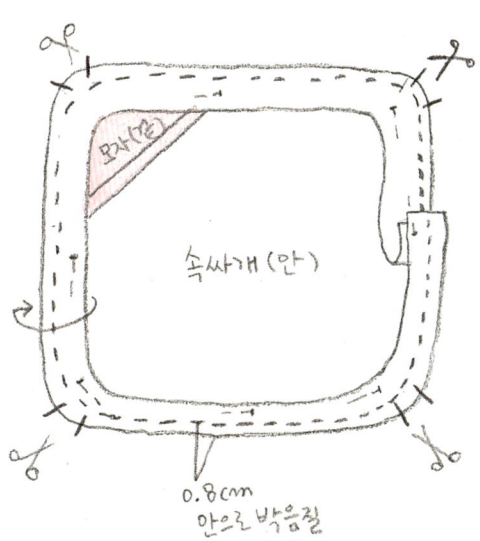

 속싸개 바이어스 공그르기

박음질한 바이어스 테이프를 바느질한 시접 부분을 감싸서 속싸개 겉면 쪽으로 두 번 접고 공그르기해 고정한다.

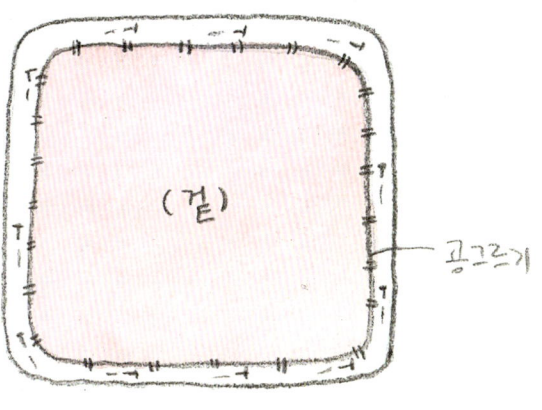

겉싸개

겉싸개 무지 · 체크 원단 86×86cm 각 1장씩,
모자 무지 · 체크 원단 62.5×30.5cm 각 1장씩, 면끈 40cm 2개,
패딩솜 89×89cm 분량(겉싸개용), 68.5×32cm 분량(모자용), 병아리 장식 2개(p.189참조)

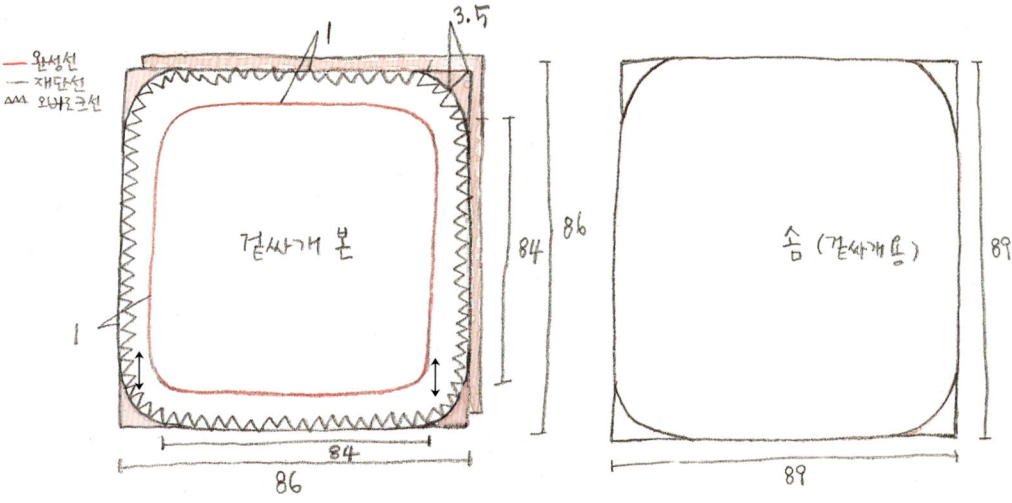

 도안 그리기 & 재단하기

표시된 사이즈대로 모눈종이에 도안을 그려 본을 만든다. 유기농 원단에 그림과 같이 본을 대고 그린 후 재단선을 따라 재단한다. 오버로크선으로 표시한 시접은 올이 풀리지 않도록 오버로크 혹은 감침질한다.

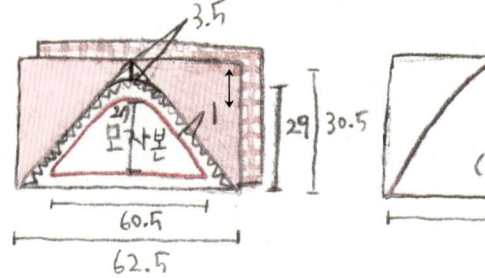

 모자 밑선 박음질하기

모자 무지 원단과 모자 체크 원단을 겉면과 겉면을 마주 댄다. 밑선의 완성선을 따라 박음질한다.

 모자 솜 고정하기

솜이 움직이지 않도록 시침핀으로 고정한 후, 모자 원단보다 1cm 가량 크게 솜을 재단한다.

※ **point** 패딩솜은 더 크게 재단해야 완성 후 폭신폭신한 부피감을 줄 수 있다.

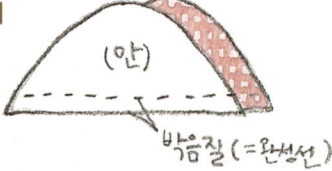

 모자 솜 넣기

박음질한 모자 밑선을 기준으로 모자의 겉면이 나오게 뒤집는다. 모자 원단 안면과 안면 사이에 모자용 솜을 끼운다.

  겉싸개 원단에 모자 끼우기

겉싸개 체크 원단 겉면 한쪽 모서리에 모자 무지 원단 겉면이 보이게 올린다. 그 위에 그림과 같이 겉싸개 무지 원단 안면이 위로 오게 덮는다.

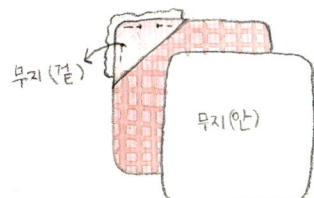

  겉싸개와 모자 박음질하기

겉싸개 원단과 모자 원단을 그림과 같이 창구멍 20cm 가량을 남기고 완성선을 따라 박음질한다. 창구멍을 통해 원단의 겉면으로 뒤집는다.

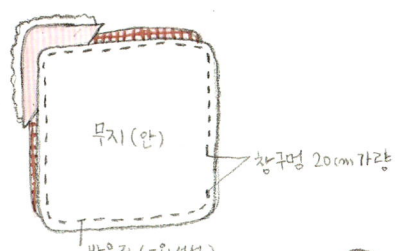

  겉싸개 솜 재단하기

솜 위에 겉싸개 원단을 올리고, 겉싸개 원단보다 1cm 가량 크게 솜을 재단한다.

※ point 패딩솜은 더 크게 재단해야 완성 후 폭신폭신한 부피감을 줄 수 있다.

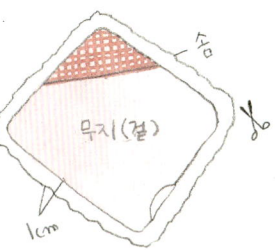

  겉싸개 솜 넣기

재단한 솜을 돌돌 말아 겉싸개의 창구멍으로 넣어 구석구석 잘 펴준다.

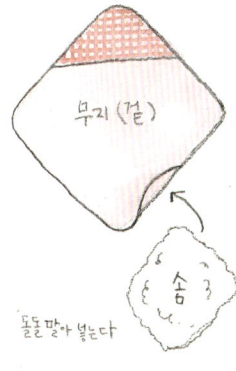

  겉싸개 홈질하기

솜을 넣은 겉싸개를 그림과 같이 사방 20cm씩 안으로 들어와 솜과 겉싸개 원단을 같이 누비듯 홈질한다.

※ point 솜과 겉싸개 원단을 함께 홈질하는 이유는 잦은 빨래에도 잘 견딜 수 있도록 누빔 처리해주는 것이다.

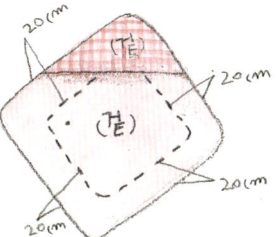

  끈 만들기

면끈 양쪽 끝 부분을 1cm씩 두 번 접는다. 그림과 같이 세로로 두 줄 박음질한다.

※ point 면끈은 열처리가 불가능하므로 올이 풀리지 않도록 반드시 끝을 두 번 접어 마무리한다. 더 자세한 끈 마무리 방법은 p.185 참조.

  끈 달기 & 장식 달기

겉싸개를 그림과 같이 포개 접었을 때 면끈이 마주할 수 있는 위치인 모서리 A 지점과 B 지점에 면끈을 박음질로 달아준다. 준비한 병아리 장식을 모자 부분에 공그르기로 달아준다. 이때 솜을 조금씩 함께 떠서 공그르기해야 솜이 뭉치는 걸 막을 수 있다.

※ point 더 자세한 끈 달기, 병아리 장식 만들기 방법은 각각 p.185, p.189 참조.

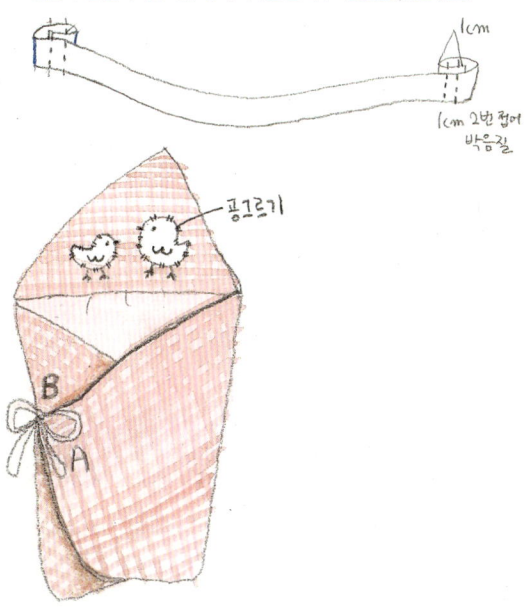

079

PART 2
SOFT BEDDING

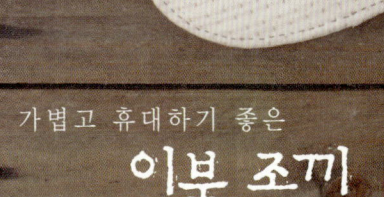

가볍고 휴대하기 좋은
이불 조끼

이불 조끼 하나면 속싸개, 겉싸개 없이도 외출 걱정 안 해요.

이불 조끼는 아기 몸에 딱 맞는 사이즈로 맞춘 일종의 이불로 일반 이불보다 가볍다. 요즘 일본 엄마들 사이에서 인기 높은 아이템. 휴대하기 좋아 외출시 커다란 이불 대신 이불 조끼 하나만 챙기면 아주 편하다.

baby sleeping bag

이불 조끼

앞판 원단 43×53.5cm 2장, 뒤판 원단 42×62cm 2장,
퀼트솜 40×50.5cm 분량(앞판용)·39×59cm 분량(뒤판용),
면끈 12cm 6개, 단추 6개, 똑딱이단추 2쌍,
곰돌이 장식 1개(p.191 참조), 토끼 장식 1개(p.190 참조), 장식실

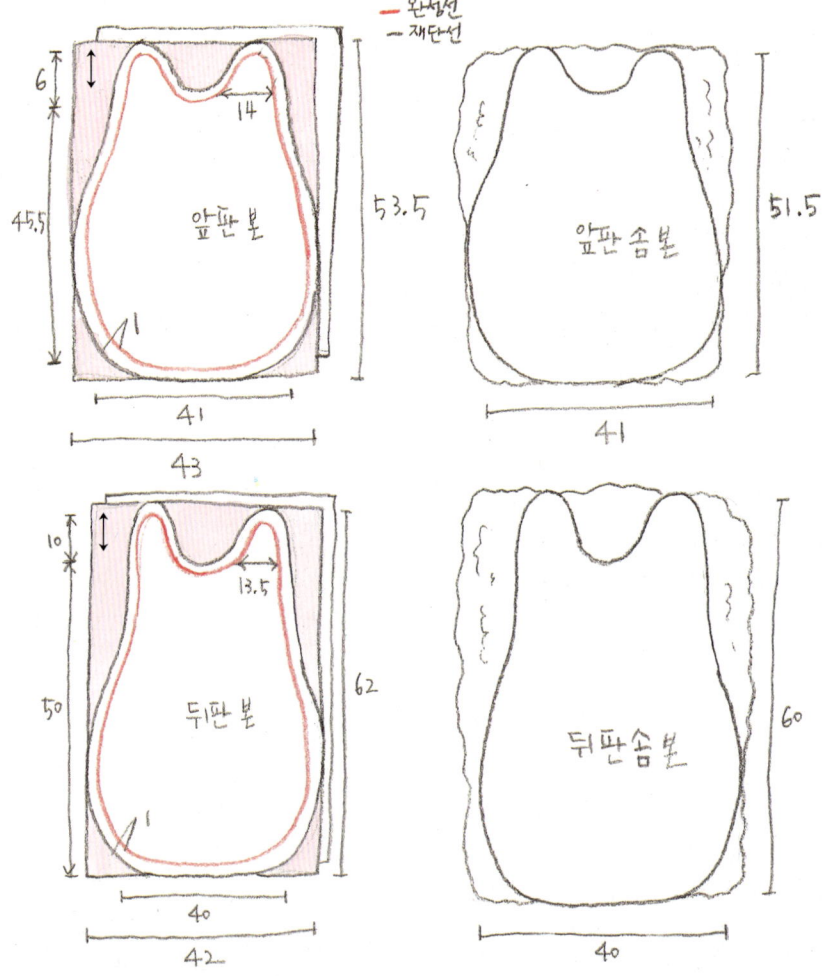

 도안 그리기 & 재단하기

표시된 사이즈대로 모눈종이에 도안을 그려 본을 만든다. 오가닉 원단에 그림과 같이 본을 대고 그린 후 재단선을 따라 재단한다. 퀼트솜도 그림과 같이 본을 대고 그린 후 완성선보다 사방 0.5cm 가량 작게 재단한다.

※point 솜은 원단보다 작게 재단해야 겉면으로 뒤집었을 때 원단이 울지 않고 반듯하게 펴진다.

How to Make 2

 퀼트솜 붙이기

앞판 원단 중 한 장의 안면과 재단한 앞판 솜의 접착면을 마주 대고 다리미로 다려 고정한다. 뒤판 원단 중 한 장도 뒤판 솜과 같은 방법으로 붙인다.

※point 퀼트솜은 물을 살짝 뿌려 고열의 다리미로 지그시 누르듯 다리면 원단에 쉽게 접착된다.

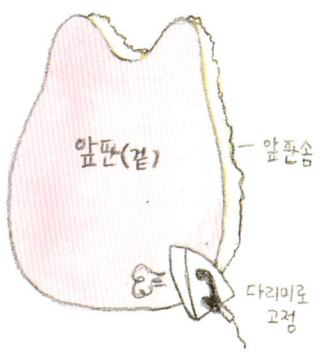

 앞판 박음질하기

솜을 붙인 앞판 원단과 남은 앞판 원단을 겉면과 겉면을 마주 대어 그림과 같이 창구멍 15cm 가량을 남기고 완성선을 따라 박음질한다. 창구멍을 통해 겉면으로 뒤집은 후 공그르기해 창구멍을 막는다.

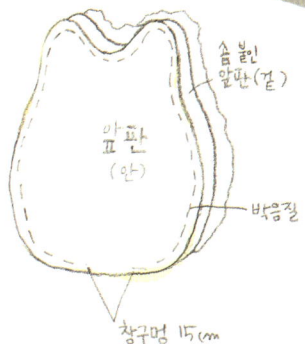

 뒤판 박음질하기

솜을 붙인 뒤판 원단과 남은 뒤판 원단도 겉면과 겉면을 마주 대어 창구멍 15cm 가량을 남기고 완성선을 따라 박음질한다. 이때 확대 그림과 같이 면끈으로 고리를 만들어 옆선 부분에 좌우 3개씩 6cm 간격으로 끼워넣고 함께 박음질한다. 창구멍을 통해 겉면으로 뒤집은 후 공그르기해 창구멍을 막는다.

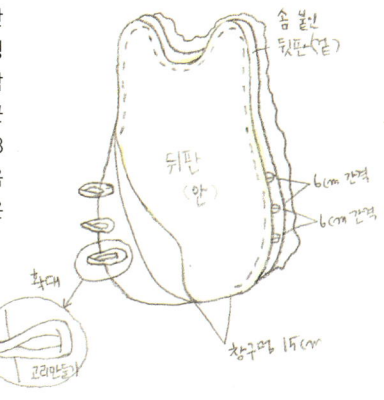

 스티치하기

앞판의 윤곽선에서 0.8cm 안으로 들어와 장식실로 홈질 스티치를 놓는다. 이때 솜과 원단을 같이 떠서 홈질한다. 뒤판도 마찬가지로 홈질 스티치를 놓는다. 뒤판의 면끈 달린 부분에 맞춰 앞판 옆선에 좌우 3개씩 6cm 간격으로 단추를 단다. 앞판과 뒤판의 어깨 부분에 그림과 같이 똑딱이단추를 달아준다. 이때 똑딱이 암은 앞판에, 수는 뒤판에 단다.

※point 더 자세한 단추 달기와 똑딱이단추 달기는 p.186 참조.

 장식 달기

준비한 곰돌이와 토끼 장식을 앞판 아랫부분에 공그르기로 달아준다. 아기 이니셜이나 원하는 글씨를 체인 스티치로 수놓아 장식해도 좋다.

※point 더 자세한 곰돌이, 토끼 장식 만들기 방법은 p.191, p.190 참조. 이니셜 수놓기 방법은 p.188 참조.

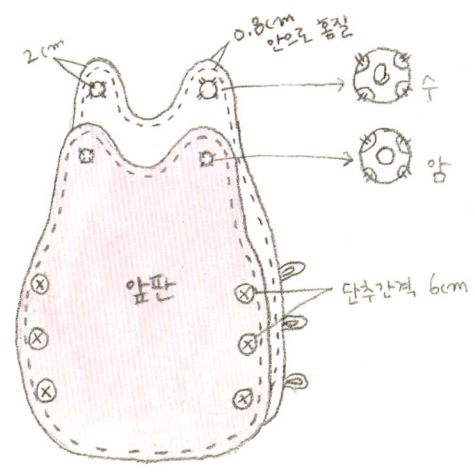

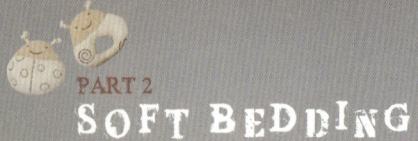

PART 2
SOFT BEDDING

돼지, 강아지, 토끼 삼남매
동물 짱구 베개

동물마다 각기 다른
꼬리 모양과 얼굴 표정이
아주 귀여워요.

animal pillows

신생아 때는 좁쌀 베개를 사용하다가 아이가 조금 크면 짱구 베개로 바꿔주자. **한쪽으로 자는 버릇을 고칠 수 있고 아기 머리 모양도 예뻐진다.** 아기는 자는 동안 땀을 많이 흘리므로 베개는 특히 땀 흡수가 좋은 오가닉 코튼으로 만드는 것이 좋다. 귀여운 동물 캐릭터로 만든 짱구 베개라면 나중에 아기의 쿠션이나 장난감으로 활용할 수 있어 더욱 금상첨화.

동물 짱구 베개

- **돼지 짱구 베개**
  귀 스트라이프·무지 원단 4.5×4.5cm 각 2장씩, 다리 무지 원단 6×7cm 8장,
  얼굴 무지 원단 10.5×10.5cm 2장, 몸통 무지 원단 25.5×21.5cm 2장,
  퀼트솜 지름 6.5cm 원형 분량, 솜 150g, 장식실

- **강아지 짱구 베개**
  귀 스트라이프·무지 원단 5.5×9cm 각 2장씩, 다리 무지 원단 6×7cm 8장,
  얼굴 무지 원단 10×10cm 2장, 몸통 무지 원단 25.5×21.5cm 2장,
  퀼트솜 지름 6.5cm 원형 분량, 솜 150g, 장식실

- **토끼 짱구 베개**
  귀 스트라이프·무지 원단 5.5×9cm 각 2장씩, 다리 무지 원단 6×7cm 8장,
  얼굴 무지 원단 9.5×10cm 2장, 몸통 무지 원단 25.5×21.5cm 2장,
  퀼트솜 지름 6.5cm 원형 분량, 솜 150g, 장식실

※ **원단 구입 tip**
무지 원단 반마,
스트라이프 원단 반마(소량)

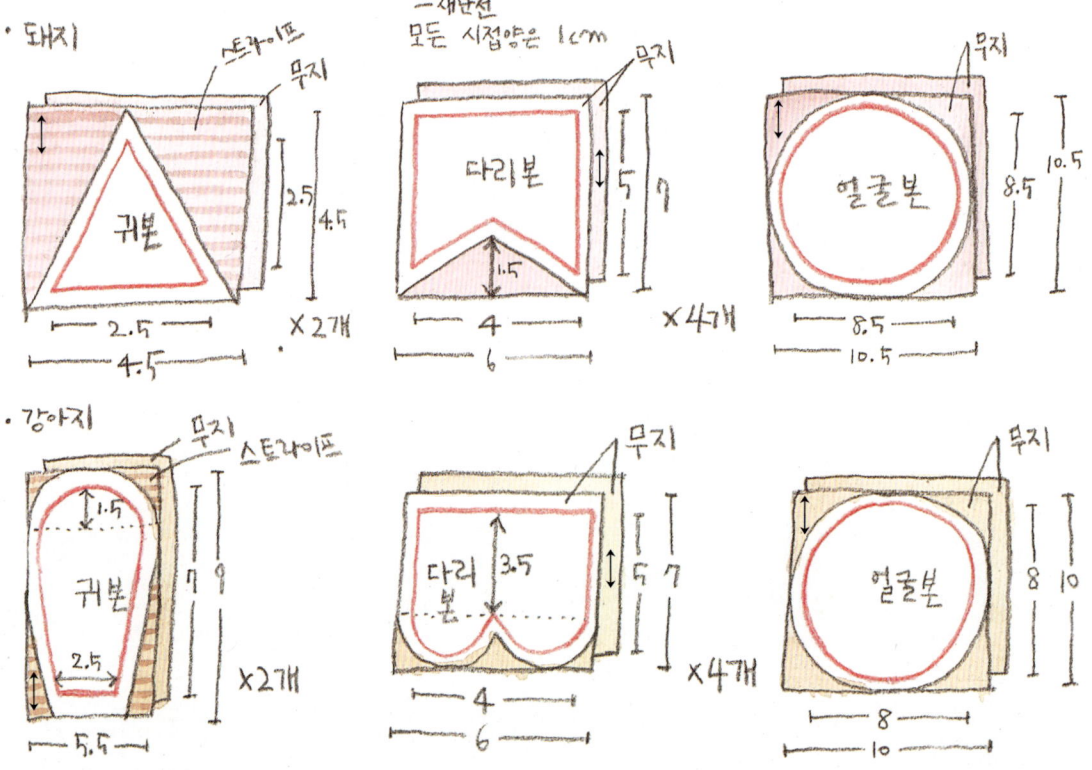

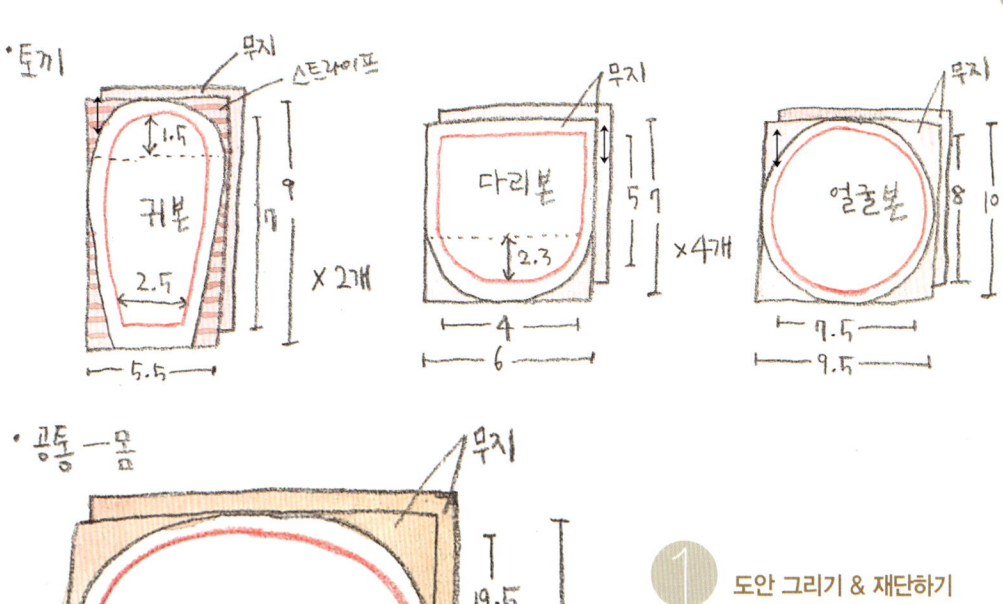

How to Make 2

도안 그리기 & 재단하기

표시된 사이즈대로 모눈종이에 도안을 그려 본을 만든다. 오가닉 원단에 그림과 같이 본을 대고 그린 후 재단선을 따라 재단한다.

 다리 만들기

원하는 동물을 선택해 다리 원단 2장을 겉면과 겉면을 마주 대어 창구멍을 남기고 완성선을 따라 박음질한다. 같은 방법으로 다리를 4개 만든 후 창구멍을 통해 겉면으로 뒤집는다. 창구멍으로 솜을 넣는다.

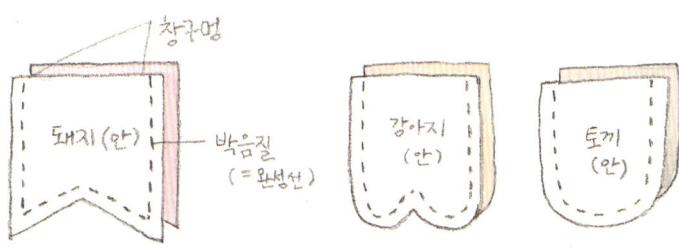

귀 만들기

원하는 동물의 귀 스트라이프 원단 한 장과 귀 무지 원단 한 장을 겉면과 겉면을 마주 대어 창구멍을 남기고 완성선을 따라 박음질한다. 같은 방법으로 귀 2개를 만든 후 창구멍을 통해 겉면으로 뒤집는다.

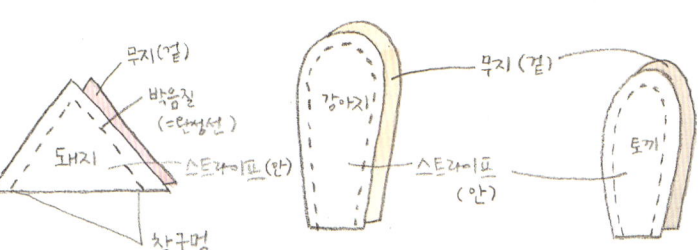

동물 짱구 베개

 몸통 만들기

몸통 원단 한 장의 안면과 준비한 퀼트솜의 접착면을 마주 대고 원단 겉면에서 다리미로 다려 고정한다.

※point 퀼트솜은 물을 살짝 뿌려 고열의 다리미로 지그시 누르듯 다리면 원단에 쉽게 접착된다.

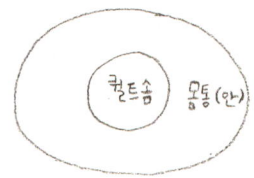

 다리 자리 잡기

퀼트솜을 붙이지 않은 남은 몸통 원단 한 장의 겉면에 그림과 같이 솜을 넣은 다리 4개를 올려놓는다. 이때 앞다리 2개는 간격을 좁게, 뒷다리 2개는 간격을 넓게 자리를 잡아 올린다. 퀼트솜을 붙인 몸통 원단을 그 위에 덮는다. 이때 몸통 원단은 겉면과 겉면을 마주 대어 시침핀으로 고정한다.

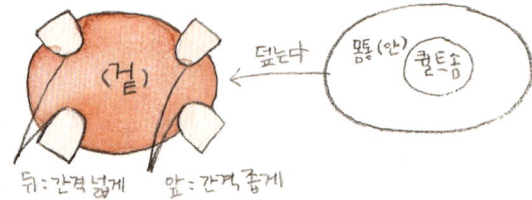

 다리 고정하기

몸통 원단 사이에 다리를 끼워 고정한 상태로 창구멍을 4cm 가량 남기고 완성선을 따라 박음질한다.

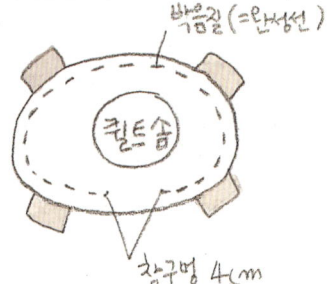

 몸통 솜 넣기

창구멍을 통해 몸통을 겉면으로 뒤집은 후 솜을 넣어 잘 펴준다. 안쪽으로 만져지는 퀼트솜의 윤곽선을 따라 몸통 원단 2장을 함께 박음질한다. 창구멍으로 솜을 넣는다.

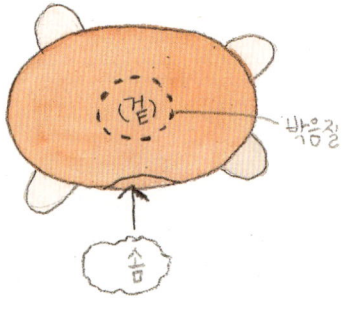

 꼬리 수놓기

뒷다리 사이에 그림과 같이 수성 초크로 꼬리 모양을 그려 장식실로 박음질해 수놓는다. 창구멍을 공그르기해 막는다.

※point 꼬리는 동물 캐릭터를 살리는 포인트로, 자세한 꼬리 모양 수놓기는 팁을 참조한다. 수를 먼저 놓고 창구멍을 나중에 막는 것은 창구멍을 통해 수놓은 실의 매듭 처리를 해줘야 하기 때문이다.

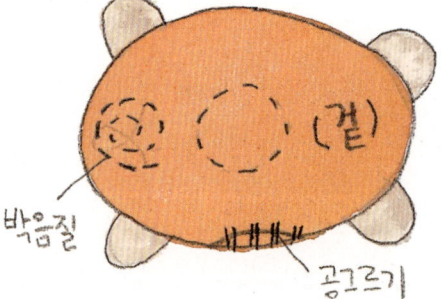

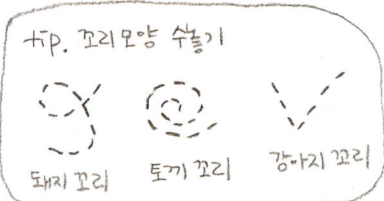

 얼굴 만들기

얼굴 원단 중 한 장의 겉면에 준비한 귀 2개를 그림과 같이 올려놓는다. 남은 얼굴 원단 한 장을 그 위에 덮는다. 이때 얼굴 원단은 겉면과 겉면을 마주 대어 시침핀으로 고정한다.

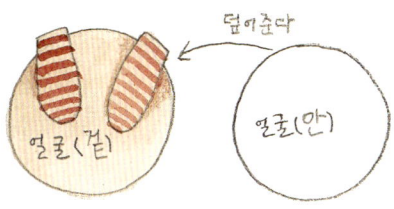

 귀 고정하기

얼굴 원단 사이에 귀를 끼워 고정한 상태로 창구멍을 4cm 가량 남기고 완성선을 따라 박음질한다.

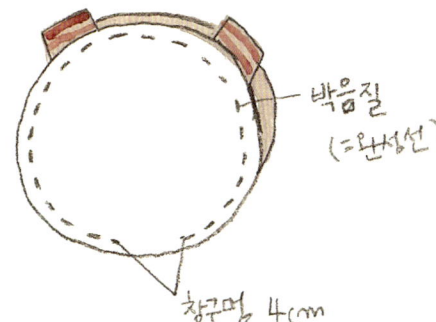

 얼굴 솜 넣기

창구멍을 통해 얼굴을 겉면으로 뒤집은 후 솜을 넣는다.

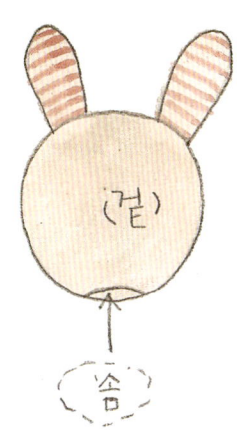

 얼굴 수놓기

수성 초크로 얼굴 모양을 그려 장식실로 수놓는다. 창구멍을 공그르기 해 막는다.

※**point** 얼굴은 동물 캐릭터를 살리는 포인트로, 자세한 얼굴 모양 수놓기는 팁을 참조한다. 수를 먼저 놓고 창구멍을 나중에 막는 것은 창구멍을 통해 수놓은 실의 매듭 처리를 해줘야 하기 때문이다.

 몸통과 얼굴 연결하기

준비한 몸통과 얼굴을 뒷면이 보이게 놓고 그림과 같이 공그르기해 연결한다.

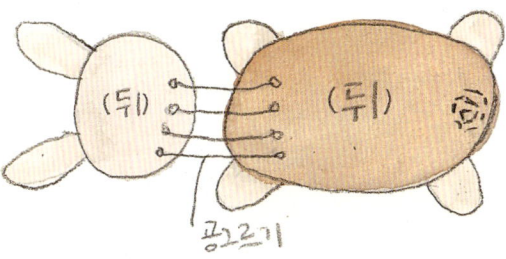

089

PART 2
SOFT BEDDING

꿈나라 단짝 친구
고양이 인형

아기가 안고 만지고 입으로 빠는 인형은 무해한 오가닉 코튼으로 만들어주자. 아기는 인형을 안고 자면 훨씬 더 안정감을 느낀다. 귀여운 얼굴과 배꼽의 앙증맞은 수가 웃음을 자아내는 고양이 인형은 모든 아이들이 좋아하는 캐릭터. 고양이 양팔을 위로 향하게 만들면 베개나 쿠션으로 사용해도 불편하지 않다.

sweet cat dolls

고양이 인형

 몸통 원단 29×35.5cm 2장, 얼굴 원단 17×16.5cm 2장, 꼬리 원단 8.6×10cm 2장, 솜 150g, 둥근 면끈 100cm 1개, 장식실

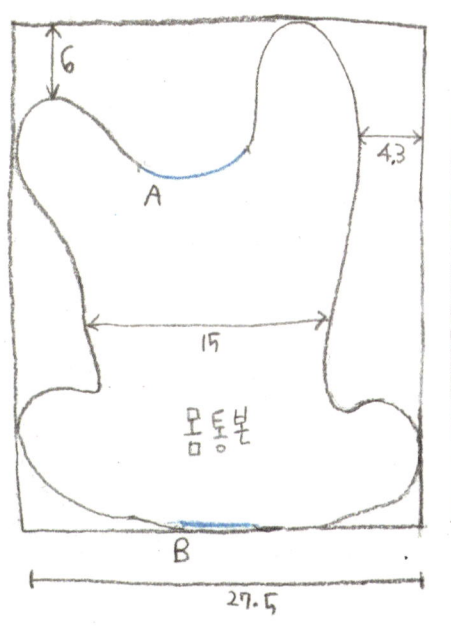

 도안 그리기

표시된 사이즈대로 모눈종이에 도안을 그려 본을 만든다. 이때 얼굴 A 부분과 몸통 A 부분, 꼬리 B 부분과 몸통 B 부분의 길이가 서로 똑같도록 주의해서 그린다.

※ **point** 표시한 A, B 부분은 창구멍으로, 나중에 바느질해서 서로 연결해야 하므로 길이를 맞춘다.

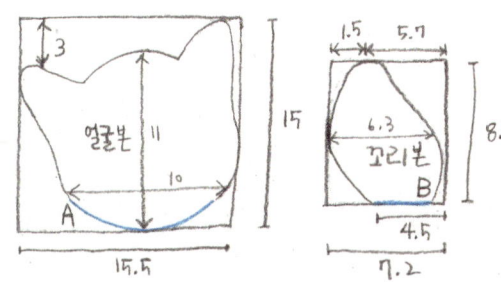

 재단하기

오가닉 원단에 그림과 같이 본을 대고 그린 후 재단선을 따라 재단한다.

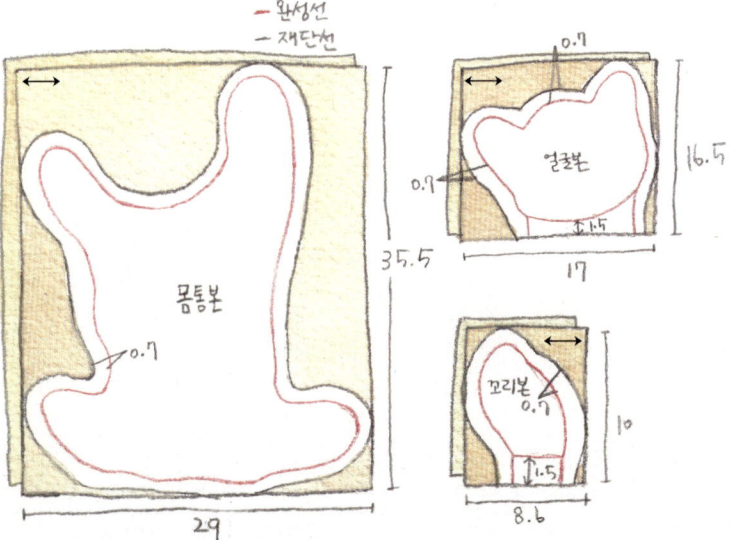

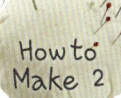

 박음질하기

고양이 몸통, 얼굴, 꼬리 원단을 겉면과 겉면을 마주 대어 A, B 부분의 창구멍을 남기고 완성선을 따라 박음질한다. 창구멍을 통해 겉면으로 뒤집는다.

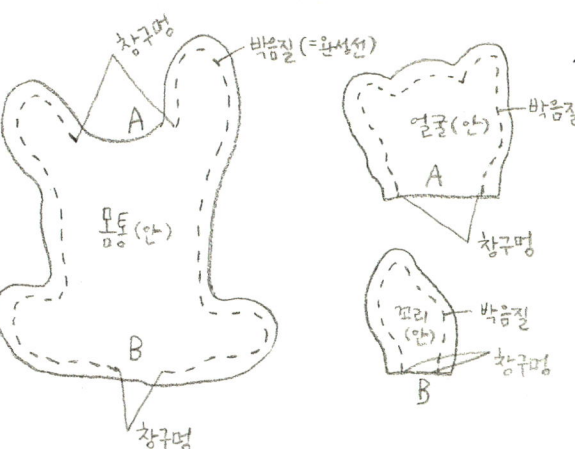

 솜 넣기

몸통, 얼굴, 꼬리의 창구멍을 통해 솜을 넣고 잘 펴 준다. 솜을 넣을 때는 나무젓가락이나 펜 등 긴 도구를 이용해 집어넣으면 한결 수월하다.

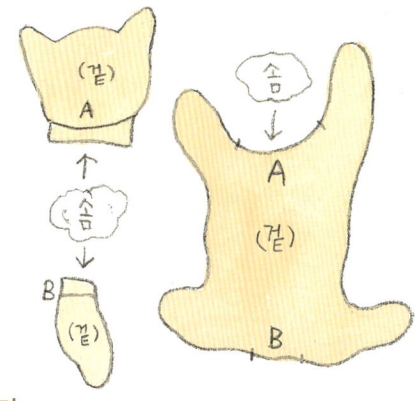

 몸통, 얼굴 꼬리 연결하기

얼굴 A 부분을 몸통 A 부분으로 끼워넣고 공그르기해 연결한다. 이때 창구멍을 3cm 가량 남긴다. 마찬가지로 꼬리 B 부분을 몸통 B 부분으로 끼워넣고 공그르기해 연결한다. 꼬리는 창구멍을 남기지 않고 모두 공그르기한다.

※point 몸통과 얼굴을 연결할 때 창구멍을 살짝 남기는 이유는 나중에 얼굴에 수놓을 때 바늘이 들어갈 공간을 남기기 위해서다.

 수놓기

얼굴에 수성 초크로 눈, 코, 입, 수염을 그려 장식실로 수놓는다. 배에 수성 초크로 배꼽을 그려 장식실로 수놓는다. 이때 코는 새틴 스티치로, 눈·입·수염은 박음질로, 배꼽의 윤곽선은 홈질 스티치로, 배꼽 가운데 X자는 박음질로 각각 수를 놓는다. 남겨놓은 창구멍을 공그르기해 막고, 둥근 면끈으로 목 부분을 예쁘게 묶어 장식한다.

※point 더 자세한 수놓기 방법은 p.187 참조.

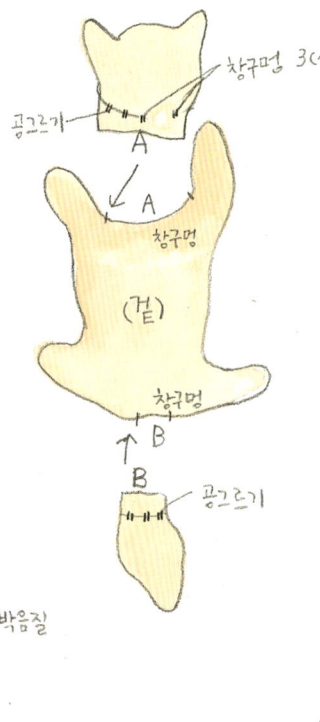

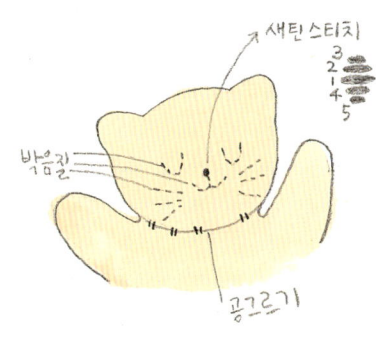

PART 3
NURSING & BATHING

쑥쑥 자라는
수유 시간 & 뽀드득
개운한 목욕 시간

아기를 건강하게 잘 키우고 싶다면, 잘 먹이고 잘 씻기는 일은 기본 중의 기본이다. 수유는 유아기의 영양을 결정하는 가장 중요한 요소로, 수유할 때는 수유 쿠션이나 수유 베개 등을 이용해 아기가 가장 편안한 자세에서 우유를 먹을 수 있도록 도와줘야 한다. 아직 면역력이 강하지 않은 아기의 위생을 위해 깨끗하게 목욕시키는 일도 중요하다. 목욕 후 아기가 감기에 걸리지 않도록 온몸을 감싸안을 수 있는 커다란 목욕 타월이나 목욕 가운은 목욕할 때 잊지 말고 꼭 챙겨야 할 아이템. 맛있는 수유 시간을 위한 턱받이, 거즈 수건, 쿠션은 물론 개운한 목욕 시간을 위한 목욕 용품까지, 오가닉 코튼으로 엄마가 직접 만들어준다면 아기도 하루가 다르게 쑥쑥 자라날 것이다.

PART 3
NURSING & BATHING

동글이, 곰돌이, 꽃 모양
턱받이 3종 세트

침을 많이 흘리는 아기들의 입에 직접 닿는 턱받이는
반드시 흡수가 좋고 촉감이 부드러운 오가닉 코튼으로 만들어주자.
기본적인 둥근 형태의 동글이 턱받이, 귀여운 캐릭터 장식을
덧붙인 곰돌이 턱받이, 러블리한
꽃 모양 턱받이 중 원하는 디자인을 선택해 우리 아기의
오물오물 예쁜 입을 깨끗하게 닦아주자.

 # 동글이 턱받이

원단 21×27cm 2장, 똑딱이단추 1쌍, 장식실

 도안 그리기 & 재단하기

표시된 사이즈대로 모눈종이에 도안을 그려 본을 만든다. 오가닉 원단에 그림과 같이 본을 대고 그린 후 재단선을 따라 재단한다.

 박음질하기

원단의 겉면과 겉면을 마주 대어 창구멍을 4cm 가량 남기고 완성선을 따라 박음질한다. 곡선 부분의 시접에 가위집을 넣는다.

※point 곡선 부분의 시접에 절반 정도만 살짝 가위집을 주면 원단이 울지 않고 반듯하게 뒤집어진다.

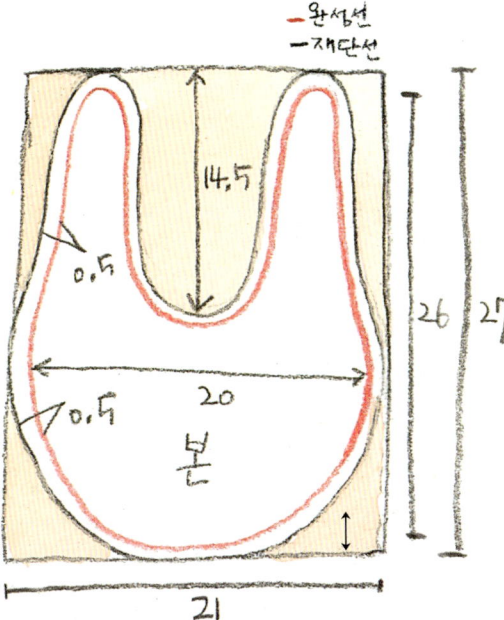

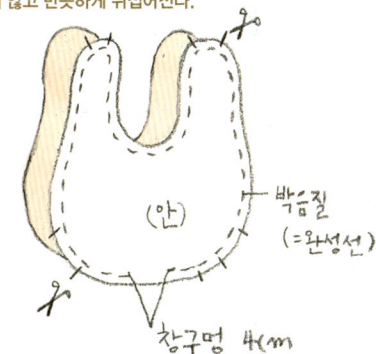

 홈질하기

안쪽으로 만져지는 시접을 따라 윤곽선에서 0.6cm 안으로 들어와 홈질 스티치를 놓는다. 표시된 위치에 똑딱이단추를 단다. 이때 똑딱이 암은 앞장 오른쪽 위에, 똑딱이 수는 왼쪽 뒷장 위에 단다.

※point 더 자세한 똑딱이단추 달기 방법은 p.186 참조.

 창구멍 막기

창구멍을 통해 원단의 겉면으로 뒤집는다. 창구멍을 공그르기해 막는다.

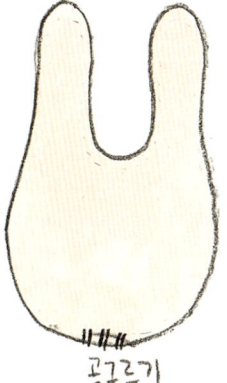

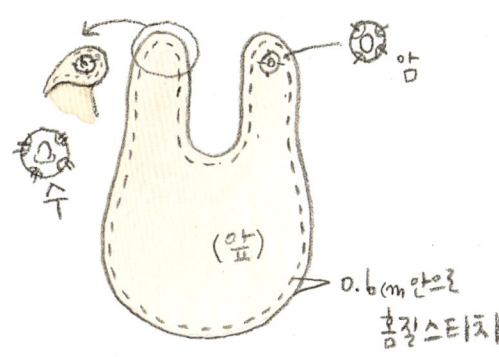

꽃모양턱받이

 원단 23×26cm 2장, 똑딱이단추 1쌍, 장식실

 도안 그리기 & 재단하기

표시된 사이즈대로 모눈종이에 도안을 그려 본을 만든다. 오가닉 원단에 그림과 같이 본을 대고 그린 후 재단선을 따라 재단한다.

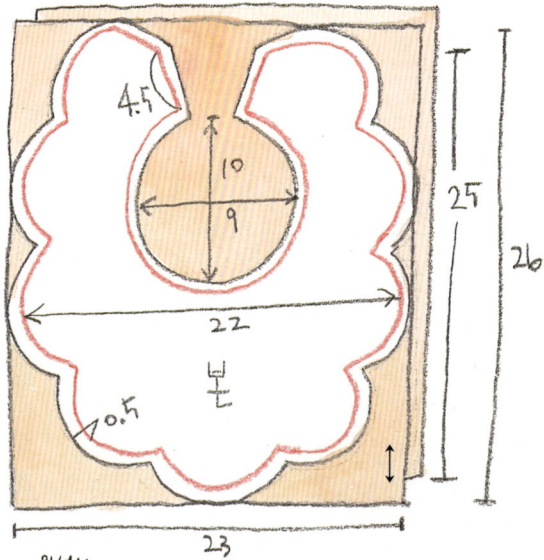

 박음질하기

원단의 겉면과 겉면을 마주 대어 창구멍 4.5cm를 남기고 완성선을 따라 박음질한다. 곡선 부분의 시접에 가위집을 넣는다.

※point 곡선 부분의 시접에 절반 정도만 살짝 가위집을 주면 원단이 울지 않고 반듯하게 뒤집어진다.

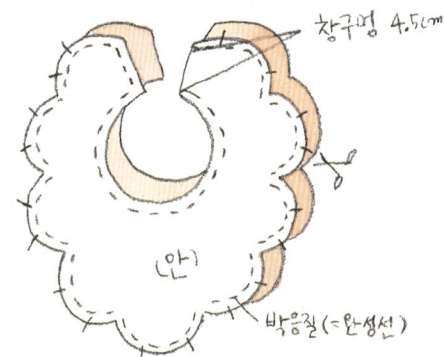

 창구멍 막기

창구멍을 통해 원단의 겉면으로 뒤집는다. 창구멍을 공그르기해 막는다.

 홈질하기

안쪽으로 만져지는 시접을 따라 윤곽선에서 0.6cm 안으로 들어와 홈질 스티치를 놓는다. 표시된 위치에 똑딱이단추를 단다. 이때 똑딱이 암은 앞장 오른쪽 위에, 똑딱이 수는 왼쪽 뒷장 위에 단다.

※point 더 자세한 똑딱이단추 달기 방법은 p.186 참조.

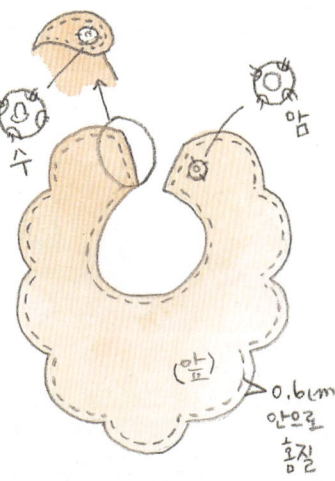
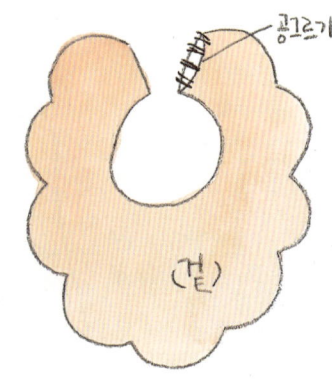

곰돌이 턱받이

원단 22×16cm 2장, 바이어스 테이프 폭 4cm 길이 90cm 1개, 곰돌이 와팬 1개

도안 그리기 & 재단하기

표시된 사이즈대로 모눈종이에 도안을 그려 본을 만든다. 오가닉 원단에 그림과 같이 본을 대고 그린 후 재단선을 따라 재단한다.

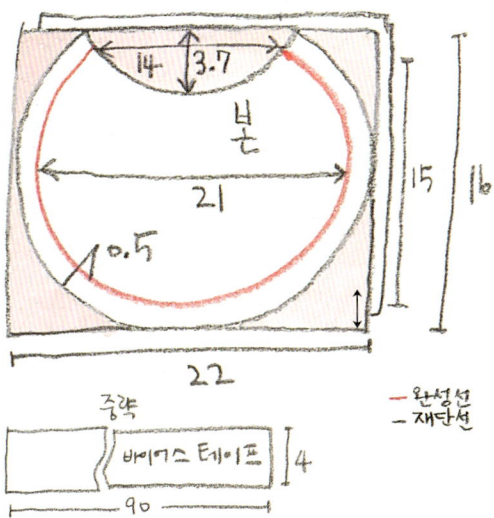

장식 달기

원단 한 장의 겉면 중심에 그림과 같이 곰돌이 와팬을 감침질해 달아준다.

※point 곰돌이 와팬은 부자재 시장에서 구입할 수 있다.

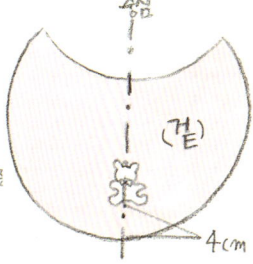

박음질하기

곰돌이 와팬을 단 원단과 남은 원단의 겉면과 겉면을 마주 대어 목둘레를 제외하고 완성선을 따라 박음질한다. 곡선 부분의 시접에 살짝 가위집을 넣은 뒤 원단의 겉면으로 뒤집는다.

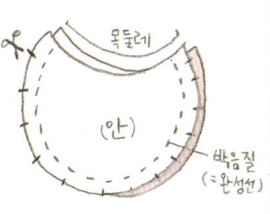

홈질하기

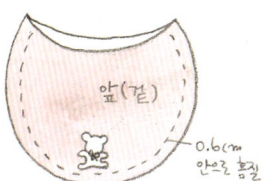

안쪽으로 만져지는 시접을 따라 윤곽선에서 0.6cm 안으로 들어와 홈질 스티치를 놓는다.

바이어스 박음질

바이어스 테이프를 반 접어 그 중심을 목둘레 중심에 맞춰 양쪽 끈의 길이를 동일하게 맞춘 다음, 목둘레를 따라 바이어스 테이프를 둘러 시침핀으로 고정한다. 목둘레에서 0.8cm 안으로 들어와 박음질한다.

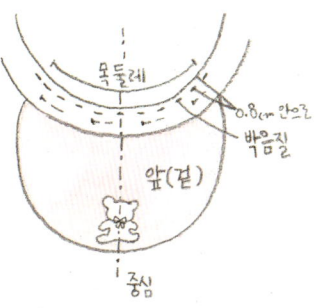

바이어스 공그르기

박음질한 바이어스 테이프를 바느질한 시접 부분을 감싸서 뒷면으로 접는다. 바이어스 테이프 양쪽 끝은 A 부분과 같이 1cm씩 접은 다음 B 부분과 같이 바이어스 테이프를 접은 후 다시 반을 접어 시침핀으로 고정한 후 공그르기로 마무리한다.

※point 더 자세한 바이어스 테이프 두르기 방법은 p.185 참조.

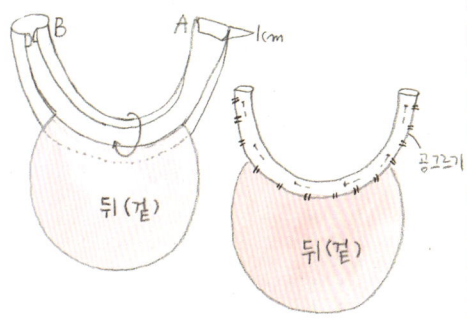

PART 3
NURSING & BATHING

편안한 수유를 위한
별 수유 베개

수유 베개를 쓰면 엄마도 아기도 자세가 편안해요.

nursing pillow

수유할 때는 아기 고개를 약간 뒤로 젖혀주는 것이 좋은데, 이때 엄마 팔에 수유 베개를 대면 엄마도 팔이 아프지 않고, 아기도 목을 가누기가 한결 편하다. 특히 별 수유 베개는 별 모양의 뾰족한 부분을 아기 머리에 양쪽으로 끼울 수 있어 고정하기 좋다. 또한 수유 베개 뒷면에 고무 밴드를 달면 엄마 팔에 끼우기 쉽다.

별 수유 베개

 쿠션 원단 48×45.5cm 2장, 밴드 원단 29×8cm 1장, 고무줄 17cm 1개, 솜 150g, 장식실

 1 도안 그리기

표시된 사이즈대로 모눈 종이에 도안을 그려 본을 만든다.

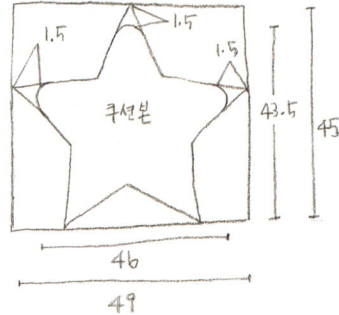

 2 재단하기

오가닉 원단에 그림과 같이 본을 대고 그린 후 재단선을 따라 재단한다.

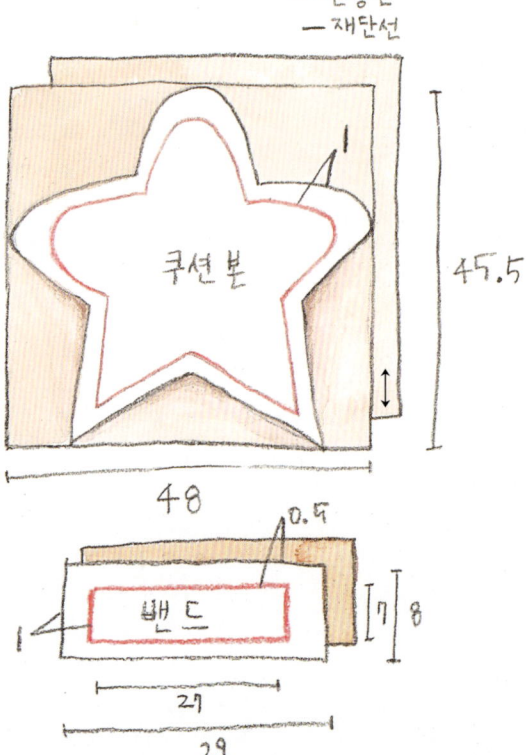

 3 박음질하기

원단의 겉면과 겉면을 마주 대어 창구멍을 4cm 가량을 남기고 완성선을 따라 박음질 한다. 곡선 부분의 시접에 가위집을 넣은 뒤 원단의 겉면으로 뒤집는다.

※**point** 곡선 부분의 시접에 절반 정도만 살짝 가위 집을 주면 원단이 울지 않고 반듯하게 뒤집어진다.

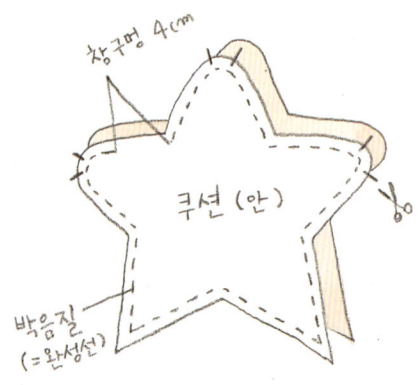

 4 솜 넣기 & 수놓기

창구멍을 통해 솜을 넣고 모서리 끝까지 구석구석 잘 펴준다. 얼굴에 수성 초크로 눈과 입을 그려 장식실로 수놓는다. 이때 눈은 매 듭으로, 입은 박음질로 수를 놓는다. 창구멍 을 공그르기해 막는다.

※**point** 창구멍을 막기 전에 수를 먼저 놓는 이유 는 수를 놓을 때 바늘이 들어갈 공간을 확보하기 위 해서다. 더 자세한 수놓기 방법은 p.188 참조.

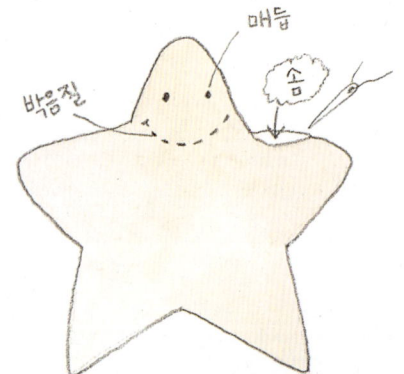

 밴드 박음질하기

밴드 원단을 가로 중심을 기준으로 겉면과 겉면을 마주 대어 반 접는다. 그림과 같이 창구멍을 3cm 남기고 완성선을 따라 박음질한다.

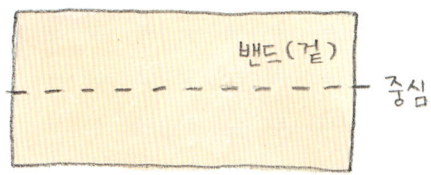

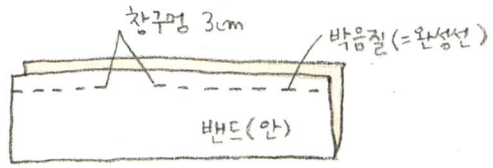

 고무줄 박기

고무줄을 그림과 같이 밴드 양쪽 끝에 맞춘 다음, 완성선을 따라 박음질한다.

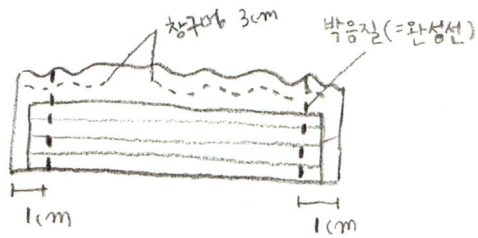

 창구멍 막기

창구멍을 통해 밴드를 뒤집은 후 공그르기해 창구멍을 막는다.

 밴드 달기

별 쿠션 뒷면 중앙에 밴드를 놓고 그림과 같이 박음질로 고정한다. 이때 사각형 모양으로 박음질해 튼튼하게 고정한다.

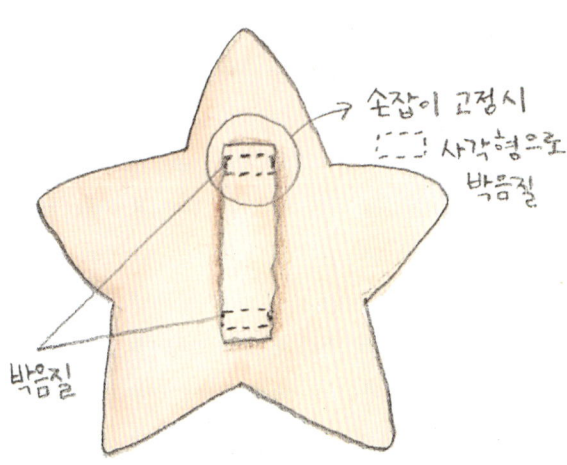

PART 3
NURSING & BATHING

깜찍이 더듬이가 예쁜
무당벌레 쿠션

우리 예쁜 아기만큼 깜찍한 무당벌레 쿠션.
앙증맞은 더듬이와 동글동글 문양, 귀여운 표정이 사랑스럽다.
일반 쿠션으로도, 엄마 무릎에 놓고 아기를 안을 때도
편하게 이용할 수 있다.

무당벌레쿠션

얼굴 브라운 원단 25×8cm 2장, 몸통 화이트 원단 27×15cm 2장, 둥근 면끈 10 cm 2개, 솜 150g, 장식실

도안 그리기 & 재단하기

표시된 사이즈대로 모눈종이에 도안을 그려 본을 만든다. 오가닉 원단에 그림과 같이 본을 대고 그린 후 재단선을 따라 재단한다.

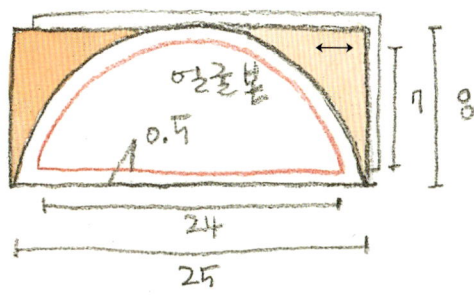

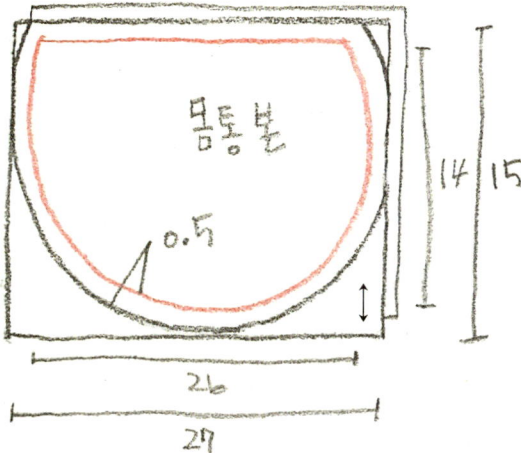

얼굴과 몸통 연결하기

얼굴 원단과 몸통 원단을 겉면과 겉면을 마주 대어 완성선을 박음질 한다. 남은 원단도 같은 방법으로 박음질해 모두 2개를 만든다.

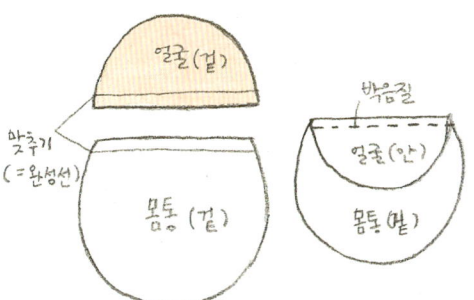

솜 넣기 & 수놓기

창구멍을 통해 원단을 겉면으로 뒤집은 후 솜을 넣는다. 수성 초크로 얼굴에 눈과 입을, 몸통에 중심선과 둥근 무늬를 그려 장식실로 수놓는다. 이때 눈은 매듭으로, 입·중심선·둥근 무늬는 박음질로 수를 놓는다.

※point 창구멍을 막기 전에 수를 놓는 이유는 얼굴에 수를 놓을 때 바늘이 들어갈 공간을 확보하기 위해서다. 더 자세한 수놓기 방법은 p.188 참조.

끈 끼워 박기

연결한 2장의 원단을 겉면과 겉면을 마주 대어 창구멍을 7cm 가량 남기고 완성선을 따라 박음질한다. 이때 시접은 가름솔로 펴준다. 둥근 면끈 2개를 2장의 원단 사이에 그림과 같이 8cm 간격을 두고 끼운다.

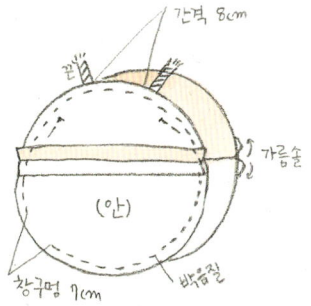

창구멍 막기

창구멍을 공그르기해 막는다. 둥근 면끈 끝을 매듭지어 마무리한다.

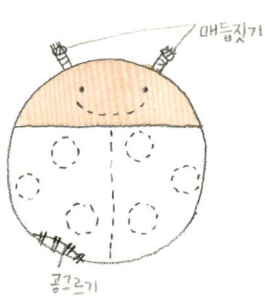

PART 3
NURSING & BATHING

동화 속 달님과 함께
달 수유 쿠션

엄마 무릎에 놓고 수유 쿠션으로 사용해도 좋고, 아기가 뒤집기 시작하면 아기가 머리를 찧지 않도록 보호해주는 쿠션으로 사용해도 좋은 달 쿠션. 다른 쿠션보다 사이즈가 커서 더욱 포근하고 아늑한 느낌이다. 별 수유 베개와 함께 세트로 만들어보면 더욱 예쁠 듯.

달 수유 쿠션

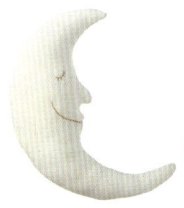

쿠션 원단 36.5×57cm 2장, 솜 350g, 장식실

1 도안 그리기 & 재단하기

표시된 사이즈대로 모눈종이에 도안을 그려 본을 만든다. 오가닉 원단에 그림과 같이 본을 대고 그린 후 재단선을 따라 재단한다.

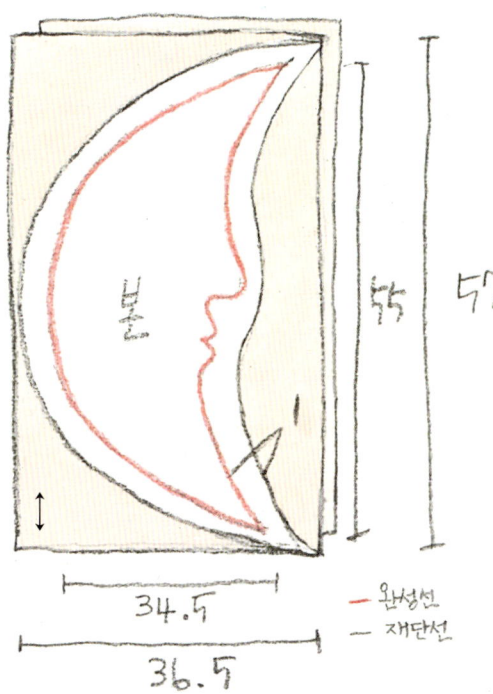

3 솜 넣기 & 수놓기

창구멍을 통해 솜을 넣는다. 얼굴에 수성 초크로 눈과 입을 그려 장식실로 수놓는다. 이때 눈은 첨부한 팁을 참조해 번호 순서에 따라 박음질로 수를 놓는다. 입도 박음질로 수를 놓는다.

※ point 창구멍을 막기 전에 수를 놓는 이유는 얼굴에 수를 놓을 때 바늘이 들어갈 공간을 확보하기 위해서다. 더 자세한 수놓기 방법은 p.187 참조.

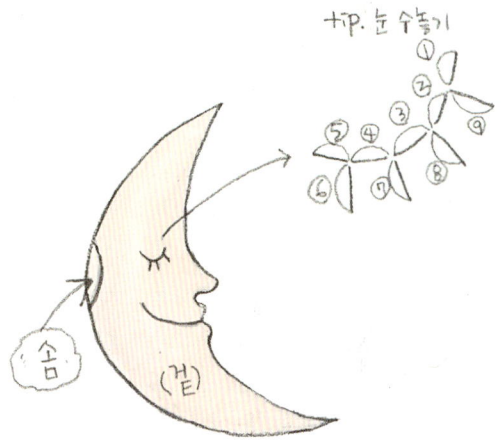

4 창구멍 막기

창구멍을 공그르기해 막는다.

2 박음질하기

원단의 겉면과 겉면을 마주 대어 창구멍을 5cm 가량 남기고 완성선을 따라 박음질한다. 곡선 부분의 시접에 가위집을 넣은 뒤 원단의 겉면으로 뒤집는다.

※ point 곡선 부분의 시접에 절반 정도만 살짝 가위집을 주면 원단이 울지 않고 반듯하게 뒤집어지며, 달의 이목구비가 잘 살아난다.

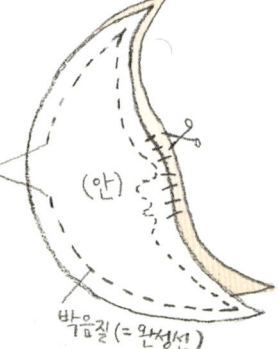

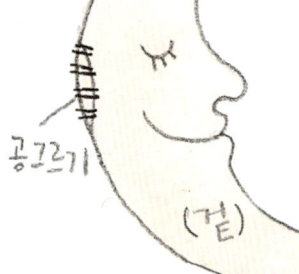

PART 3
NURSING & BATHING

턱받이로, 머리 수건으로
다용도 거즈 수건

오가닉 코튼으로 만든
거즈 수건은 출산 후 수유 패드,
아기 턱받이, 수건, 물티슈 등
다양한 용도로 사용할 수 있어
편리하다. 여기서 제안하는 다용도
거즈 수건은 양쪽에 끈을 달아
턱받이나 머리 수건으로 사용할 때
쉽게 고정할 수 있다.

다용도 거즈 수건

거즈·체크 원단 32×32cm 각 1장씩, 병아리 장식 1개
(p.189 참조), 레이스끈 43cm 2개, 장식실

1 도안 그리기 & 재단하기

표시된 사이즈대로 모눈종이에 도안을 그려 본을 만든다. 오가닉 원단에 그림과 같이
본을 대고 그린 후 재단선을 따라 재단한다.

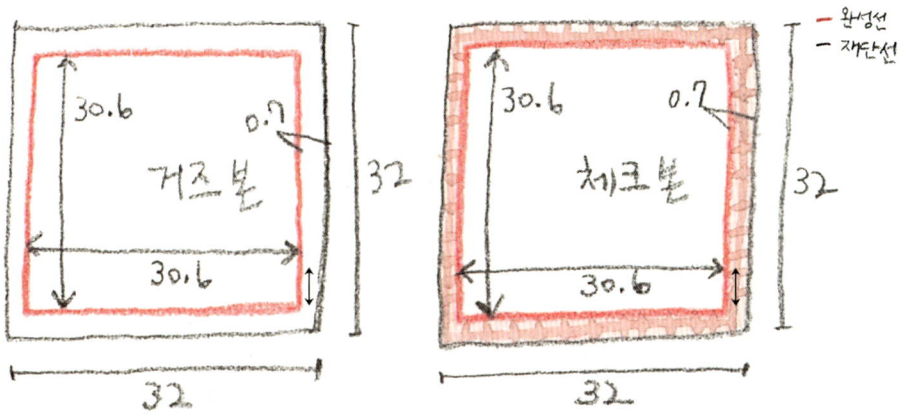

2 장식 달기 & 이니셜 수놓기

체크 원단 겉면 한쪽 모서리에 병아리 장식
을 공그르기로 달아준다. 이때 병아리 장식
은 그림과 같이 모서리에서 사방 3.5cm 떨
어뜨린 지점에 고정한다. 아기 이니셜이나
원하는 글씨를 수놓아 장식해도 좋다.

※ point 더 자세한 병아리 장식 만들기와 이니셜
수놓기 방법은 각각 p.189, p.188 참조.

3 박음질하기

거즈 원단과 체크 원단의 겉면과 겉면을 마
주 대어 창구멍을 4cm 가량 남기고 완성선
을 따라 박음질한다. 이때 레이스끈 2개를
그림과 같이 두 원단 사이의 대각선 모서리
지점에 끼워넣고 레이스끈의 끝이 0.5cm
밖으로 나오게 해서 박음질한다. 모서리 시
접에 가위집을 넣은 뒤 창구멍을 통해 원단
의 겉면으로 뒤집는다.

※ point 모서리 부분의 시접에 살짝 가위집을 주면
원단이 울지 않고 반듯하게 뒤집어진다.

4 마무리하기

창구멍을 공그르기해 막는다. 안쪽으
로 만져지는 시접을 따라 윤곽선에서
0.8cm 안으로 들어와 홈질 스티치를
놓는다.

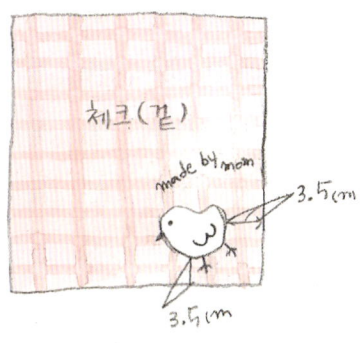

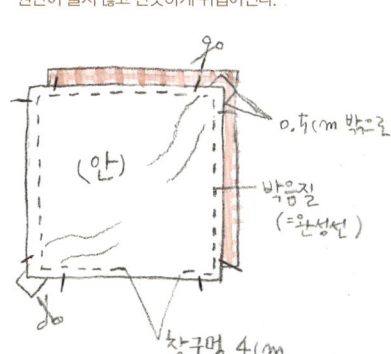

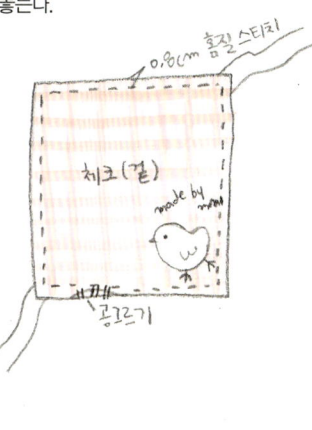

PART 3
NURSING & BATHING

쓱쓱싹싹 깨끗해지는 시간
목욕 장갑

목욕 장갑으로도 손가락 인형으로도 깜찍하게 쓸 수 있어요

baby wash mitts

피부가 연약한 아기를 목욕시킬 때는 부드러운 오가닉 코튼으로 만든 목욕 장갑을 활용하자. 물을 두려워하는 아기도 사랑스러운 곰돌이, 토끼 캐릭터로 디자인한 목욕 장갑이라면 장난감 삼아 목욕 시간을 즐길 것이다. 평상시에는 손가락 인형으로 사용해도 재미있다.

곰돌이목욕 장갑

 몸통(겉감) 브라운 원단 19×22.5cm 2장, 몸통(안감) 무지 원단 19×20cm 2장, 귀 브라운·체크 원단 5.5×4.5cm 각 2장씩, 입 화이트 원단 5×4.5cm 2장, 장식실

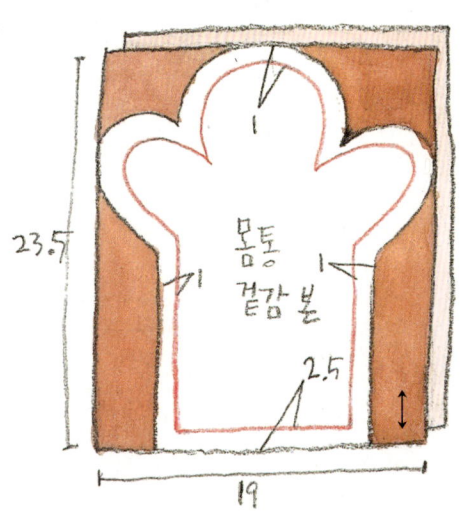
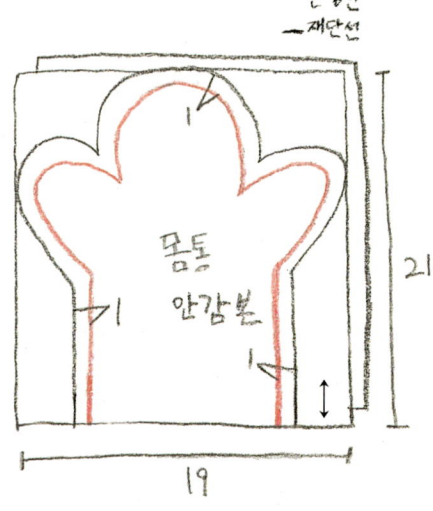

 재단하기

오가닉 원단에 도안을 놓고 재단선을 따라 재단한다.

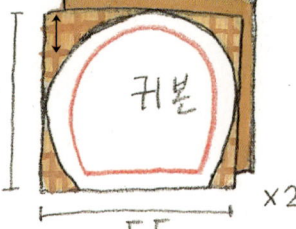
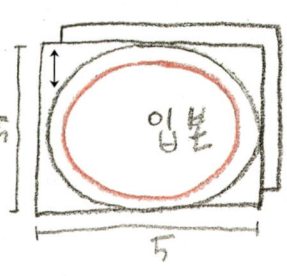

 귀 박음질하기

귀 체크 원단과 귀 브라운 원단을 겉면과 겉면을 마주 대어 창구멍을 남기고 완성선을 따라 박음질한다. 곡선 부분의 시접에 가위집을 넣은 뒤 창구멍을 통해 원단의 겉면으로 뒤집는다. 같은 방법으로 귀 2개를 만든다.

※point 곡선 부분의 시접에 절반 정도만 살짝 가위집을 주면 원단이 울지 않고 반듯하게 뒤집어진다.

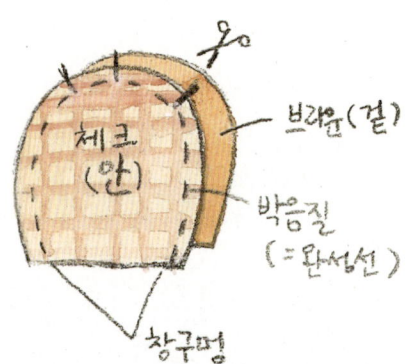

③ 입 박음질하기

입 원단을 겉면과 겉면을 마주 대어 창구멍을 2cm 가량 남기고 완성선을 따라 박음질한다. 곡선 부분의 시접에 절반 정도만 살짝 가위집을 넣은 뒤 창구멍을 통해 원단의 겉면으로 뒤집는다. 공그르기로 창구멍을 막는다.

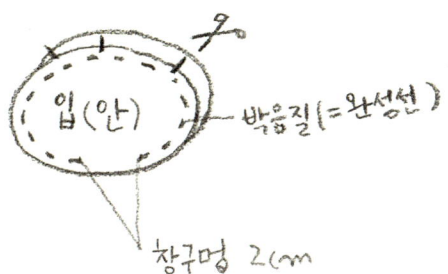

④ 몸통 박음질하기

몸통 겉감 원단 2장을 겉면과 겉면을 마주 대어 그림과 같이 귀를 원단 사이에 끼워넣어 밑단을 제외하고 완성선을 따라 박음질한다. 몸통 안감 원단 2장을 겉면과 겉면을 마주 대어 밑단을 제외하고 완성선을 따라 박음질한다. 겉감과 안감 모두 곡선과 모서리 부분의 시접에 살짝 가위집을 넣는다.

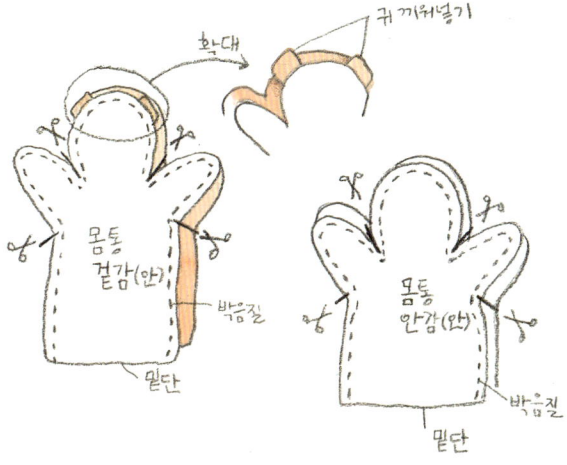

⑤ 겉감에 안감 끼우기

몸통 겉감을 겉면으로 뒤집는다. 몸통 안감은 뒤집지 않은 상태로, 그림과 같이 몸통 겉감 안쪽 깊숙이 몸통 안감을 끼워넣는다.

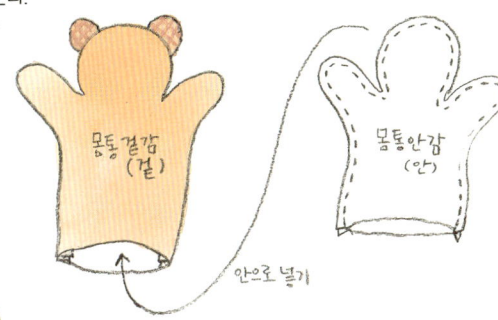

⑥ 밑단 마무리하기

겉감의 밑단 시접 2.5cm를 그림과 같이 안으로 접어넣고, 다시 시접 끝을 1cm 정도 안으로 접어 안감의 밑단을 감싸준다. 그림과 같이 접은 시접에서 0.3cm 안으로 들어와 밑단을 홈질한다.

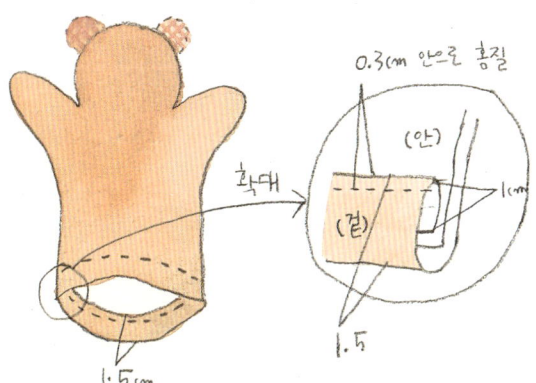

⑦ 수놓기

몸통 겉감 얼굴 부분에 준비한 입을 공그르기로 달아준다. 수성 초크로 얼굴에 눈을, 입에 코를 그려 장식실로 수놓는다. 이때 눈은 매듭으로, 코는 새틴 스티치로 수를 놓는다.

※point 수를 놓으면 겉감과 안감이 뜨지 않고 2장의 원단이 고정되는 효과도 얻을 수 있다. 더 자세한 수놓기 방법은 p.187 참조.

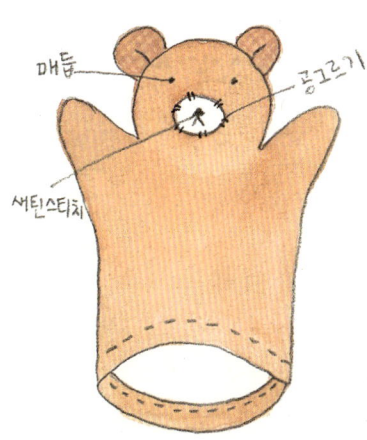

토끼 목욕 장갑

몸통(겉감) 화이트 원단 19×22.5cm 2장, 몸통(안감) 무지 원단 19×20cm 2장,
귀 화이트·체크 원단 5×6cm 각 2장씩, 솜 10g, 장식실

 **재단하기**

오가닉 원단에 도안을 놓고 본을 뜬 후 재단선을 따라 재단한다.

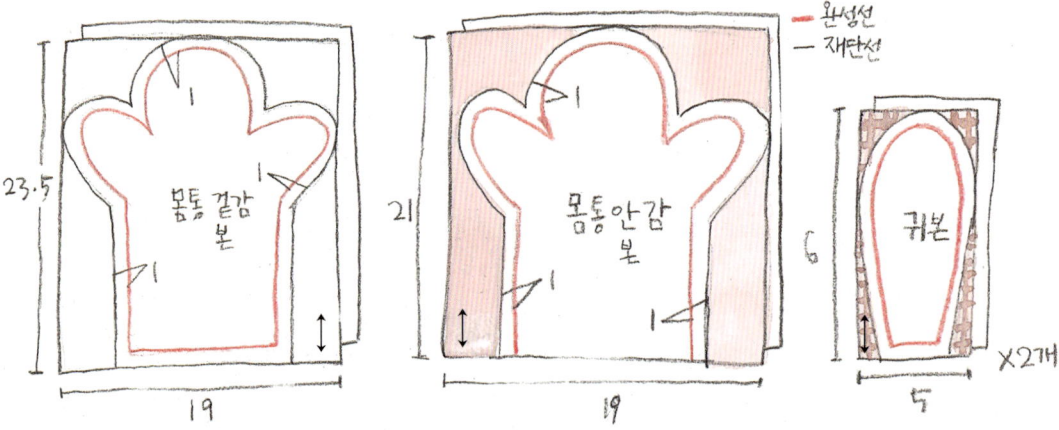

 귀 박음질하기

귀 화이트 원단과 귀 체크 원단을 겉면과 겉면을 마주 대어 창구멍을 남기고 완성선을 따라 박음질한다. 곡선 부분의 시접에 가위집을 넣은 후, 창구멍을 통해 원단의 겉면으로 뒤집는다. 같은 방법으로 귀 2개를 만든다.

※ point 곡선 부분의 시접에 절반 정도만 살짝 가위집을 주면 원단이 울지 않고 반듯하게 뒤집어진다.

 귀 솜 넣기

귀 창구멍으로 솜을 넣는다. 귀를 그림과 같이 세로로 반 접어 아랫부분을 감침질로 고정한다.

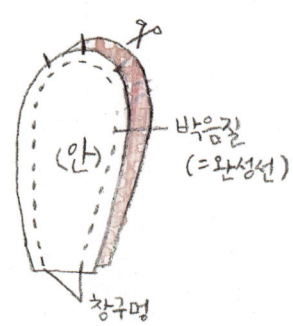

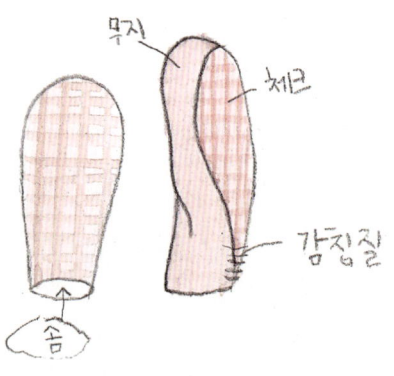

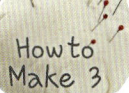

 몸통 박음질하기

몸통 겉감 원단 2장을 겉면과 겉면을 마주 대고 그림과 같이 귀를 원단 사이에 끼워넣어 밑단을 제외하고 완성선을 따라 박음질한다. 몸통 안감 원단 2장을 겉면과 겉면을 마주 대어 밑단을 제외하고 완성선을 따라 박음질한다. 겉감과 안감 모두 곡선과 모서리 부분의 시접에 살짝 가위집을 넣는다.

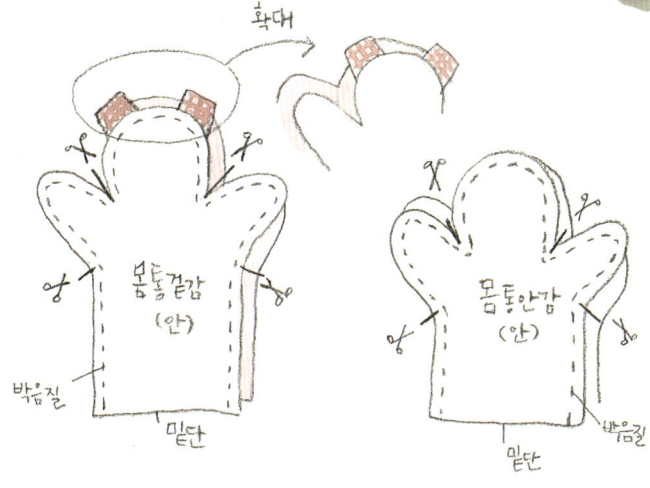

 겉감에 안감 끼우기

몸통 겉감을 겉면으로 뒤집는다. 몸통 안감은 뒤집지 않은 상태로, 그림과 같이 몸통 겉감의 안쪽 깊숙이 몸통 안감을 끼워넣는다.

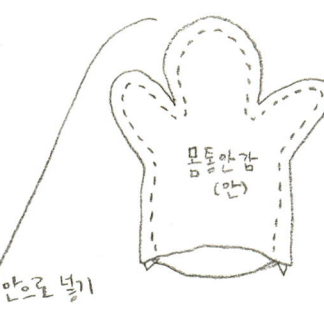

 밑단 마무리하기

겉감의 밑단 시접 2.5cm를 그림과 같이 안으로 접어 넣고, 다시 시접 끝을 1cm 정도 안으로 접어 안감의 밑단을 감싸준다. 그림과 같이 접은 시접에서 0.3cm 안으로 들어와 밑단을 홈질한다.

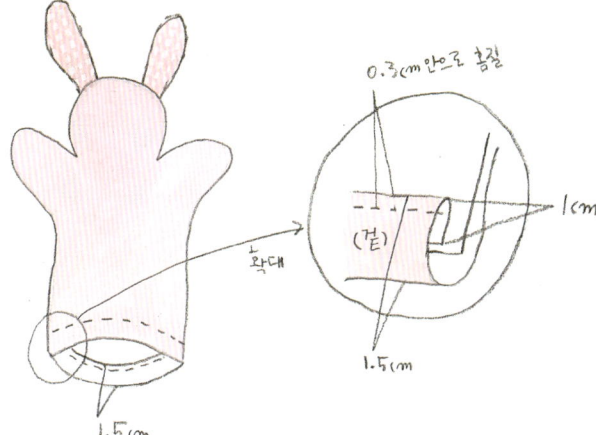

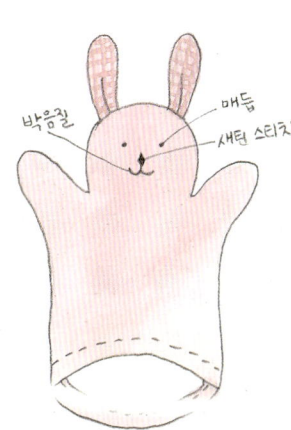

 수놓기

몸통 겉감 얼굴 부분에 수성 초크로 눈, 코, 입을 그려 장식실로 수놓는다. 이때 눈은 매듭으로, 코는 새틴 스티치로, 입은 박음질로 수를 놓는다.

※point 수를 놓으면 겉감과 안감이 뜨지 않고 2장의 원단이 고정되는 효과도 얻을 수 있다. 더 자세한 수놓기 방법은 p.187 참조.

PART 3
NURSING & BATHING

뽀송뽀송해진 아기에게
옆트임 마린 목욕 가운

marine look bathrobe

상쾌한 목욕 후 아기의 기분을 더욱 좋게
만들어주는 귀여운 마린 목욕 가운. 도톰한 가운
원단이 목욕 후 체온이 떨어지는 것을
막아준다. 옆트임을 주어 입고 벗기 편리하고,
가슴에 닻 장식을 달아 스타일 또한 돋보인다.

blouse

옆트임 마린 목욕 가운

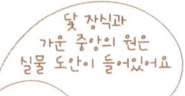

닻 장식과 가운 중앙의 원은 실물 도안이 들어있어요

가운 원단 36×92cm 1장, 닻 장식 스트라이프 원단 17×16.5cm 1장,
바이어스 테이프 폭 4cm 길이 50cm 1개(목둘레용)·
폭 4cm 길이 125cm 1개(뒤트임용)
장식끈 14cm 4개, 단추 4개, 장식실

도안 그리기 & 재단하기

표시된 사이즈대로 모눈종이에 도안을 그려 본을 만든다. 오가닉 원단에 그림과 같이 본을 대고 그린 후 재단선을 따라 재단한다. 이때 가운 원단 중앙의 원은 첨부한 팁의 중앙 재단하는 법을 참조해 오린다. 닻 장식은 시접을 남기지 않고 재단한다.

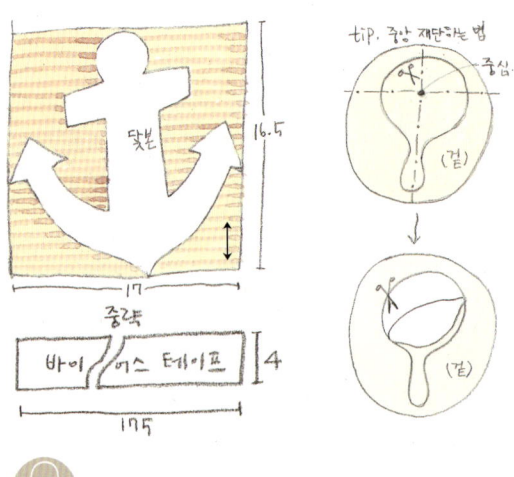

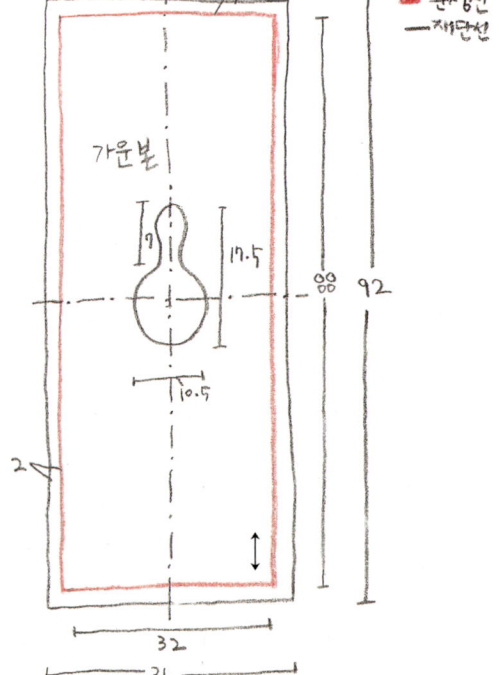

가운 시접 박음질하기

가운 원단을 그림과 같이 겉면과 겉면을 마주 대어 반 접는다. 좌우 옆선, 밑단을 1cm씩 안으로 두 번 접어 그림과 같이 0.2~0.3cm 안으로 들어와 완성선을 따라 박음질한다.

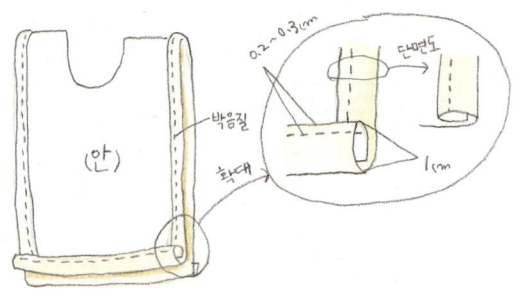

목둘레 바이어스 박음질하기

가운 원단을 겉면으로 놓고 목둘레 부분에 그림과 같이 A 지점부터 B 지점까지 바이어스 테이프를 둘러 시침핀으로 고정한다. 목둘레 윤곽선에서 0.8cm 안으로 들어와 박음질한다.

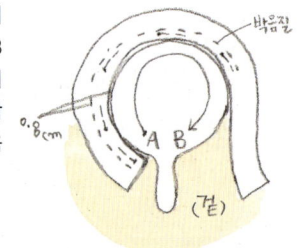

 목둘레 바이어스 공그르기

박음질한 바이어스 테이프를 바느질한 시접 부분을 감싸서 안쪽으로 두 번 접고 시침핀으로 고정한 후 공그르기한다.

※ **point** 더 자세한 바이어스 테이프 두르기 방법은 p.185 참조.

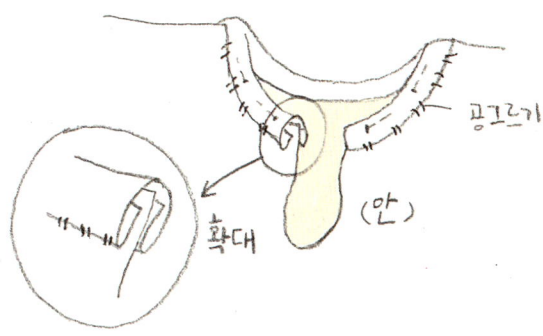

 뒤트임 바이어스 박음질하기

뒤트임용 바이어스 테이프를 반 접어 그 중심을 가운 뒤트임 중심에 맞춰 양쪽 끈의 길이를 동일하게 맞춘 다음, 뒤트임 윤곽선에서 0.8cm 안으로 들어와 박음질한다.

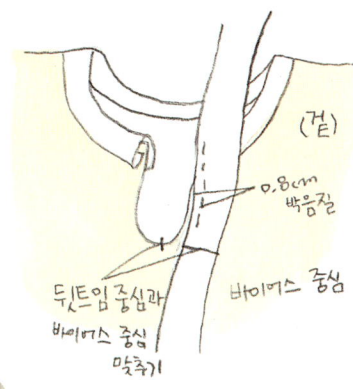

 뒤트임 바이어스 공그르기

박음질한 바이어스 테이프를 바느질한 시접 부분을 감싸서 안쪽으로 접는다. 바이어스 테이프 양쪽 끝은 A 부분과 같이 1cm씩 접은 다음 B 부분과 같이 접고 C 부분과 같이 다시 반 접어 시침핀으로 고정한 후 공그르기로 마무리한다.

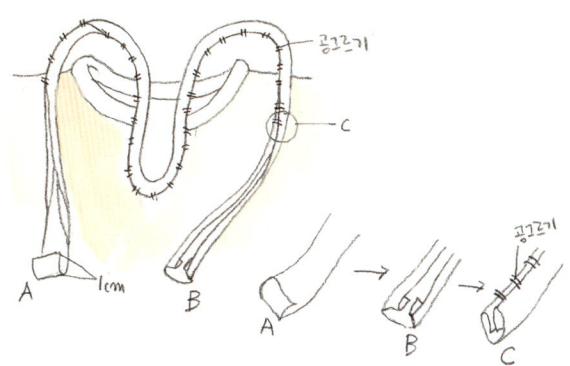

 닻 장식 달기

가운 겉면 가슴 부분에 닻 장식 원단을 시침핀으로 고정한다. 윤곽선에서 0.2cm 안으로 들어와 홈질로 스티치를 놓는다. 좌우 옆선에 2개씩 14cm 간격으로 단추를 단다.

※ **point** 더 자세한 닻 장식 아플리케 달기와 단추 달기 방법은 각각 p.188, p.186 참조.

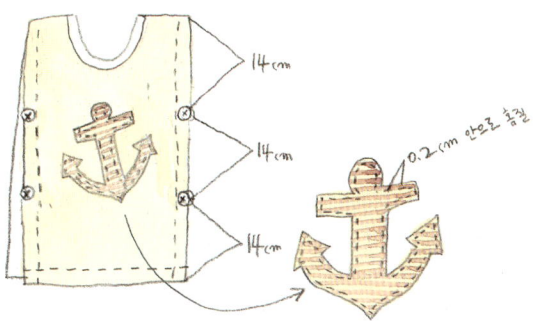

 끈 달기

가운 뒤판 좌우 옆선에 준비한 장식끈을 2개씩 14cm 간격으로 단다. 이때 장식끈은 그림과 같이 반 접은 후 그 끝을 1cm 가량 두 번 접어 뒤판 안면에 X자 스티치로 달아준다.

※ **point** 더 자세한 끈 달기 방법은 p.185 참조.

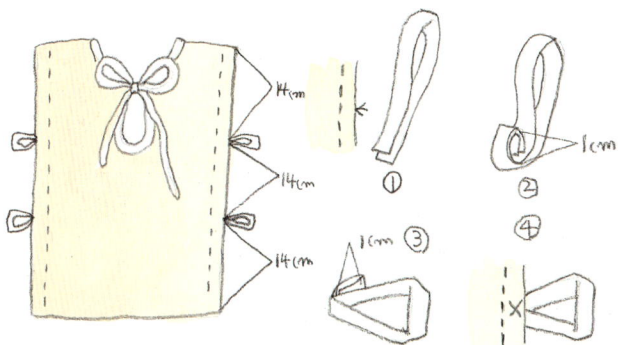

PART 3
NURSING & BATHING

구석구석 상쾌하게
목욕 타월

bath towel

목욕이 끝나면 아기가 감기에 걸리지 않도록 커다란 목욕 타월로 재빨리 감싸주자. 목욕 타월에 모자가 달려 머리를 말리기 편리하고, 끈이 있어 목욕 타월을 둘둘 말아 보관하거나 이동할 때 용이하다. 정성스러운 홈질 스티치로 포인트를 주어 마무리하면 호텔 목욕 타월 부럽지 않은 고급스러운 목욕 타월을 완성할 수 있다.

목욕 타월

모자 A 원단 31×31cm 1장, 모자 B 원단 43×24.6cm 2장, 몸판 A 원단 38×59cm 2장, 몸판 B 원단 43×59cm 4장, 면끈 폭 5cm 길이 126cm 1개, 장식실

※ 원단 구입 tip
타월지 1마 반

 **도안 그리기 & 재단하기**

표시된 사이즈대로 모눈종이에 도안을 그려 본을 만든다. 오가닉 원단에 그림과 같이 본을 대고 그린 후 재단선을 따라 재단한다. 올이 풀리지 않도록 오버로크선으로 표시한 시접은 오버로크 혹은 감침질한다.

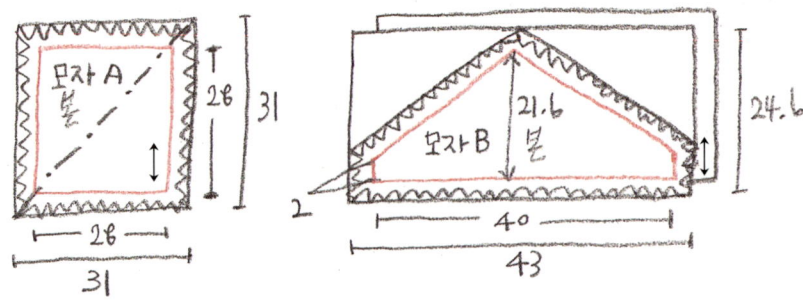

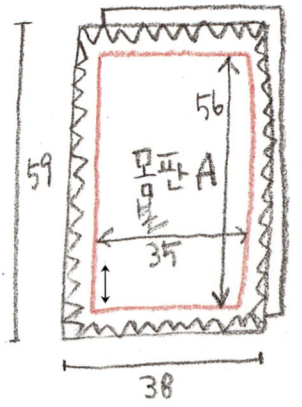
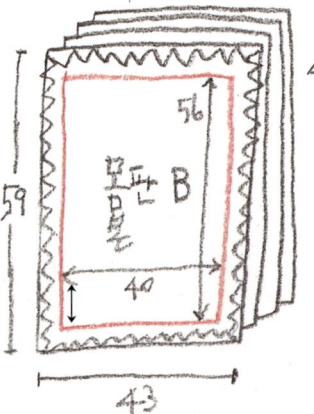
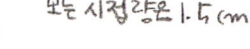

 모자 홈질하기

모자 밑선을 통해 겉면으로 뒤집는다. 모자 A 원단의 밑선 윤곽선에서 1cm 안으로 들어와 홈질로 스티치를 놓는다.

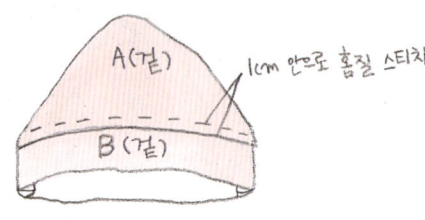

 모자 박음질하기

모자 A 원단을 그림과 같이 안면과 안면을 마주 대어 대각선으로 반 접는다. 모자 B 원단 2장 사이에 모자 A 원단을 끼워넣는다. 이때 원단은 겉면과 겉면을 마주 대고 끼운다. 완성선을 따라 원단 4장을 함께 박음질한다. 모서리 부분은 가위집을 넣어준다.

※ point 모서리 부분의 시접은 절반 정도만 살짝 가위집을 주면 원단이 울지 않고 반듯하게 뒤집어진다.

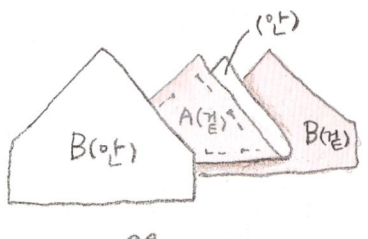

 몸판 B 박음질하기

몸판 B 원단 2장을 겉면과 겉면을 마주 대어 완성선을 따라 박음질한다.

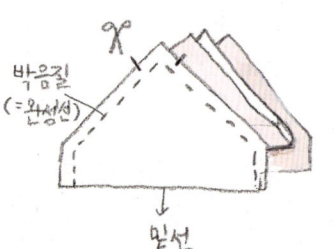

몸판 A, B 박음질하기
박음질한 몸판 B 원단을 겉면이 보이도록 펼친다. 펼친 몸판 B 원단 왼쪽 윤곽선에 맞춰 그림과 같이 몸판 A 원단 1장을 겉면과 겉면을 마주 대어 완성선을 따라 박음질한다. 남은 몸판 B 원단 2장과 몸판 A 원단 1장도 같은 방법으로 박음질해서 2장의 커다란 몸판을 만든다.

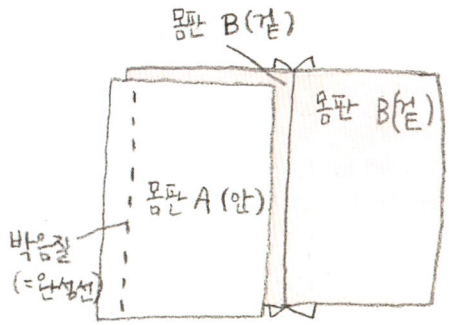

몸판과 모자 맞추기
박음질한 커다란 몸판 원단 2장을 겉면과 겉면을 마주 댄다. 이때 몸판 A 원단은 몸판 A 원단끼리, 몸판 B 원단은 몸판 B 원단끼리 마주 대고, 몸판 원단 사이에 준비한 모자 원단을 그림과 같이 끼운다. 확대 그림과 같이 모자 밑선의 완성선과 몸판의 완성선을 잘 맞춰 시침핀으로 고정한다.

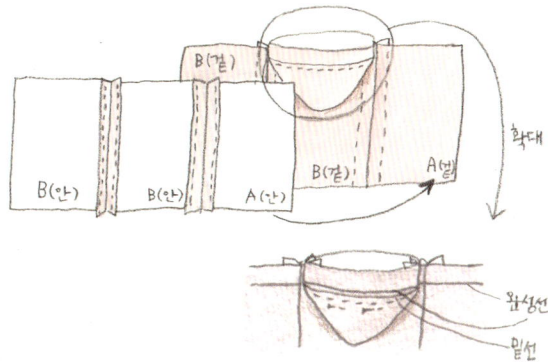

몸판과 모자 박음질하기
모자를 몸판 원단 사이에 끼운 상태로 창구멍 20cm를 남기고 몸판 사방을 완성선을 따라 박음질한다.

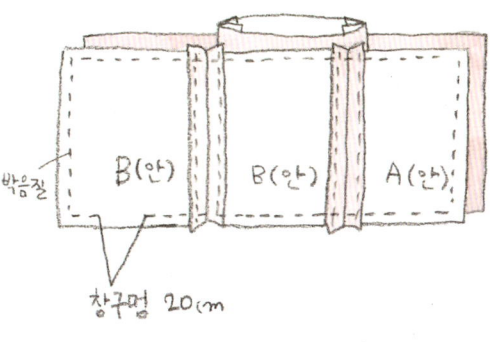

창구멍 공그르기
창구멍을 통해 원단을 겉면으로 뒤집고 창구멍을 공그르기해 막는다.

끈 마무리하기
면끈의 윤곽선에서 0.7cm 안으로 들어와 그림과 같이 홈질한다. 이때 면끈 양쪽 끝은 3cm 가량 두 번 접어 홈질한다.

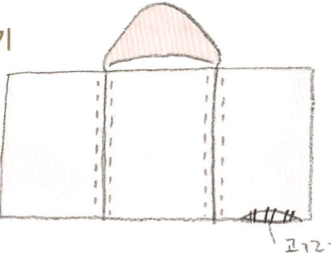

홈질 스티치하기
목욕 타월을 뒷면이 보이도록 펼치고, 홈질한 면끈을 반 접어 그 중심을 그림과 같이 몸판의 중심에 맞춰놓고 시침핀으로 고정한다. 그림의 파란 선을 따라 몸판 앞뒷장, 면끈이 고정되도록 함께 홈질한다. 그림의 빨간 선을 따라 몸판만 홈질한다.

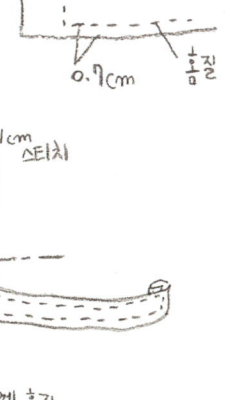

PART 4
PLAY TOYS

잼잼 까꿍
재미난 놀이 시간

아이들은 놀면서 배우고 놀면서 성장한다. 엄마 아빠와 즐거운 놀이를 통해
사고하고 집중하고 정서적 안정감을 얻는다. 까르르거리는 아이의 환한
웃음소리는 부모에게 가장 효능 좋은 피로회복제이자 강장제다. 아이와 함께하는
소중한 놀이 시간, 환경 호르몬 걱정 없고 유해 물질 염려 없는 오가닉 코튼으로
만든 장난감이라면 더욱 행복할 것이다. 아직 어린 아기에겐 시각, 청각을 자극할
수 있는 딸랑이, 삑삑이, 모빌 등을, 조금 더 크면 직접 집고 두드리고 만져볼 수
있는 공, 주사위, 숫자 놀이 장난감 등을 만들어주자. 엄마의 정성이 가득한 오가닉
코튼 장난감을 가지고 아기와 함께 쌓아가는 행복한 시간.

PART 4
PLAY TOYS

간질간질 아기 잇몸을 위한
곰돌이 & 토끼 치발기 수건

여러 톤의 원단을
이어 만들어 더
예뻐요.

teeting blankets

이가 날 무렵이면 아기는 잇몸이 간지러워서 아무거나 물려고 한다. 이때 플라스틱이나 실리콘 등으로 만든 시중의 치발기가 왠지 찜찜하다면, 환경 호르몬 걱정 없는 오가닉 코튼으로 만든 치발기 수건을 사용해보자. 부드러운 수건은 아기 잇몸을 마사지해주고 다용도로 활용할 수 있어 좋다.

곰돌이 & 토끼 치발기 수건

- 곰돌이 치발기 수건
  브라운 원단 31×31cm 1장・16×16cm 2장, 체크 원단 16×16cm 2장, 레이스끈 10cm 2개, 곰돌이 장식 1개(p.191 참조), 장식실
- 토끼 치발기 수건
  화이트 원단 31×31cm 1장・16×16cm 2장, 체크 원단 16×16cm 2장, 레이스끈 10cm 2개, 토끼 장식 1개(p.190 참조), 장식실

 도안 그리기 & 재단하기

표시된 사이즈대로 모눈종이에 도안을 그려 본을 만든다. 오가닉 원단에 그림과 같이 본을 대고 그린 후 재단선을 따라 재단한다.

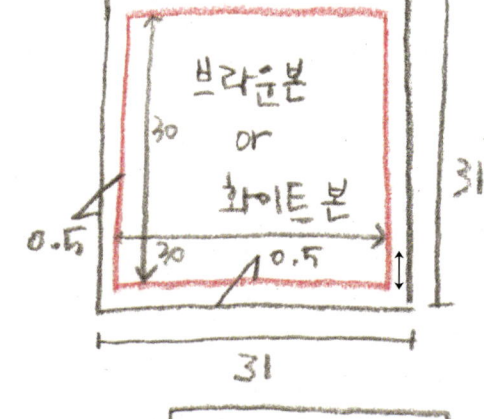

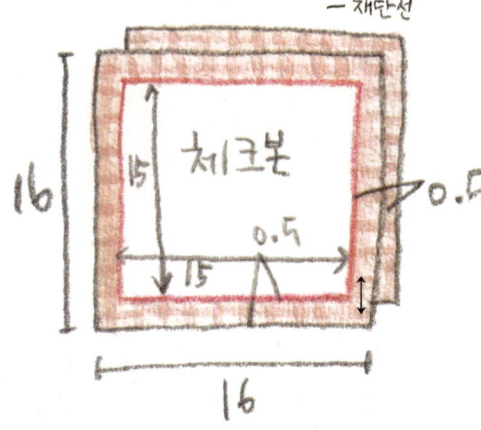
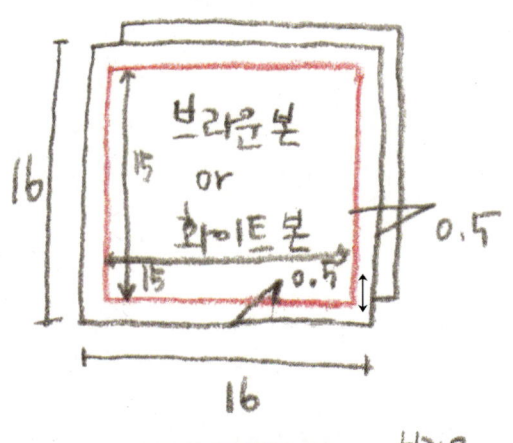

 원단 2장 연결하기

사방 16cm 크기의 브라운(또는 화이트) 원단과 체크 원단을 겉면과 겉면을 마주 대어 그림과 같이 완성선을 따라 박음질한다. 같은 방법으로 2개를 만든다.

※point 곰돌이 치발기 수건을 만들려면 브라운 원단을, 토끼 치발기 수건을 만들려면 화이트 원단을 선택한다.

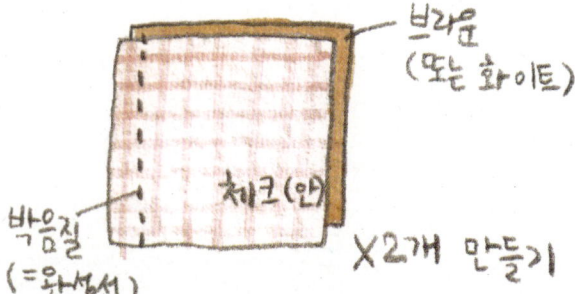

원단 4장 연결하기

연결한 브라운(또는 화이트) 원단과 체크 원단 2장을 겉면과 겉면을 마주 대어 그림과 같이 완성선을 따라 박음질한다. 이때 시접은 가름솔로 펴고, 브라운(또는 화이트) 원단 겉면과 체크 원단 겉면을 서로 마주 대어 바둑판 무늬가 되도록 원단을 연결한다.

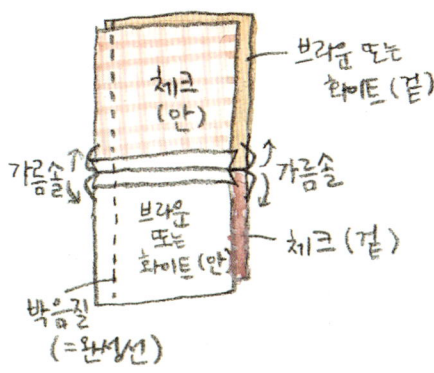

앞뒷장 박음질하기

연결한 4장의 원단과 사방 31cm 크기의 브라운(또는 화이트) 원단을 겉면과 겉면을 마주 대어 그림과 같이 창구멍을 5cm 남기고 완성선을 따라 박음질한다. 모서리 시접에 가위집을 넣은 뒤 창구멍을 통해 원단의 겉면으로 뒤집는다.

※point 모서리 시접에 살짝 가위집을 주면 원단이 울지 않고 반듯하게 뒤집어진다.

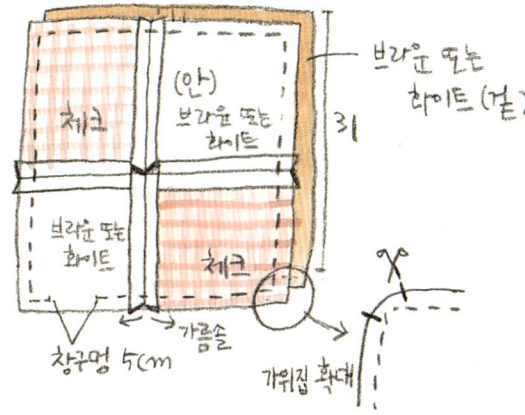

창구멍 막기

창구멍을 공그르기해 막는다.

스티치하기

안쪽으로 만져지는 시접선을 따라 윤곽선에서 0.6cm 안으로 들어와 홈질로 스티치를 놓는다.

※point 더 자세한 수놓기 방법은 p.187 참조.

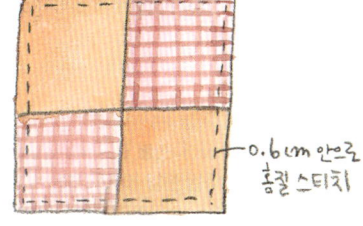

장식 달기

준비한 곰돌이(혹은 토끼) 장식을 수건의 중앙 부분에 공그르기해 단단하게 연결한다.

※point 더 자세한 곰돌이, 토끼 장식 고리 끼우기 방법은 p.191, p.190 참조.

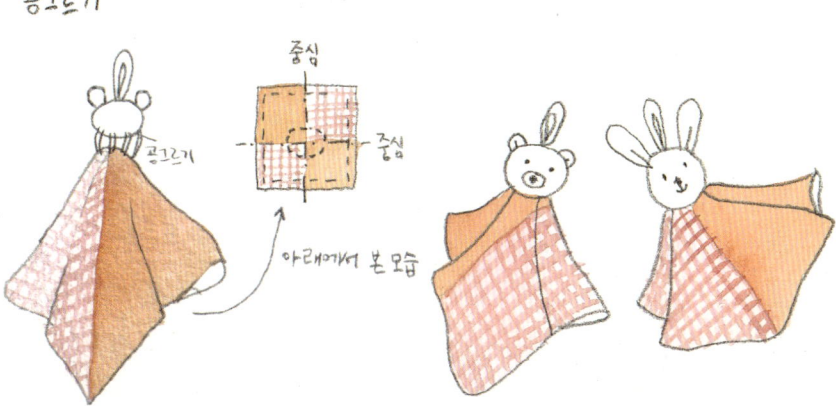

PART 4
PLAY TOYS

재미난 다용도 장난감
숟가락&포크 치발기 인형

재미난 얼굴 표정이 절로 웃음을 자아내는 숟가락 & 포크 치발기 인형은 아기의 소꿉놀이 장난감으로, 치발기로 다양하게 사용할 수 있다. 아기가 손에 쥐고 놀기 좋은 사이즈인데다가 입에 넣어도 안심할 수 있는 오가닉 코튼 소재라서 좋다. 솜 안에 삑삑이나 딸랑이 재료를 넣어 소리 나는 장난감으로 만들 수도 있다.

숟가락 & 포크 치발기 인형

숟가락 원단 6.5×14cm 2장, 포크 원단 8.5×14.5cm 2장,
레이스끈 15cm 2개, 솜 30g, 장식실

 도안 그리기 & 재단하기

표시된 사이즈대로 모눈종이에 도안을 그려 본을 만든다. 오가닉 원단에 그림과 같이 본을 대고 그린 후 재단선을 따라 재단한다.

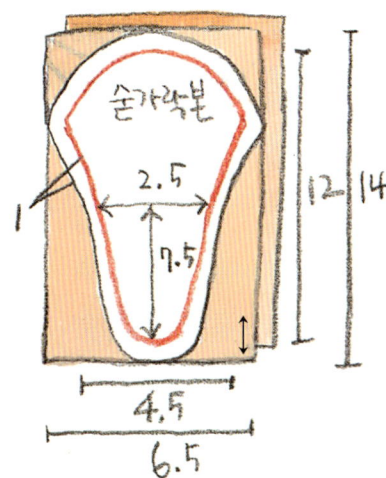
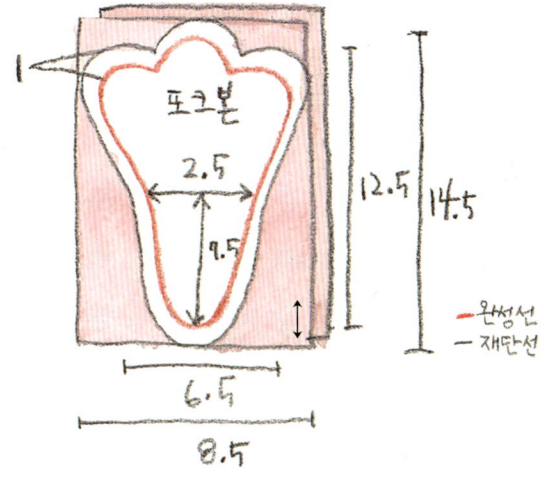

 박음질하기

숟가락 원단의 겉면과 겉면을 마주 대어 그림과 같이 창구멍을 3cm 남기고 완성선을 따라 박음질한다. 창구멍을 통해 원단의 겉면으로 뒤집어준다. 포크 원단도 같은 방법으로 박음질해서 겉면으로 뒤집는다.

※point 숟가락 치발기와 포크 치발기 만드는 방법은 같다.

 솜 넣기

창구멍을 통해 솜을 구석구석 잘 넣어준다.

※point 솜을 넣을 때 삑삑이나 딸랑이 재료를 함께 넣어주면 소리 나는 장난감으로 만들 수 있다.

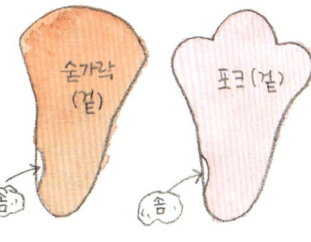

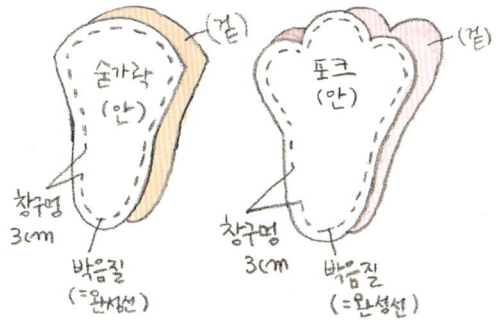

 수놓기

수성 초크로 얼굴에 눈, 코, 입을 그려 장식실로 수놓는다. 이때 눈과 코는 매듭으로, 입은 박음질로 수를 놓는다. 창구멍을 공그르기 해 막는다. 레이스끈을 목에 묶어 예쁘게 장식한다.

※point 창구멍을 막기 전에 수를 놓는 이유는 얼굴에 수를 놓을 때 바늘이 들어갈 공간을 남기기 위해서다. 더 자세한 수놓기 방법은 p.187 참조.

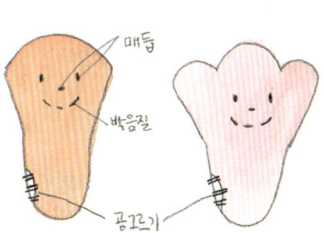

PART 4
PLAY TOYS

소리 나는 아기 팔찌
곰돌이 & 토끼 손목 딸랑이

앙증맞은 팔목에 끼워 흔들흔들 움직이거나,
한손에 쏙 쥐고 흔들며 놀기 좋은 손목 딸랑이.
귀여운 곰돌이와 토끼 장식으로 만든 손목
딸랑이는 아기에게 예쁜 팔찌가 되기도
한다. 팔을 움직일 때마다 경쾌한 소리를 내는
손목 딸랑이가 마냥 신기한 듯 아기의 시선이 손목
딸랑이에 집중된다.

곰돌이 & 토끼 손목 딸랑이

- **곰돌이 손목 딸랑이**
  손목 밴드 브라운 원단 28×8cm 1장, 곰돌이 장식 1개 (p.191참조), 고무줄 13cm 1개, 솜 15g, 딸랑이

- **토끼 손목 딸랑이**
  손목 밴드 화이트 원단 28×8cm 1장, 토끼 장식 1개 (p.190 참조), 고무줄 13cm 1개, 솜 15g, 딸랑이

 도안 그리기 & 재단하기

표시된 사이즈대로 모눈종이에 도안을 그려 본을 만든다. 오가닉 원단에 그림과 같이 본을 대고 그린 후 재단선을 따라 재단한다.

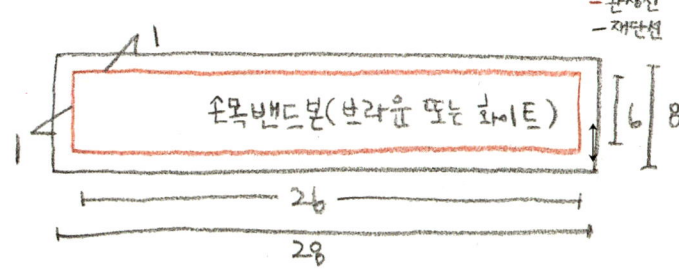

 손목 밴드 박기

손목 밴드 원단을 가로 중심을 기준으로 겉면과 겉면을 마주 대어 반 접는다. 파란색 완성선을 따라 박음질한다. 이때 그림과 같이 창구멍 3cm를 남긴다.

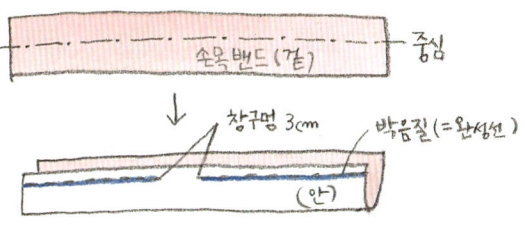

 고무줄 박기

고무줄을 그림과 같이 손목 밴드 원단 양쪽 끝에 맞춘 다음, 완성선을 따라 박음질한다. 창구멍을 통해 원단을 겉면으로 뒤집는다.

※**point** 고무줄의 길이가 손목 밴드 원단의 길이보다 짧아 자연스레 주름이 잡힌다.

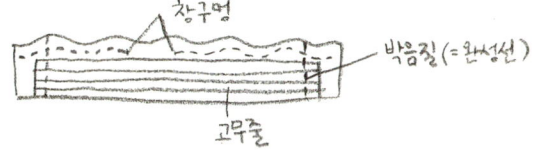

 창구멍 막기

창구멍을 공그르기로 막는다. 손목 밴드 양쪽 끝을 맞대고 촘촘하게 공그르기해 튼튼하게 고정한다.

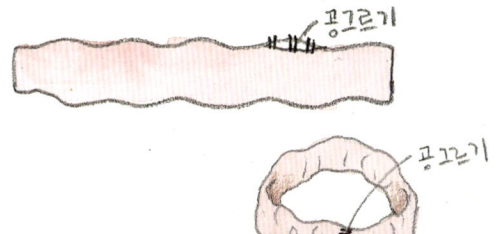

 장식 달기

손목 밴드 양쪽 끝을 연결한 부분에 곰돌이(혹은 토끼) 장식을 시침핀으로 고정한 후, 그림과 같이 공그르기로 달아준다.

※**point** 더 자세한 곰돌이, 토끼 장식 만들기는 p.191, p.190 참조.

PART 4
PLAY TOYS

흔들수록 재미나는
카우 삑삑이 &
소프트볼 딸랑이

날이 갈수록 호기심이 많아지는 우리 아기에게 삑삑, 딸랑딸랑 재미난 소리가 나는
카우 삑삑이와 소프트 볼 딸랑이는 최고의 장난감 친구다. 밝게 웃는 카우의 표정과
동글동글 굴리기 좋은 소프트볼의 감촉이 더욱 친근하게 느껴진다.
청각, 시각, 촉각을 자극하고 발달시키는 우리 아기의 첫 번째 친구.

How to Make 4

카우 삑삑이

얼굴 A 화이트 원단 8.7×5.5cm 1장, 얼굴 B 브라운 원단 9.5×6cm 1장,
얼굴 C 화이트 원단 9.5×10.2cm 1장, 몸 A 화이트 원단 9×9.2cm 1장,
몸 B 화이트 원단 11.5×10.5cm 1장, 발 A 브라운 원단 4.7×2.5cm 4장,
발 B 화이트 원단 3.5×2.5cm 4장, 발 C 화이트 원단 4.7×5.5cm 4장,
귀 브라운·화이트 원단 5×5cm 각 2장씩, 뿔 스트라이프 원단 3.7×4.8cm 4장,
끈 스트라이프 원단 13×4cm 1장, 솜 70g, 삑삑이, 장식실

※ 원단 구입 tip
화이트·브라운
스트라이프 원단
반마씩

1 재단하기

오가닉 원단에 도안을 놓고 본을 뜬 후 재단선을 따라 재단한다.

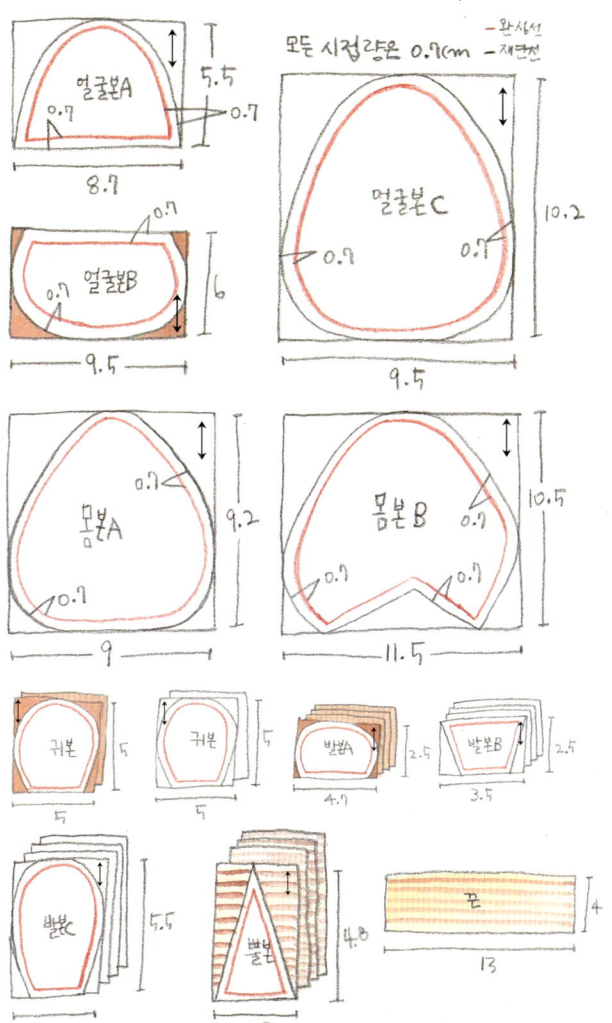

2 뿔 만들기

뿔 스트라이프 원단 2장을 겉면과 겉면을 마주 댄다. 그림과 같이 창구멍을 남기고 완성선을 따라 박음질한다. 창구멍을 통해 겉면으로 뒤집는다. 같은 방법으로 뿔 2개를 만든다.

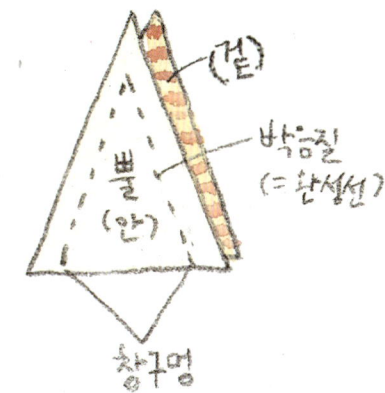

3 귀 만들기

귀 브라운 원단 1장과 귀 화이트 원단 1장을 겉면과 겉면을 마주 댄다. 그림과 같이 창구멍을 남기고 완성선을 따라 박음질한다. 창구멍을 통해 겉면으로 뒤집는다. 같은 방법으로 귀 2개를 만든다. 귀를 그림과 같이 세로로 반 접어 아랫부분을 감침질로 고정한다.

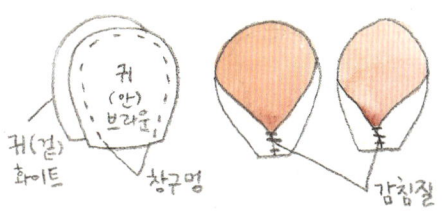

카우 삑삑이

 얼굴 A, B 연결

얼굴 A 원단과 얼굴 B 원단을 겉면과 겉면을 마주 대어 완성선을 따라 박음질한다.

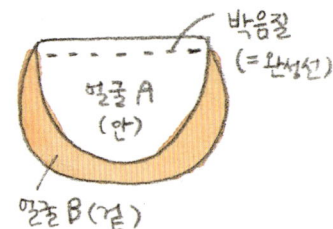

 얼굴 C 박음질하기

얼굴 C 원단의 겉면에 그림과 같이 뿔 2개와 귀 2개를 놓는다. 이때 세로 중심을 기준으로 양쪽 균형을 잘 맞춰 올린다. 그 위에 연결한 얼굴 A, B 원단의 겉면을 마주 대어 덮고 시침핀으로 고정한 후 창구멍 4cm를 남기고 완성선을 따라 박음질한다.

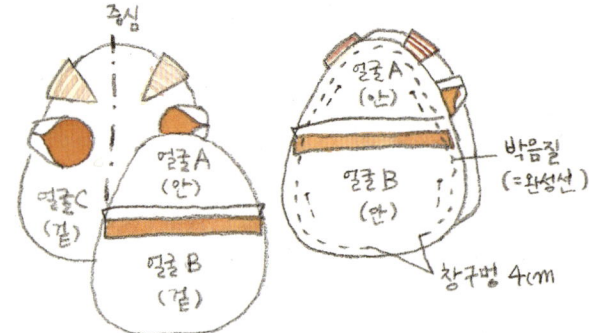

 얼굴 솜 넣기

창구멍을 통해 얼굴을 겉면으로 뒤집은 후 솜을 넣고 창구멍을 공그르기로 막는다.

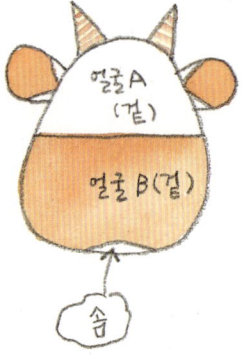

 발 A, B 연결

발 A 원단과 발 B 원단을 겉면과 겉면을 마주 대어 완성선을 따라 박음질한다.

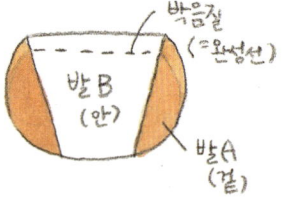

 발 C 박음질하기

발 C 원단의 겉면에 연결한 발 A, B 원단의 겉면을 마주 대어 덮은 다음 창구멍을 남기고 완성선을 따라 박음질한다.

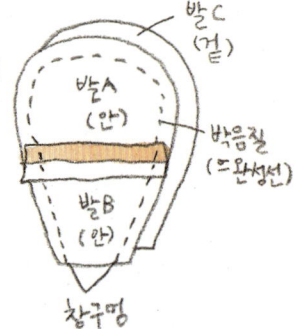

 발 솜 넣기

창구멍을 통해 발을 겉면으로 뒤집은 후 솜을 넣는다. 창구멍은 따로 막지 않는다. 같은 방법으로 발 4개를 만든다.

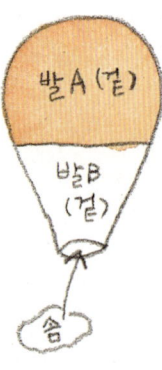

How to Make 4

  끈 만들기

끈 한쪽 A 지점을 1cm 가량 접고 세로 중심을 기준으로 양쪽을 반씩 접는다. 가운데 중심을 기준으로 다시 반을 접어 파란색 윤곽선에서 0.2cm 들어와 홈질한다.

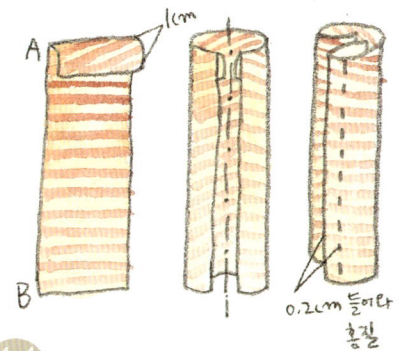

  끈 끼우기

몸 B 원단을 세로 중심을 기준으로 겉면과 겉면을 마주 대어 반 접는다. 이때 준비한 끈의 B 지점을 그림과 같이 반 접은 파란선 사이에 끼우고 완성선을 따라 박음질한다.

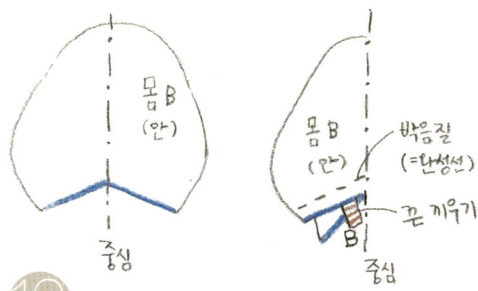

  몸 박음질하기

몸 A 원단의 겉면에 준비한 발 4개를 놓는다. 이때 세로 중심을 기준으로 양쪽 균형을 잘 맞춰 몸 C 원단이 위에 보이도록 올린다. 그 위에 끈을 끼운 몸 B 원단의 겉면을 마주 대어 덮고 시침핀으로 고정한 후 창구멍 4cm를 남기고 완성선을 따라 박음질한다.

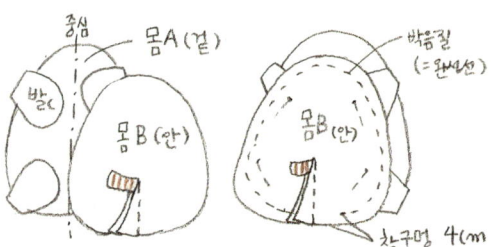

  몸 솜 넣기

창구멍을 통해 몸을 겉면으로 뒤집은 후 솜을 조금씩 넣어가며 동그랗게 모양을 만든다. 이때 삑삑이도 같이 넣는다. 창구멍을 공그르기로 막는다.

  수놓기

얼굴에 수성 초크로 눈, 얼굴 중앙선, 코를 그려 장식실로 수놓는다. 이때 눈은 박음질로, 얼굴 중앙선은 홈질로, 코는 새틴 스티치로 각각 수를 놓는다. 배에 수성 초크로 X자 배꼽을 그려 수를 놓는다. 얼굴과 몸을 그림과 같이 마주 대고 공그르기해 연결한다.

※point 얼굴과 몸을 연결하기 전에 수를 놓는 이유는 얼굴에 수를 놓을 때 바늘이 들어갈 공간을 확보하기 위해서다. 더 자세한 수놓기 방법은 p.187 참조.

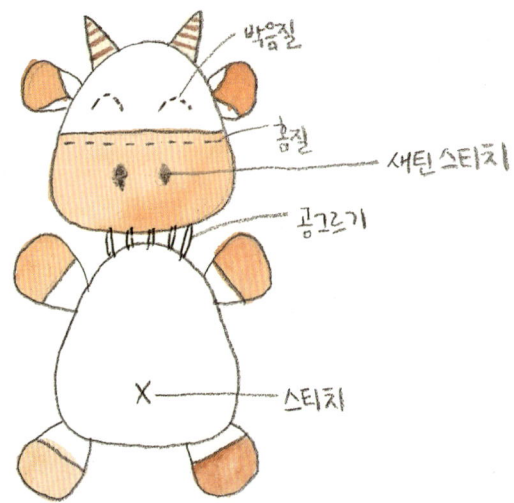

소프트볼 딸랑이

 볼 화이트 · 브라운 · 스트라이프 원단 4.8×11.8cm 각 2장씩, 끈 스트라이프 원단 4×20cm 1장, 솜 30g, 딸랑이, 똑딱이단추 1쌍

 재단하기

오가닉 원단에 도안을 놓고 본을 뜬 후 재단선을 따라 재단한다.

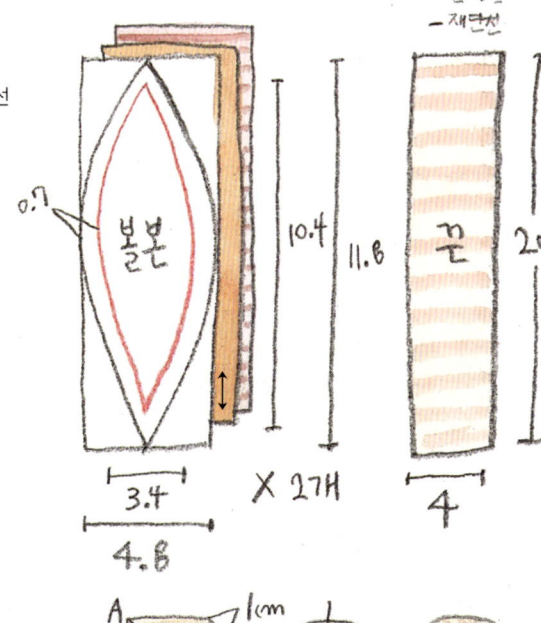

 끈 만들기

끈 스트라이프 원단의 한쪽 끝 A 부분을 1cm 가량 접는다. 그림과 같이 끈의 세로 중심을 기준으로 양쪽을 반 접는다. 세로 중심을 기준으로 다시 한 번 반 접어 파란색 윤곽선에서 0.2cm 들어와 홈질한다.

 반구 만들기

볼 화이트 원단과 브라운 원단을 겉면과 겉면을 마주 대어 파란색 완성선을 따라 박음질한다. 연결한 브라운 원단과 스트라이프 원단을 겉면과 겉면을 마주 대어 빨간색 완성선을 따라 박음질한다. 같은 방법으로 반구 2개를 만든다.

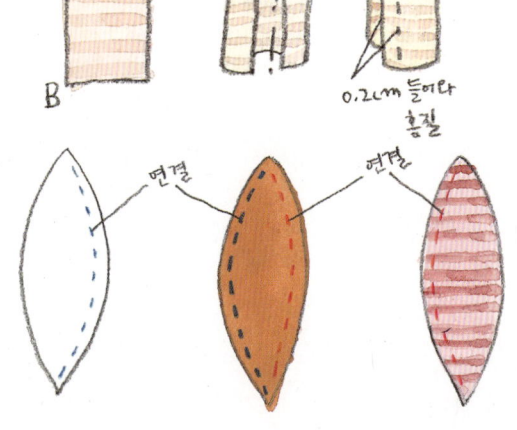

How to Make 4

4 반구 연결하기

반구 2개를 그림과 같이 가운데에 준비한 끈을 끼운 상태로 겉면과 겉면을 마주 댄다. 이때 끈은 B 부분이 0.5cm 밖으로 나오게 끼우고, 반구의 색이 번갈아 보이도록 화이트 원단과 스트라이프 원단의 겉면을 서로 마주 댄다. 창구멍을 4cm 남기고 빨간 완성선을 따라 박음질한다.

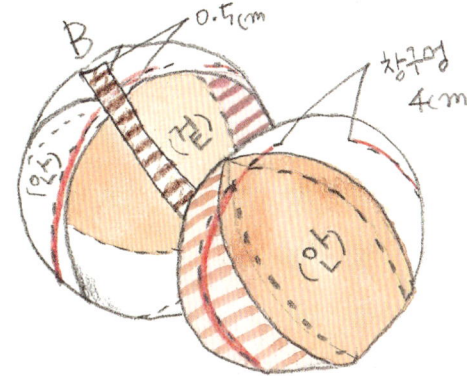

5 솜 넣기

창구멍을 통해 원단을 겉면으로 뒤집는다. 창구멍으로 솜을 조금씩 넣어가며 동그랗게 모양을 만든다. 이때 딸랑이도 같이 넣는다. 창구멍을 공그르기로 막는다.

6 똑딱이단추 달기

끈의 끝에 그림과 같이 똑딱이단추 수를, 끈의 1/3 지점에 똑딱이단추 암을 달아준다.

※point 끈에 똑딱이단추를 달면 고리를 만들어 여러 곳에 쉽게 걸 수 있으므로 편리하다. 더 자세한 똑딱이단추 달기는 p.186 참조.

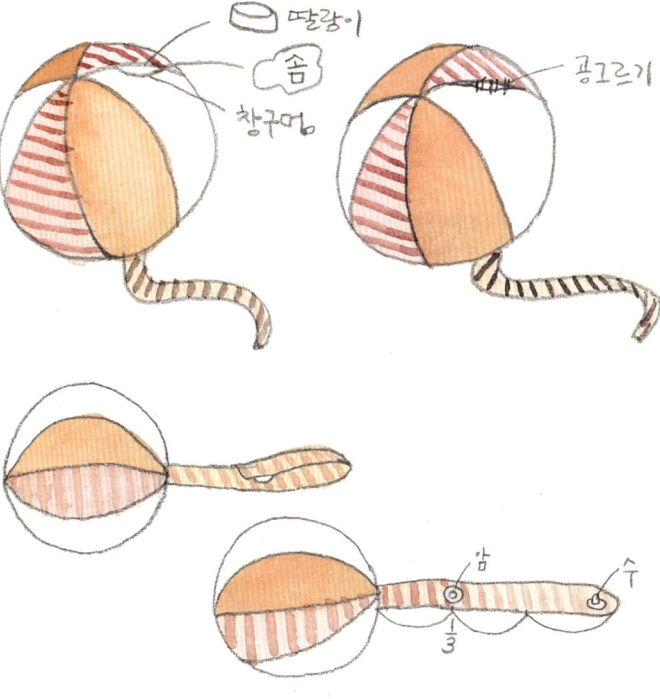

PART 4
PLAY TOYS

반짝반짝 사랑스러운
별 모빌

아기에게 예쁜 방을 선물하고 싶다면 반짝반짝 작은 별 모빌을 달아주는 건 어떨까? 작고 앙증맞은 별 모빌은 한두 개 낱개로 손에 쥐고 놀기도 좋지만, 여러 개를 나뭇가지나 고리 등에 걸어 모빌로 연출하면 더 예쁘다. 모빌 끝에 끈을 달아서 유모차나 침대 등 어디에나 쉽게 걸 수 있다.

별모빌

• 모빌 1개분
별 원단 13×12.5cm 2장, 레이스끈 14cm 1개,
솜 30g, 장식실

 **도안 그리기**

표시된 사이즈대로 모눈종이에 도안을 그려 본을 만든다.

 재단하기

오가닉 원단에 도안을 놓고 본을 뜬 후 재단선을 따라 재단한다.

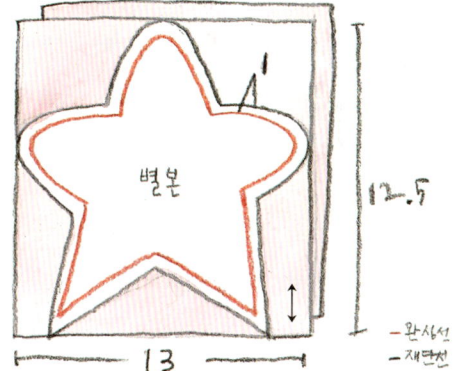

 끈 끼워 박음질하기

원단 겉면과 겉면을 마주 대어 레이스끈을 그림과 같이 원단 2장 사이에 끼운다. 창구멍 2.5cm를 남기고 완성선을 따라 박음질한다. 이때 레이스끈은 그림과 같이 끝이 0.5cm 밖으로 나오게 해서 박음질한다. 곡선 부분의 시접에 가위집을 넣은 뒤 창구멍을 통해 겉면으로 뒤집는다.

※point 곡선 부분의 시접에 절반 정도만 살짝 가위집을 주면 원단이 울지 않고 반듯하게 뒤집어진다.

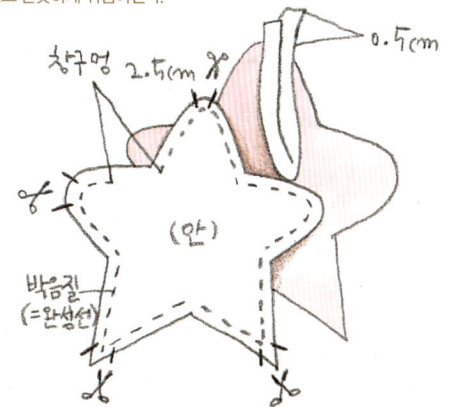

 솜 넣기 & 수놓기

창구멍을 통해 솜을 구석구석 잘 넣는다. 얼굴에 수성 초크로 눈과 입을 그려 장식실로 수놓는다. 이 때 눈은 매듭으로, 입은 박음질로 수를 놓는다. 창구멍을 공그르기로 막는다.

※point 창구멍을 막기 전에 수를 놓는 이유는 얼굴에 수를 놓을 때 바늘이 들어갈 공간을 남기기 위해서다. 더 자세한 수놓기 방법은 p.187참조.

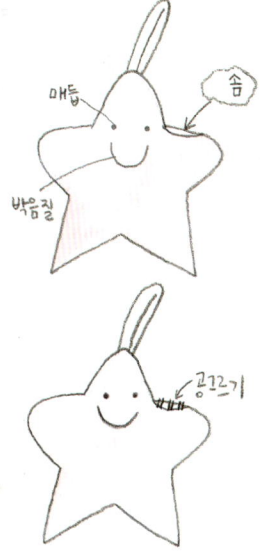

 별 모빌 완성하기

같은 방법으로 별 모빌을 여러 개 만들어서 다양한 표정의 수를 놓아 나뭇가지나 고리 등에 걸어 모빌을 완성한다.

숫자놀이 장난감

숫자 아플리케는 실물 도안이 들어있어요

• 숫자 5개분
바탕 원단 10×13cm 10장, 숫자 아플리케 원단 23×7cm 1장, 레이스끈 14cm 5개, 솜 100g, 장식실

 도안 그리기 & 재단하기

표시된 사이즈대로 모눈종이에 바탕 도안을 그려 본을 만든다. 오가닉 원단에 그림과 같이 본을 대고 그린 후 재단선을 따라 재단한다. 숫자 도안은 첨부된 실물 도안을 참조해 바탕 원단과 다른 종류의 원단에 그린 후 시접 없이 완성선을 따라 재단한다.

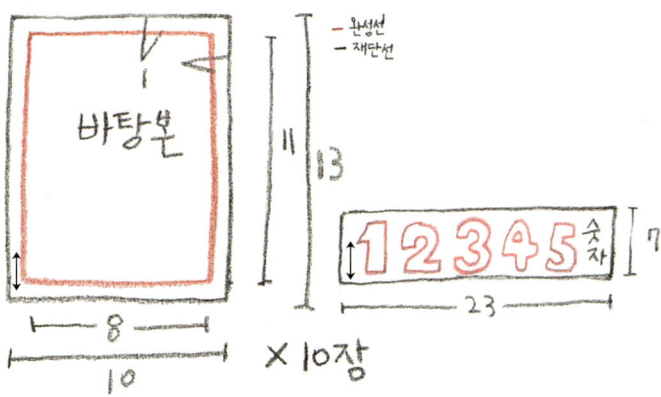

 솜 넣기

창구멍을 통해 원단을 겉면으로 뒤집은 후 솜을 넣는다. 창구멍을 공그르기로 막는다.

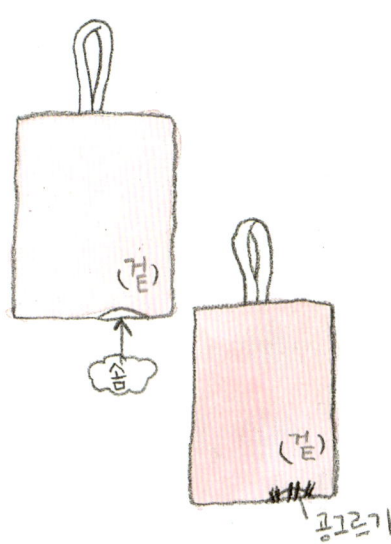

 끈 끼워 박음질하기

바탕 원단 2장을 겉면과 겉면을 마주 대고 그 사이에 그림과 같이 레이스끈을 끼운다. 창구멍 4cm를 남기고 완성선을 따라 박음질한다. 이때 레이스끈은 그림과 같이 끝이 0.5cm 밖으로 나오게 해서 박음질한다. 모서리 부분의 시접에 가위집을 넣은 뒤 창구멍을 통해 겉면으로 뒤집는다.

※point 모서리의 시접에 절반 정도만 살짝 가위집을 주면 원단이 울지 않고 반듯하게 뒤집어진다.

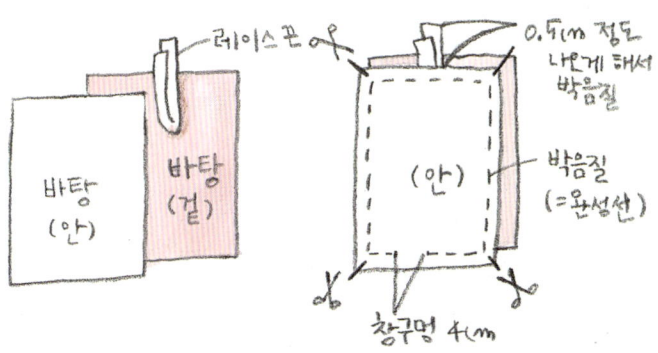

 숫자 아플리케 장식하기

재단한 숫자 원단을 바탕 원단에 올린 후 윤곽선에서 0.2cm 안으로 들어와 홈질 스티치한다. 같은 방법으로 숫자 놀이 장난감 5개를 완성한다.

※point 더 자세한 아플리케 방법은 p.188 참조.

PART 4
PLAY TOYS

주렁주렁 사과가 열리는
주사위 장난감

toy dice

아라비아 숫자 대신 사과 갯수로 표현하면 더 재미있어요.

아직 숫자 개념을 몰라도 엄마와 함께하는 주사위 놀이는 아기의 두뇌 활동을 자극한다. 아기가 좋아할 만한 사물을 숫자로 표현해 예쁘게 수놓으면 아기의 흥미를 더 유발할 수 있다. 꼭 주사위가 아니어도 공처럼 떼굴떼굴 굴리며 노는 것만으로 아기에겐 훌륭한 놀이이자 공부가 된다.

주사위 장난감

주사위 원단 12×12cm 6장, 스펀지 10×10×10cm 1개, 장식실

 도안 그리기 & 재단하기

표시된 사이즈대로 모눈종이에 도안을 그려 본을 만든다. 오가닉 원단에 그림과 같이 본을 대고 그린 후 재단선을 따라 재단한다.

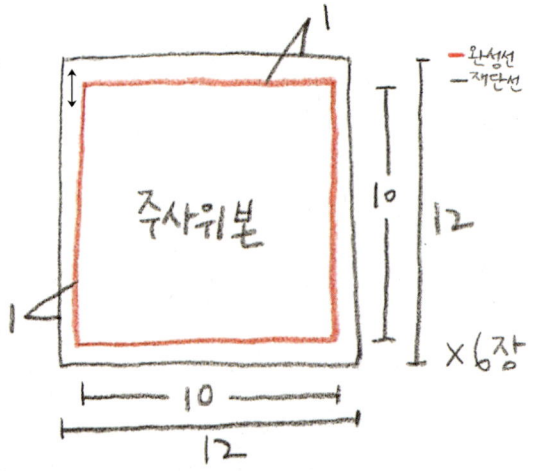

 수놓기

6장의 원단 겉면에 수성 초크로 주사위 숫자 1부터 6까지 각각 그린다. 이때 숫자를 사과 갯수처럼 재미있는 그림으로 표현하면 아기가 더 좋아한다. 그림을 따라 장식실로 박음질해 수놓는다.

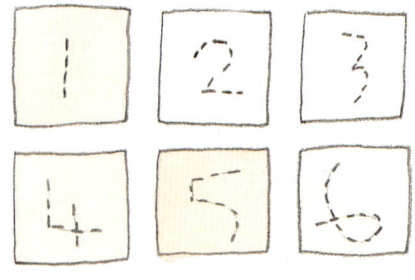

 원단 2장 연결하기

숫자 1과 4에 해당하는 원단을 겉면과 겉면을 마주 대어 완성선을 따라 박음질한다. 이때 좌우 1cm씩 박음질하지 않고 남긴다. 같은 방법으로 숫자 3과 6에 해당하는 원단을 서로 박음질해 연결한다.

※ point 원단을 박음질할 때 좌우 1cm씩 남기고 박음질하는 이유는 나중에 정육면체 주사위를 완성할 때 시접이 뭉치는 것을 막기 위해서다.

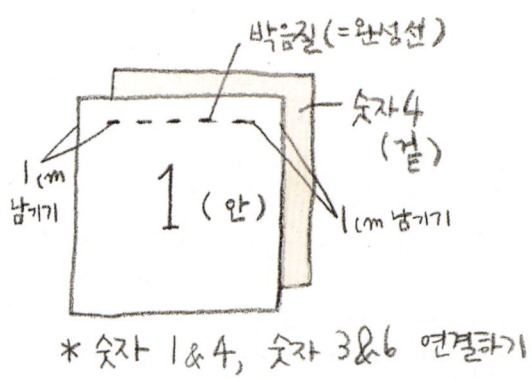

 원단 4장 연결하기

연결한 숫자 1, 4 원단과 연결한 숫자 3, 6 원단을 그림과 같이 겉면과 겉면을 마주 대어 완성선을 따라 박음질한다. 이때 좌우 1cm씩 박음질하지 않고 남긴다.

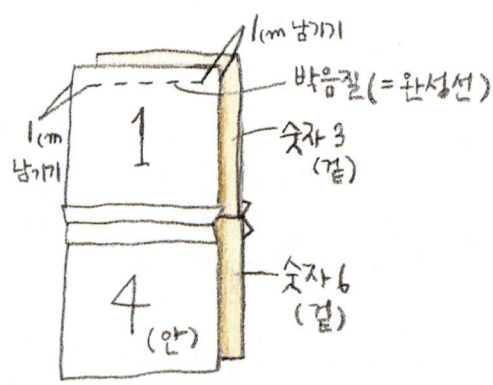

 원단 6장 연결하기

숫자 2 원단을 숫자 1 원단에 겉면과 겉면을 마주 대고 완성선을 따라 박음질한다. 위아래 1cm씩은 박음질하지 않고 남긴다. 숫자 5 원단을 숫자 1 원단에 겉면과 겉면을 마주 대고 완성선을 따라 박음질한다. 위아래 1cm씩은 박음질하지 않고 남긴다.

 정육면체 박음질하기 1

숫자 1 원단을 기준으로 숫자 3과 2, 숫자 2와 4, 숫자 4와 5, 숫자 5와 3의 겉면과 겉면을 각각 마주 대고 완성선을 따라 박음질한다.

※point 같은 색으로 표시한 면끼리 마주 대고 박음질하면 쉽다.

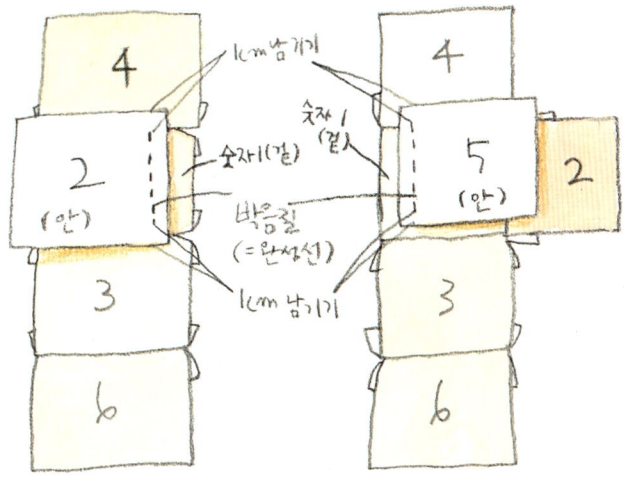

 정육면체 박음질하기 2

숫자 6과 5를 겉면과 겉면을 마주 대고 완성선을 따라 박음질한다.

 스펀지 넣기

박음질하지 않고 남긴 부분 사이로 겉면으로 뒤집은 후 정육면체 스펀지를 넣는다.

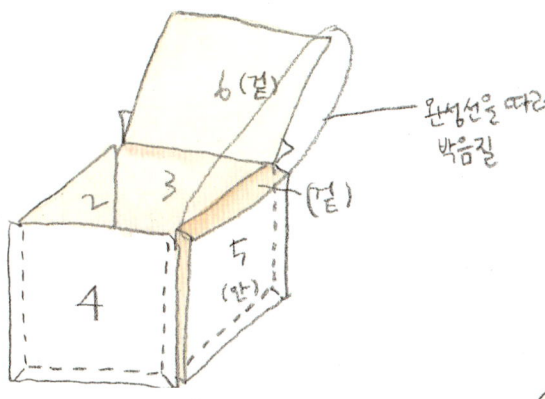

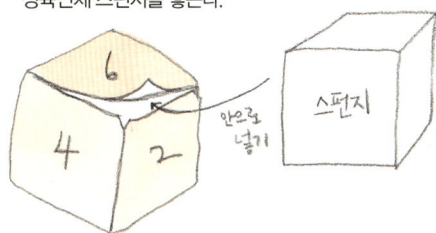

 공그르기

남겨둔 1cm 시접을 안으로 접어넣고 주사위 겉면에서 그림과 같이 공그르기해 마무리한다.

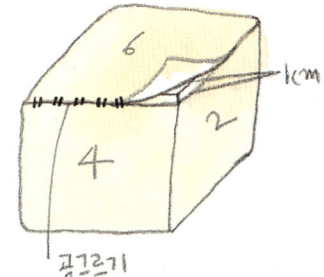

PART 5
TODDLER STREET LOOK

랄랄라~ 엄마랑 아기랑 즐거운 나들이

따스한 햇살, 살랑이는 바람, 나뭇잎의 싱그러운 초록빛……. 엄마는 아기에게 보여주고 싶은 아름다운 풍경이 아주 많다. 아장아장 아기가 걸음마를 떼기 시작할 무렵, 엄마와 함께 나서는 첫 나들이. 그 특별하고 소중한 날을 위해 엄마가 준비한 예쁜 외출복과 깜찍한 외출용품들. 엄마와 함께 커플 모자를 쓰고, 리틀 패션 리더로 한껏 멋을 낸 원피스를 입고 나들이 기분을 내보자. 아기 피부를 보호해줄 선캡, 챙겨두면 유용한 휴대용 담요, 기저귀와 젖병을 넣을 에코백과 파우치까지 꼼꼼히 챙겨서 엄마와 아기의 즐거운 첫 나들이 출발.

PART 5
TODDLER STREET LOOK

기본 스타일로 심플하게
외출용 조끼 & 팬티

외출할 때 덧입혀서 간편하게 나서기 좋은 기본 스타일의 외출용 조끼와 팬티.
조끼 가슴에는 레이스 끈으로 귀여움을 더했다.
기저귀를 채워도 편안할 만큼 넉넉한 사이즈의 팬티는 외출용뿐만 아니라
집에서도 실용적이다. 우리 아기에게 어울리는 컬러와 패턴의 유기농
원단을 골라 심플한 외출용 조끼와 팬티를 만들어보자.

아기 엉덩이처럼 포동포동
기저귀 팬티

기저귀가 필수인 아기에겐 외출용 팬티도 넉넉하고 편안한 디자인이 좋다. 포동포동 살 오른 아기 엉덩이처럼 귀여운 오가닉 코튼 기저귀 팬티는 허리와 다리에 고무줄을 넣어 입고 벗기 편할 뿐만 아니라, 선택한 원단에 따라 다양한 패턴과 색상을 연출할 수 있다.

외출용 조끼&팬티

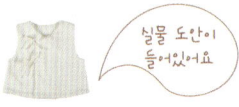
실물 도안이 들어있어요

원단 84×38cm 2장, 장식끈 25cm 4개

※외출용 팬티는 기저귀 팬티(p.153)와 만드는 방법이 같아요.

 재단하기

오가닉 원단에 도안을 놓고 본을 뜬 후 재단선을 따라 재단한다.

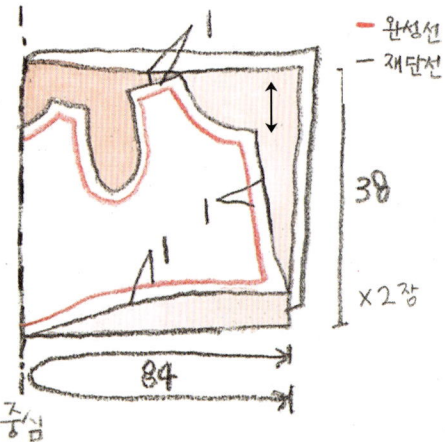

 어깨선 박음질하기

원단을 겉면과 겉면을 마주 대어 그림과 같이 접고 양쪽 어깨선 완성선을 따라 박음질한다. 원단 2장을 각각 같은 방법으로 2개를 만든다.

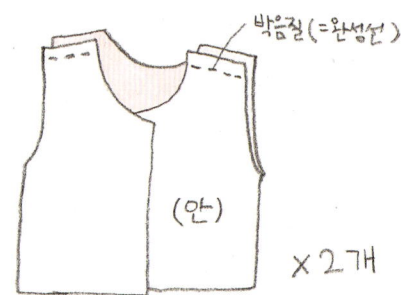

 원단 2장 박음질하기

조끼 원단 2장을 그림과 같이 겉면과 겉면을 마주 대어 시침핀으로 고정한다. 이때 장식끈 2개를 2장의 원단 사이에 그림과 같이 끼운다. 장식 끈 1개는 조끼 오른쪽 모서리에 놓고, 또 다른 장식끈은 9cm 간격을 두고 아래에 놓아 시침핀으로 고정한다. 창구멍 20cm를 남기고 파란 완성선을 따라 박음질한다. 이때 어깨 시접은 가름솔로 펴준다.

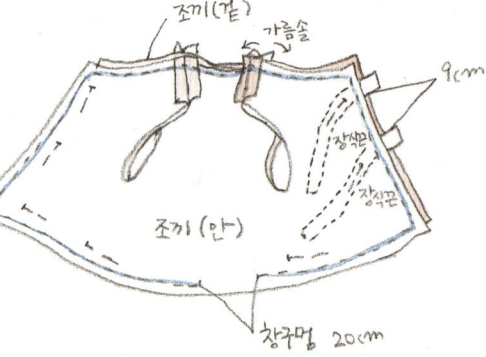

 창구멍 막기

창구멍을 통해 원단을 겉면으로 뒤집은 후 공그르기해 창구멍을 막는다. 소매 쪽도 1cm 접어넣어 공그르기 한다.

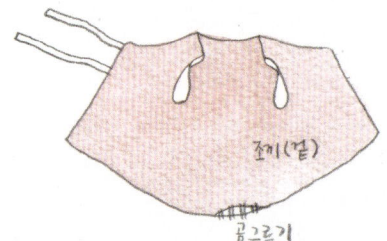

 끈 달기

조끼를 여몄을 때 오른쪽 앞섶에 단 장식 끈과 평행이 되도록 왼쪽 앞섶에 나머지 장식끈 2개를 단다. 이때 장식끈은 그림과 같이 그 끝을 1.5cm 가량 두 번 접어 X자 스티치 혹은 박음질해서 달아준다.

※point 더 자세한 끈 달기 방법은 p.185 참조.

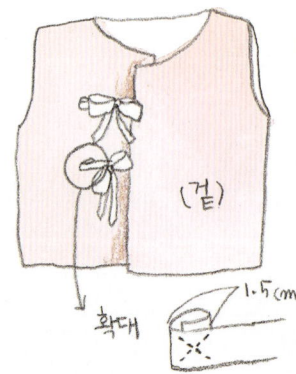

기저귀 팬티

원단 49×31cm 2장, 고무줄 42cm 1개(허리용) · 25cm 2개(다리용)

① 재단하기

오가닉 원단에 도안을 놓고 본을 뜬 후 재단선을 따라 재단한다.

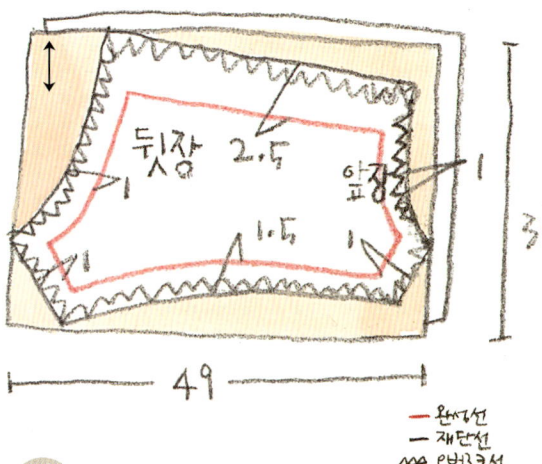

② 앞뒷장 박음질하기

원단을 그림과 같이 앞장과 뒷장의 겉면과 겉면을 마주 대고 접어 빨간 완성선을 따라 박음질한다. 시접은 한쪽 방향으로 꺾어 다리미로 고정한다. 같은 방법으로 원단 2장을 각각 박음질한다.

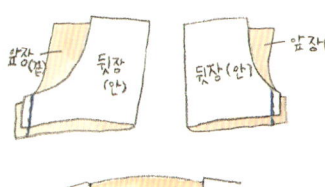
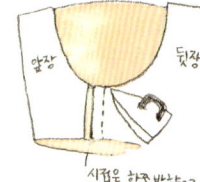

③ 원단 2장 끼우기

박음질한 원단 2장을 그림과 같이 겉면과 겉면이 마주 닿게 끼운다. 파란 완성선을 따라 박음질한다.

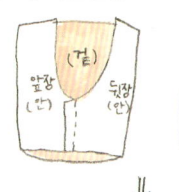

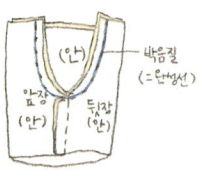

④ 고무줄 길 만들기

원단 안면이 보이도록 팬티 모양을 잡아 그림과 같이 펼친다. 허리선을 확대한 그림과 같이 2.5cm 접어내려 두 줄 홈질한다. 이때 파란 윤곽선에서 0.5cm 위로 올라가 한 바퀴 홈질하되, 고무줄이 들어갈 구멍 1cm 가량은 남긴다. 첫 번째 홈질한 선에서 1cm 위로 올라가 다시 한 바퀴 홈질하되, 이번에는 구멍을 남기지 않고 전체 홈질한다. 다리 부분을 확대한 그림과 같이 1.5cm 접어올려 파란 윤곽선에서 0.5cm 안으로 들어와 홈질한다. 이때 고무줄이 들어갈 구멍을 1cm 가량 남긴다.

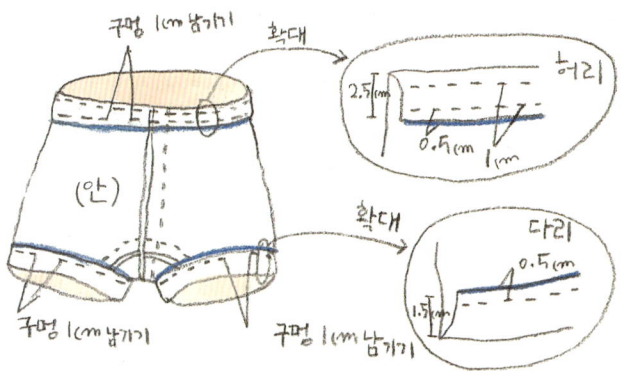

⑤ 마무리하기

고무줄 끝에 옷핀을 꽂아 허리선과 다리에 남겨놓은 구멍을 통해 고무줄을 끼운다. 고무줄을 다 끼운 후 고무줄 양쪽 끝을 그림과 같이 포개 박음질한다. 남겨놓은 구멍은 홈질해 막는다.

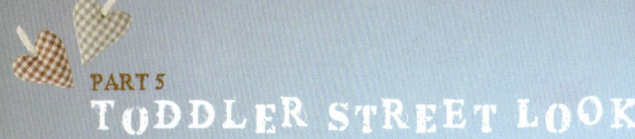

PART 5
TODDLER STREET LOOK

리틀 패션 리더를 위한
뒤트임 원피스 & 민소매 원피스

one-piece dresses

예쁜 공주님을 위한 시원한 여름 패션으로 2가지 스타일의 원피스를 제안한다. 땀을 많이 흘리는 아기에게 좋은 뒤트임 원피스와 심플해서 다른 아이템과 쉽게 매치하기 편한 민소매 원피스. 특히 귀여운 병아리 장식이 달린 뒤트임 원피스는 딸을 둔 엄마라면 누구나 욕심 내는 러블리한 스타일.

뒤트임 원피스

체크 원단 88×45cm 2장, 바이어스 테이프 폭 4cm 길이 30cm 2개 (팔둘레용), 면끈 100cm 1개(어깨끈)·25cm 2개(뒤 중심 끈), 장식단추 2개, 병아리 장식 2개(p.189 참조), 장식실

1. 재단하기

오가닉 원단에 도안을 놓고 본을 뜬 후 재단선을 따라 재단한다. 원피스 앞장 1개, 뒷장 2개를 준비한다. 오버로크선으로 표시한 시접은 올이 풀리지 않도록 오버로크 혹은 감침질한다.

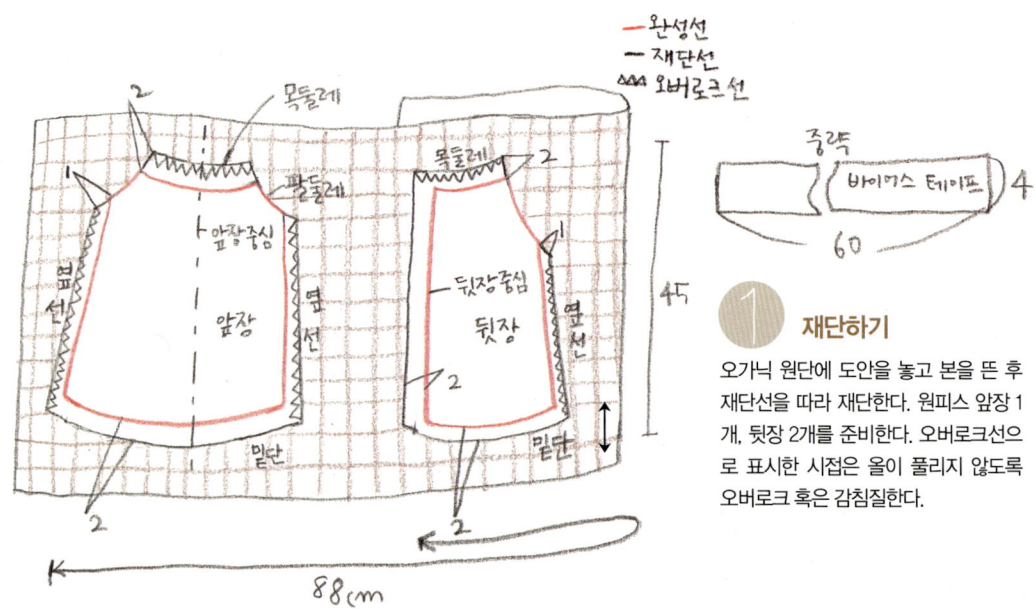

2. 앞뒷장 연결하기

원피스 앞장과 뒷장을 겉면과 겉면을 마주 대고 그림과 같이 옆선을 맞춰 양쪽 옆선의 완성선을 따라 박음질한다.

3. 뒷장 시접 처리하기

원단 전체를 안면이 보이도록 펼친다. 뒷장 중심 부분을 1cm씩 두 번 접어 0.2~0.3cm 안으로 들어와 촘촘하게 홈질한다. 밑단도 마찬가지로 1cm씩 두 번 접어 0.2~0.3cm 안으로 들어와 촘촘하게 홈질한다.

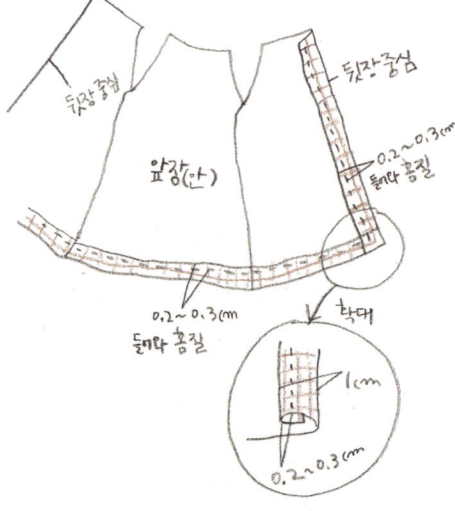

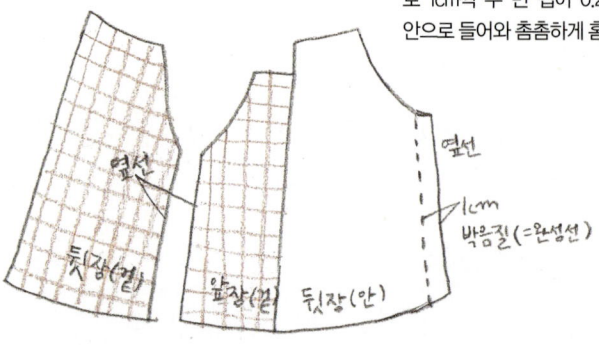

④ 팔둘레 바이어스 두르기

원단을 겉면으로 뒤집는다. 그림과 같이 원피스 팔둘레를 따라 바이어스 테이프를 둘러 시침핀으로 고정한다. 팔둘레 윤곽선에서 0.8cm 안으로 들어와 박음질한다. 같은 방법으로 양쪽 팔둘레 모두 바이어스 테이프를 둘러준다.

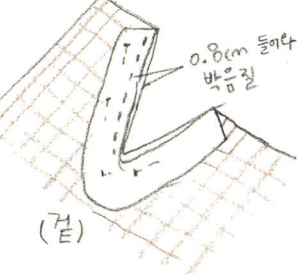

⑥ 목둘레 홈질하기

다시 원단을 안면이 보이도록 펼친다. 목둘레 부분을 그림과 같이 2cm 안으로 접고 다시 0.5cm 안으로 접어넣는다. 접은 윤곽선에서 0.2cm 안으로 들어와 촘촘하게 홈질한다.

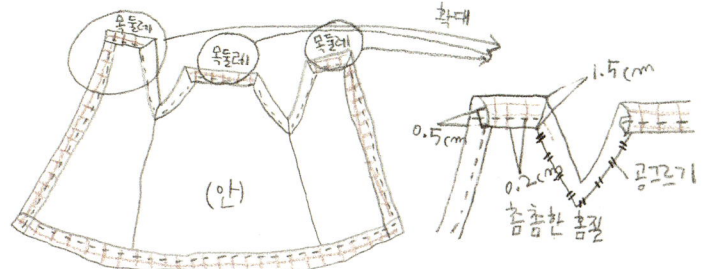

⑦ 끈 달기

준비한 어깨끈 끝에 옷핀을 꽂아 왼쪽 뒷장 목둘레, 앞장 목둘레, 오른쪽 뒷장 목둘레 순으로 끈을 끼운다. 양쪽 뒷장 중심의 중앙에 준비한 뒤 중심 끈을 각각 단다. 이때 끈은 모두 그 끝을 1cm 가량 두 번 접어 X자 스티치 혹은 박음질해서 마무리한다.

※point 더 자세한 끈 달기 방법은 p.185 참조.

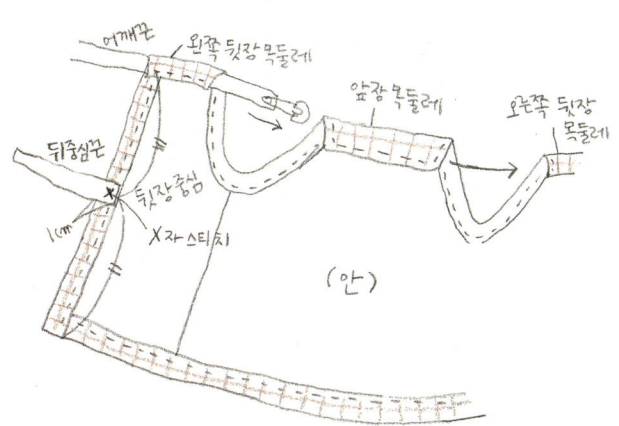

⑤ 바이어스 공그르기

박음질한 바이어스 테이프를 바느질한 시접 부분을 감싸서 안쪽으로 두 번 접고 시침핀으로 고정한 후 공그르기한다.

※point 더 자세한 바이어스 두르기 방법은 p.185 참조.

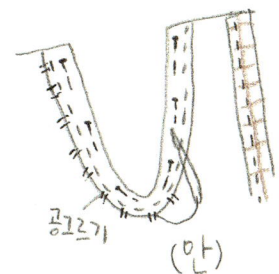

⑧ 단추 달기 & 장식 달기

앞장 겉면 오른쪽 가슴 부분에 장식단추 2개를 단다. 준비한 병아리 장식 2개를 앞장 가운데 양쪽에 나란히 단다. 이때 병아리의 부리부터 꼬리 부분까지만 공그르기해서 주머니로 만들어준다.

※point 더 자세한 단추 달기와 병아리 장식 만들기 방법은 각각 p.186, p.189 참조.

민소매 원피스

 원단 41×47.5cm 2장, 바이어스 테이프 폭 4cm 길이 23cm 1개(목둘레용)·폭 4cm 길이 28cm 2개(팔둘레용)

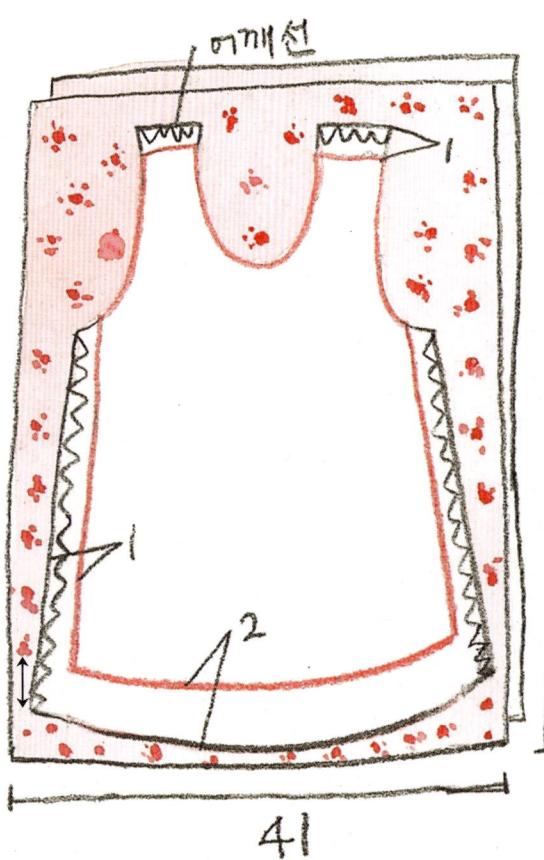

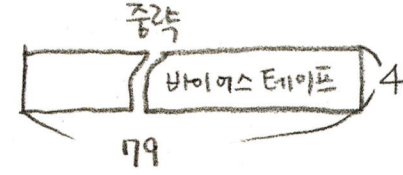

 재단하기

오가닉 원단에 도안을 놓고 본을 뜬 후 재단선을 따라 재단한다. 오버로크선으로 표시한 시접은 올이 풀리지 않도록 오버로크 혹은 감침질한다.

 옆선, 어깨선 박음질하기

원단 2장을 겉면과 겉면을 마주 대어 옆선 완성선과 어깨선 완성선을 따라 박음질한다. 이때 양쪽 옆선은 A 지점에서 4cm 가량 남기고 박음질한다.

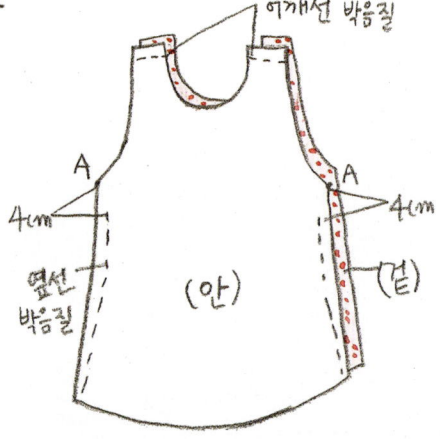

 밑단 박음질하기

양쪽 옆선 시접은 가름솔로 펴주고 밑단을 확대 그림과 같이 1cm씩 두 번 접어 0.2~0.3cm 안으로 들어와 박음질한다.

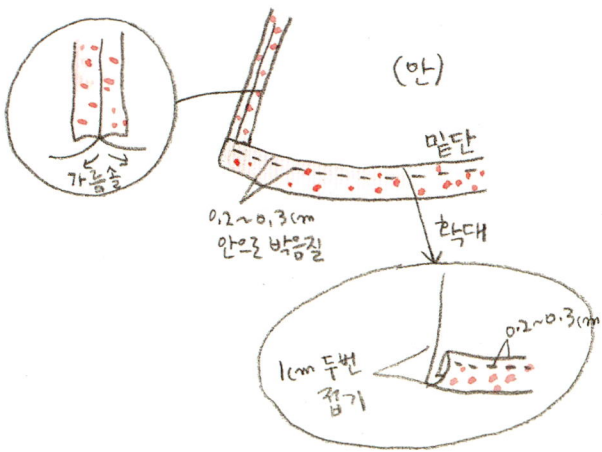

 팔둘레 바이어스 두르기

원단을 겉면으로 뒤집는다. 그림과 같이 A 지점부터 팔둘레를 따라 바이어스 테이프를 둘러 시침핀으로 고정한다. 팔둘레 윤곽선에서 0.8cm 안으로 들어와 박음질한다. 같은 방법으로 양쪽 팔둘레 모두 바이어스 테이프를 둘러준다.

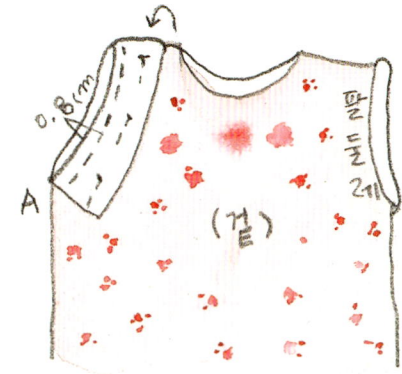

 목둘레 바이어스 두르기

목둘레 부분의 시작 지점부터 마무리 지점까지 바이어스 테이프를 둘러 시침핀으로 고정한다. 이때 시작 지점의 바이어스 끝은 1cm 접고 마무리 지점은 시작 지점을 덮어준다. 어깨선 시접은 가름솔로 펴주고 목둘레 윤곽선에서 0.8cm 안으로 들어와 박음질한다.

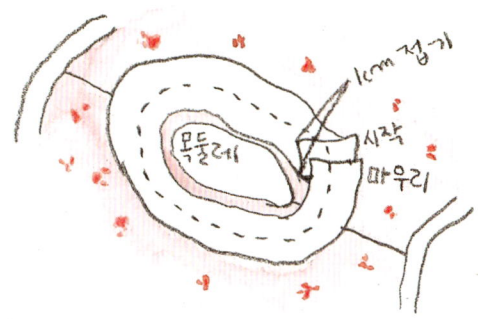

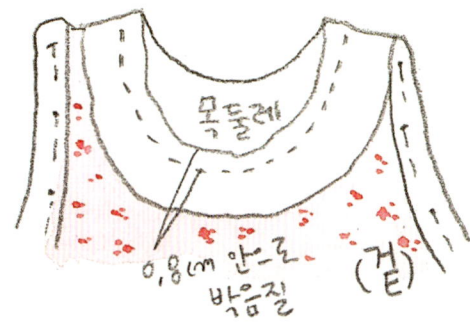

 마무리하기

원단을 안면으로 뒤집는다. 팔둘레와 목둘레의 박음질한 바이어스 테이프를 각각 바느질한 시접 부분을 감싸서 안쪽으로 두 번 접고 시침핀으로 고정한 후 공그르기한다. 박음질하지 않고 남긴 양쪽 옆선 4cm 가량을 A 지점까지 박음질해서 마무리한다.

※point 더 자세한 바이어스 두르기 방법은 p.185 참조.

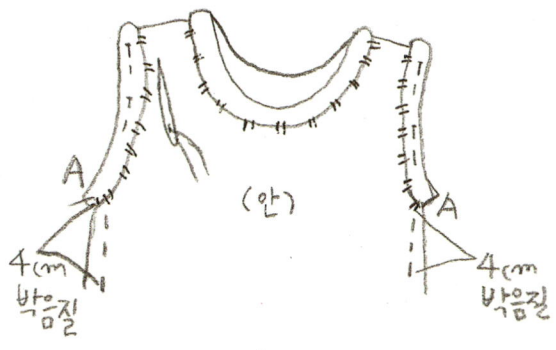

PART 5
TODDLER STREET LOOK

편안하게 걸치기 좋은
후드 카디건

완벽한 엄마가 되고 싶다면 외출할 때 갑자기 바뀌는 기온차나 쌀쌀한 바람에 대비해
후드 카디건 하나쯤은 챙겨두자. 카디건에 모자까지 달려서 더욱 편리하다.
2가지 패턴의 오가닉 코튼을 조합해 만든 부드럽고 포근한 후드 카디건.

후드 카디건

실물 도안이 들어있어요

몸판 앞장 원단 25×39cm 2장 · 뒷장 원단 34×42cm 1장,
소매 원단 37×28.5cm 2장, 모자 원단 21.5×28.5cm 4장, 싸개단추 원단 6×6cm 1장,
바이어스 테이프 폭 3cm 길이 35cm 1개, 솜 10g, 똑딱이단추 7쌍

※ 원단 구입 tip
원단 반마,
바이어스 테이프용
원단 1마

1 재단하기

오가닉 원단에 도안을 놓고 본을 뜬 후 재단선을 따라 재단한다. 몸판과 같은 원단의 바이어스 테이프를 준비한다.

※ point 더 자세한 바이어스 테이프 재단 방법은 p.185 참조.

2 소매 박음질하기

소매 원단을 중심을 기준으로 안면이 겉으로 나오게 반 접은 후 완성선을 따라 박음질한다.

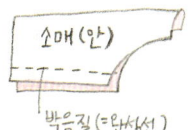

3 소매 홈질하기

소매 원단의 시접은 가름솔로 펼친다. 손목 부분을 2cm 접어 그중 0.5cm를 다시 안으로 접은 후 0.3cm 안으로 들어와 촘촘하게 홈질한다.

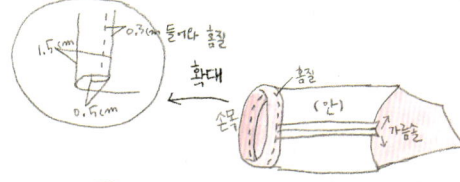

4 모자 겉감, 안감 만들기

모자 원단 2장을 겉면과 겉면을 마주 대어 완성선을 따라 박음질한다. 남은 모자 원단 2장도 같은 방법으로 박음질해서 모자 2개를 만든다.

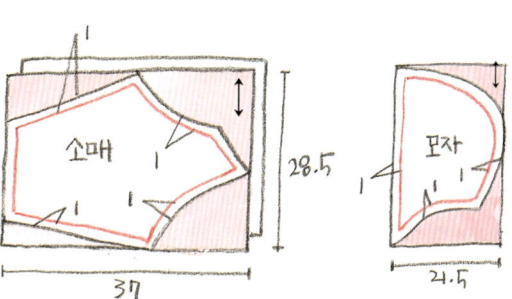

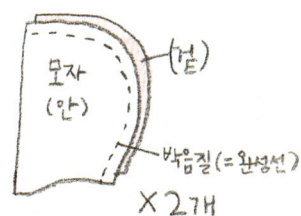
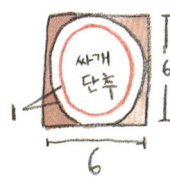
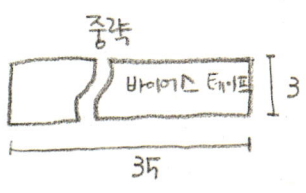

후드 카디건

 모자 끼우기
모자 2개를 그림과 같이 겉면과 겉면을 마주 대어 끼워넣는다.

 모자 박음질하기
끼워넣은 모자 2개를 그림과 같이 완성선을 따라 박음질한다. 이때 시접은 가름솔로 펴준다.

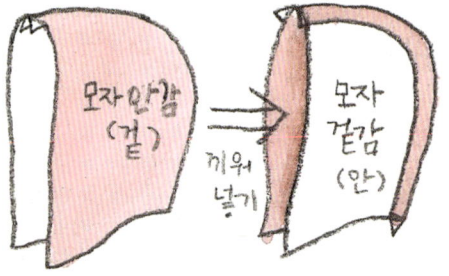

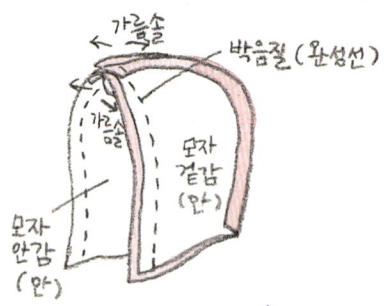

 몸판 옆선 박기
몸판의 뒷장과 앞장을 그림과 같이 옆선을 맞춰서 완성선을 따라 박음질한다.

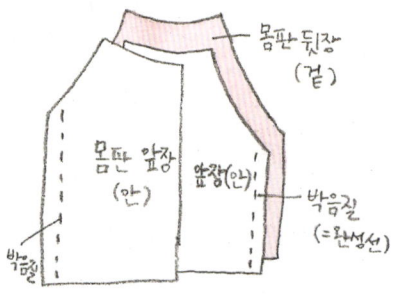

 밑단 홈질하기
밑단을 1.5cm씩 두 번 접은 후 0.3cm 안으로 들어와 촘촘하게 홈질한다. 이때 옆선의 시접은 가름솔로 펴준다.

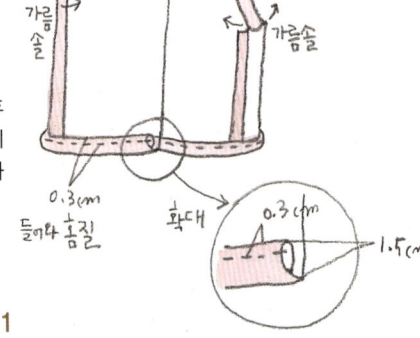

 몸판 & 소매 연결하기
몸판과 소매를 그림과 같이 겉면과 겉면을 마주 대어 시침핀으로 고정한 후 완성선을 따라 박음질한다. 이때 몸판의 옆선 박음질선과 소매의 박음질선을 맞추고 시접은 가름솔로 펴준다.

 바이어스 두르기 1
소매를 연결한 몸판을 겉면으로 뒤집은 후, 몸판 목둘레 중심과 모자의 중심을 서로 맞춰 댄다. 바이어스 테이프를 그림과 같이 목둘레선을 따라 시침핀으로 고정해서 두른 후 0.8cm 안으로 들어와 박음질한다. 이때 확대 그림과 같이 앞섶을 6cm 접어 그중 1.5cm를 다시 접은 후 바이어스 테이프를 두른다. 앞섶 좌우 모두 같은 방법으로 접는다.

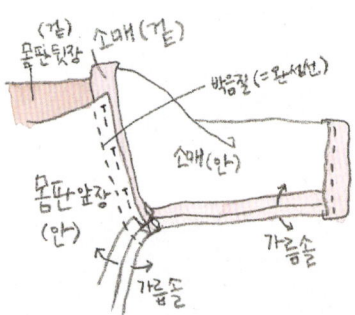

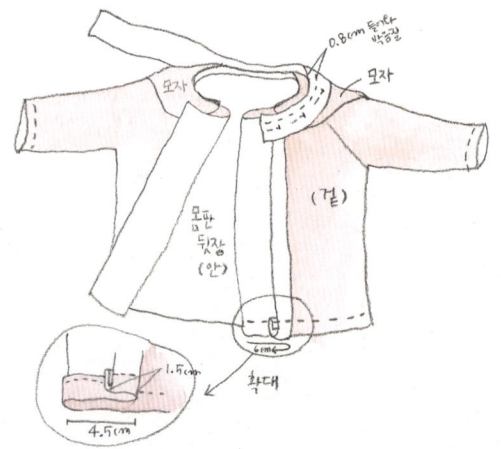

 바이어스 두르기 2

목둘레에 박음질한 바이어스 테이프를 바느질한 시접 부분을 감싸서 안쪽으로 한 번 접어 시침핀으로 고정한다. A 지점을 기준으로 접은 앞섶 앞쪽 B 부분을 안쪽으로 뒤집는다. 이때 파란색 목둘레선을 기준으로 C 부분도 안으로 함께 접어준다.

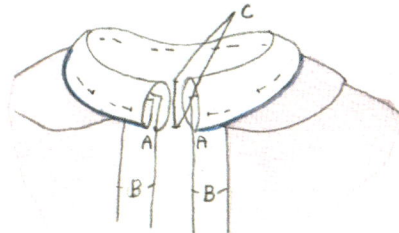

 홈질하기

안으로 접은 바이어스 테이프 C 부분을 확대 그림과 같이 0.3cm 안으로 들어와 촘촘하게 홈질한다. 앞섶 앞쪽 시접 윤곽선에서 0.5cm 안으로 들어와 밑단까지 촘촘하게 홈질한다. 앞섶 좌우 모두 같은 방법으로 홈질한다.

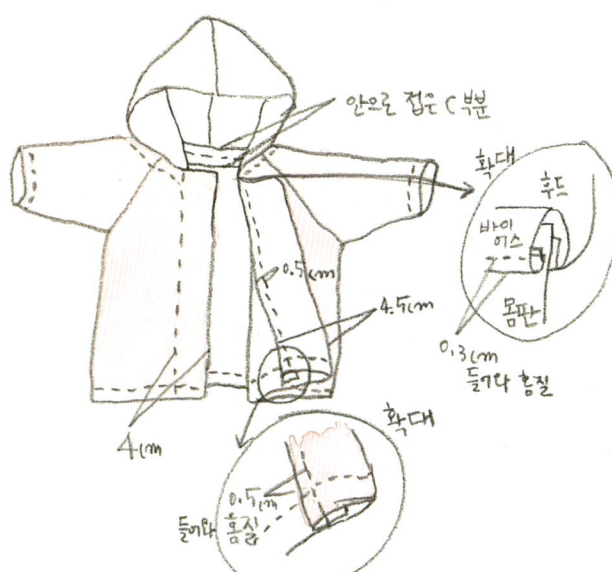

 싸개단추 만들기

싸개단추 원단을 시작 지점에서 마무리 지점까지 완성선을 따라 홈질한 후, 약간의 솜을 넣고 잡아당겨 매듭을 짓는다.

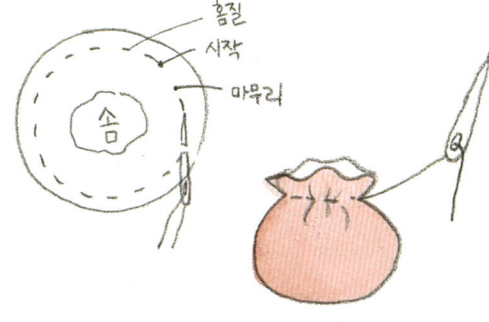

 단추 달기

싸개단추를 그림과 같이 목둘레선 바로 밑에 공그르기해 달고, 똑딱이단추 7쌍을 그림과 같이 5cm 간격으로 달아준다. 이때 똑딱이 암은 앞장 왼쪽 안감에, 똑딱이 수는 앞장 오른쪽 안감에 단다.

※ point 더 자세한 싸개단추 달기와 똑딱이단추 달기 방법은 p.186 참조.

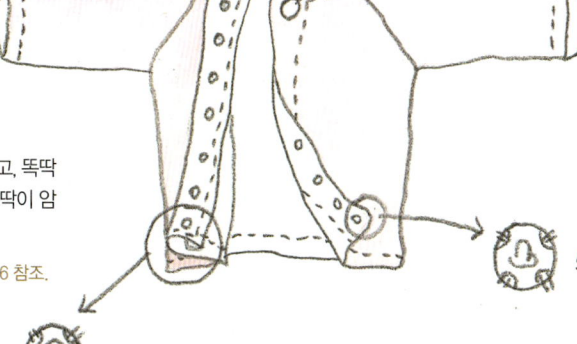

PART 5
TODDLER STREET LOOK

아기의 건강을 위한 엄마의 배려
병아리 장식 마스크

황사가 심한 봄철, 독감이 유행인 겨울철에 부득이 외출하거나 사람 많은 곳에 들러야 한다면
아기에게 병아리 장식 마스크를 씌워주자. 엄마의 작은 배려가 아기의 건강과 안전을 지켜준다.

병아리 장식 마스크

무지 원단 12×9.5cm 2장, 바이어스 테이프 폭 4cm 길이 7.5cm 2개(좌우용)·폭 4cm 길이 35cm 2개(상하용), 병아리 장식 1개(p.189 참조)

 도안 그리기 & 재단하기

표시된 사이즈대로 모눈종이에 도안을 그려 본을 만든다. 오가닉 원단에 그림과 같이 본을 대고 그린 후 시접 없이 완성선을 따라 재단한다.

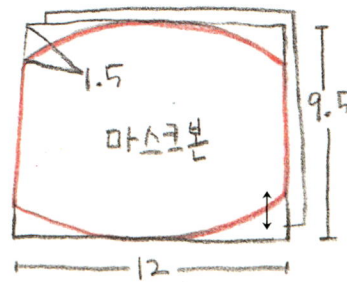
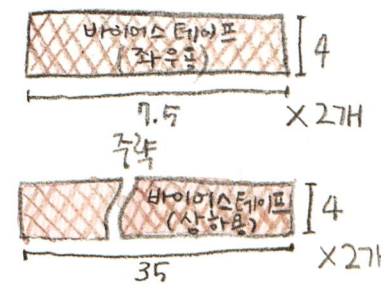

 좌우 바이어스 두르기

원단 2장의 안면과 안면을 마주 대어 겉면의 양쪽 옆선에 맞춰 바이어스 테이프를 두르고 시침핀으로 고정한다. 옆선 윤곽선에서 0.8cm 안으로 들어와 박음질한다.

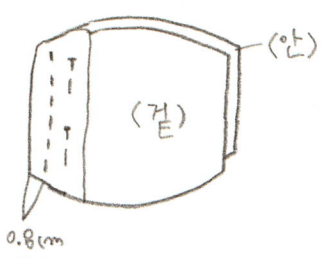

 좌우 바이어스 박음질

박음질한 바이어스 테이프를 바느질한 시접 부분을 감싸서 안쪽으로 두 번 접고 시침핀으로 고정한 후 공그르기한다.

※point 더 자세한 바이어스 테이프 두르기 방법은 p.185 참조.

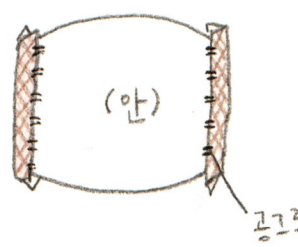

 상하 바이어스 두르기

원단 겉면의 상하 윤곽선을 따라 바이어스 테이프를 두르고 시침핀으로 고정한다. 상하 윤곽선에서 0.8cm 안으로 들어와 박음질한다. 이때 바이어스 테이프 양쪽 끝을 1cm씩 접는다.

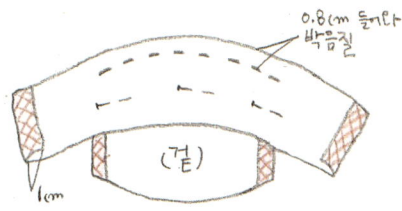

 상하 바이어스 박음질하기

박음질한 바이어스 테이프를 바느질한 시접 부분을 감싸서 안쪽으로 두 번 접고 시침핀으로 고정한 후 공그르기한다.

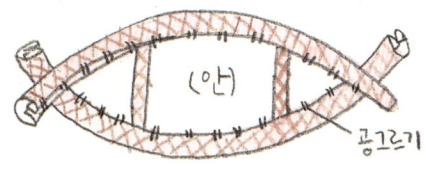

 장식 달기

준비한 병아리 장식을 원단 겉면에 공그르기해 달아준다.

※point 더 자세한 병아리 장식 만들기 방법은 p.189 참조.

PART 5
TODDLER STREET LOOK

가볍게 경쾌하게 편리하게 에코백

아기와 함께 외출하려면 이것저것 챙길 물건이 많다.
기저귀부터 젖병, 간식, 손수건, 여벌옷 그리고 엄마
소지품까지. 오가닉 코튼으로 만든 가벼운
에코백이라면 한번에 오케이. 다양한 크기로
간편하게 만들 수 있을 뿐만 아니라, 쉽게 접고 펼 수
있어 편리하다.

How to Make 5

에코 백

가방(대) 원단 42×78cm 1장, 손잡이(대) 원단 50×5.5cm 1장,
가방(중) 원단 25×88cm 1장, 손잡이(중) 원단 40×5.5cm 1장,
가방(소) 원단 26×48cm 1장, 손잡이(소) 원단 36×5.5cm 1장, 장식단추(공통) 1개

도안 그리기 & 재단하기

표시된 사이즈대로 모눈종이에 도안을 그려 본을 만든다. 오가닉 원단에 그림과 같이 본을 대고 그린 후 재단선을 따라 재단한다. 오버로크선으로 표시한 시접은 올이 풀리지 않도록 오버로크 혹은 감침질한다.

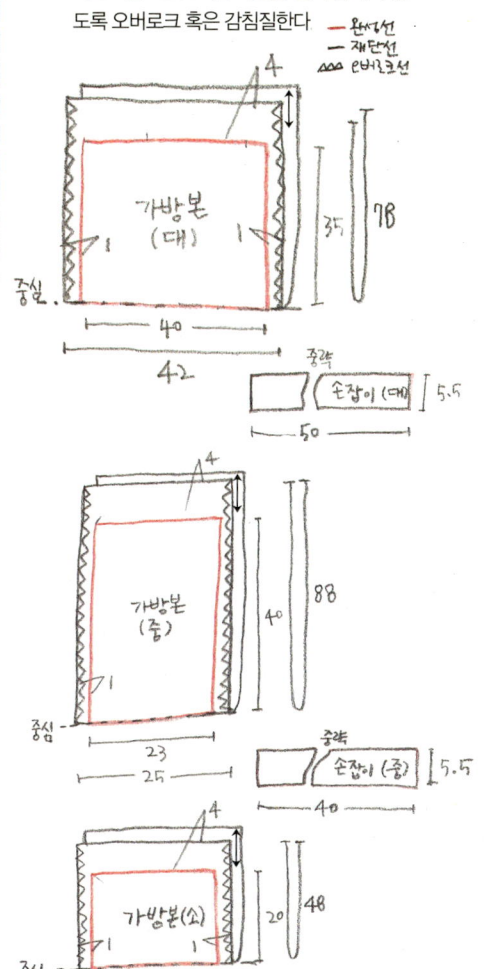

손잡이 만들기

손잡이 원단을 겉면이 보이도록 반을 접고 그 끝을 0.7cm 안으로 접은 후 시침핀으로 고정한다. 상하 윤곽선에서 0.3cm 안으로 들어와 홈질 스티치를 놓는다.

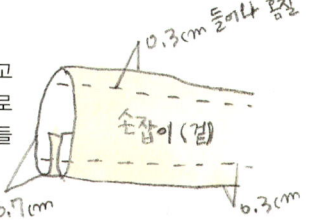

가방 박음질하기

가방 원단을 겉면과 겉면을 마주 대고 그림과 같이 반 접어 옆선 완성선을 따라 박음질한다.

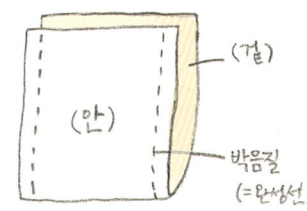

손잡이 끼우기

빨간 윗선에서 시접을 4cm 접어내린 후 그중 1cm 안으로 다시 접어 넣는다. 손잡이는 그림과 같이 양쪽 옆선에서 5cm(가방 중·소의 경우) 또는 10cm(가방 대의 경우)씩 안으로 자리를 잡는다. 이때 확대 그림과 같이 손잡이를 접은 시접 사이에 1cm 가량 끼워넣고 시침핀으로 고정한다. 접은 윤곽선에서 0.5cm 안으로 들어와 홈질한다. 이때 옆선의 시접은 가름솔로 펴준다.

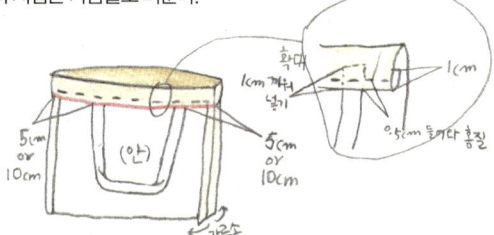

마무리하기

손잡이를 그림과 같이 세우고 파란 완성선에서 0.5cm 안으로 들어와 손잡이와 함께 홈질한다. 나머지 손잡이도 같은 방법으로 달아준다. 가방을 겉면으로 뒤집는다. 손잡이 한쪽에 장식단추를 달아준다.

※ point 더 자세한 단추 달기 방법은 p.186 참조

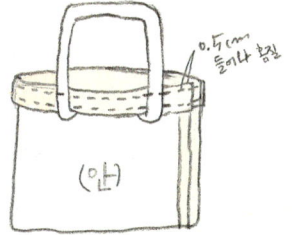

PART 5
TODDLER STREET LOOK

돌돌 말아 간편하게 챙겨가는
휴대용 담요

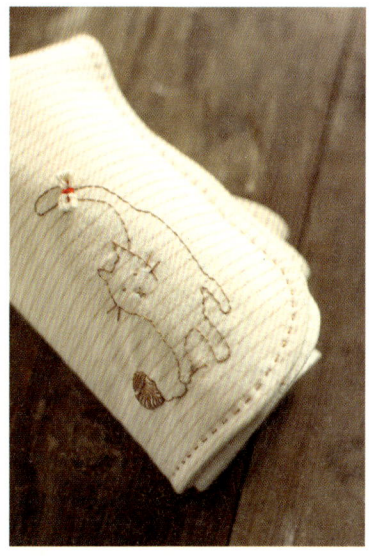

외출할 때
담요 하나 돌돌 말아
챙겨가면 부피도 크지 않고
쓰임새가 많아요

겉옷 대신 두르거나 바닥에 깔고 앉는 등 언제 어디서나 편리하게 쓸 수 있는 담요. 파우치까지 세트로 만들면 담요를 돌돌 말아넣어 휴대하기 좋다. 담요 한쪽에 고양이 장식까지 곱게 수놓아 더욱 특별한 엄마의 마음을 담았다.

portable blanket

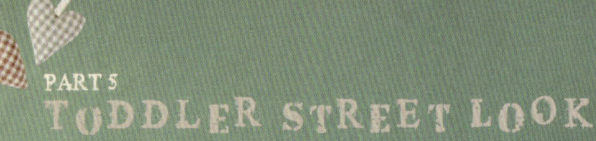

PART 5
TODDLER STREET LOOK

쓸모 많은 가방 속 주머니
기저귀 파우치

diaper pouches

가방에 이것저것 넣고 다니면 필요할 때 빨리 꺼내 쓰기가 쉽지 않다. 이럴 때 기저귀는 따로 기저귀 파우치에 담아 가방에 넣어보자. 한결 깔끔하게 정리되고 기저귀를 꺼내 쓰기도 쉽다. 꼭 기저귀가 아니어도 다양한 용도로 쓸 수 있는 가방 속 주머니, 기저귀 파우치.
별 장식과 귀여운 수 장식은 기저귀 파우치의 포인트.

171

휴대용 담요

담요 스트라이프 · 무지 원단 76×76cm 각 1장씩, 파우치 원단 48×36cm 1장, 면끈 폭 1cm 길이 4cm 1개 (담요용) · 폭 2.5cm 길이 100cm 1개(파우치용), 장식실

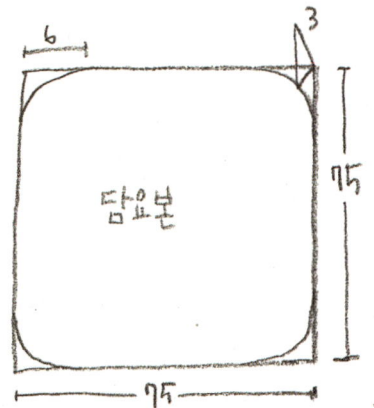

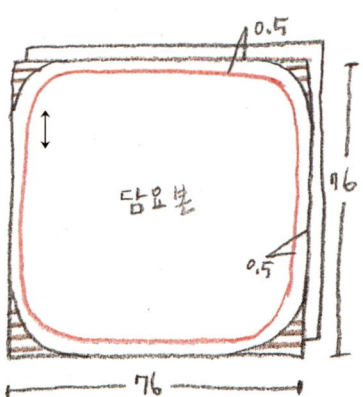

1. 도안 그리기

표시된 사이즈대로 모눈종이에 도안을 그려 본을 만든다.

2. 재단하기

오가닉 원단에 그림과 같이 본을 대고 그린 후 재단선을 따라 재단한다.

3. 수놓기 & 리본 달기

스트라이프 원단 겉면 오른쪽 하단에 수놓을 고양이 장식을 수성 초크로 그린 후 장식실로 수놓는다. 이때 고양이, 털실 순으로 박음질로 수놓고 눈은 매듭으로 수놓는다. 면끈 양 끝을 포개서 시침핀으로 고정하고, 포갠 중심을 장식실로 여러 번 감아 리본을 만든다. 리본 양쪽으로 한땀씩 수를 놓아 고양이 꼬리 부분에 달아준다.

※point 더 자세한 수놓기 방법은 p.187 참조.

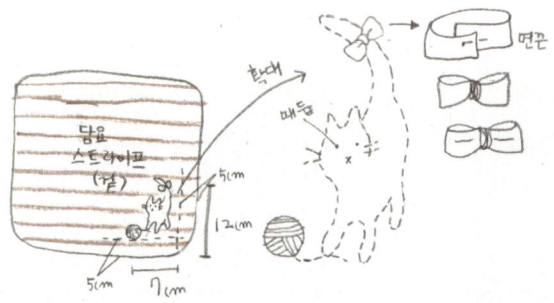

4. 박음질하기

스트라이프 원단과 무지 원단의 겉면과 겉면을 마주 대어 창구멍 10cm를 남기고 완성선을 따라 박음질한다.

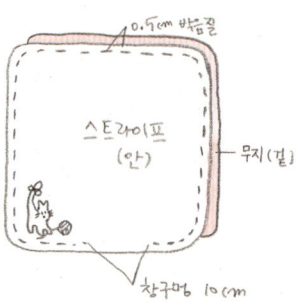

5. 마무리하기

창구멍을 통해 원단을 겉면으로 뒤집은 후 창구멍을 공그르기해서 막는다. 안쪽으로 만져지는 시접을 따라 윤곽선에서 0.6cm 안으로 들어와 홈질 스티치를 놓는다. 담요를 넣을 파우치를 만든다.

※point 휴대용 담요 파우치 만들기 방법은 기저귀 파우치 만들기 방법과 동일. p.173 참조.

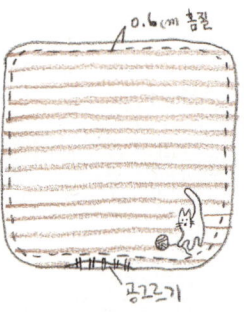

How to Make 5

기저귀 파우치

 파우치(대) 원단 78×62.5cm 1장, 파우치(소) 원단 48×36cm 1장, 면끈(공통) 폭 1cm 길이 100cm 1개, 별 장식(선택) 1개(p.141 참조), 장식실

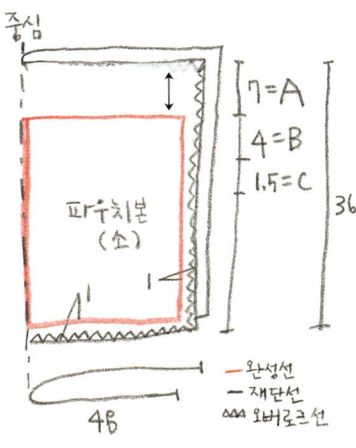

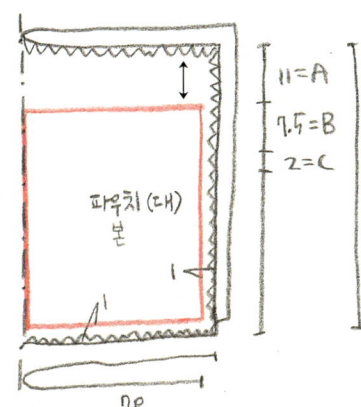

 도안 그리기 & 재단하기

표시된 사이즈대로 모눈종이에 도안을 그려 본을 만든다. 오가닉 원단에 그림과 같이 본을 대고 그린 후 재단선을 따라 재단한다. 올이 풀리지 않도록 오버로크선으로 표시한 시접은 오버로크 혹은 감침질한다.

 박음질하기

파우치 원단을 겉면과 겉면을 마주 대어 그림과 같이 접고 파란 완성선을 따라 박음질한다. 이때 끈을 끼울 구멍 C 부분(과정① 그림 참조)은 남기고 박음질한다.

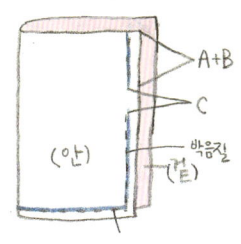

 끈 넣기

파우치 원단을 겉면으로 뒤집는다. 끈 끝에 옷핀을 끼워 남겨놓은 구멍을 통해 끈을 넣는다.

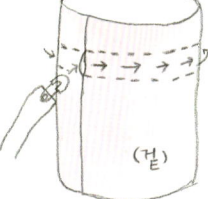

 끈 길 만들기

윗선에서 A 부분(과정① 그림 참조) 시접을 아래로 접어내린 후 그중 1cm 안으로 다시 접어넣는다. 접은 윤곽선에서 0.2cm 안으로 들어와 홈질하고, 첫 번째 홈질한 선에서 1.5cm 위로 올라가 한 번 더 홈질한다. 이때 옆선 시접은 가름솔로 펴준다.

 파우치 모양 변형하기

파우치 원단을 안면으로 놓고 그림과 같이 밑단을 접어 박음질한다.

※point 파우치 밑단 모양 변형하기는 원하는 경우 선택해서 작업한다. p.172에 소개한 휴대용 담요를 넣은 파우치는 이 과정을 거쳐 완성했다.

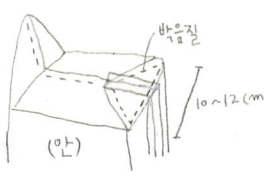

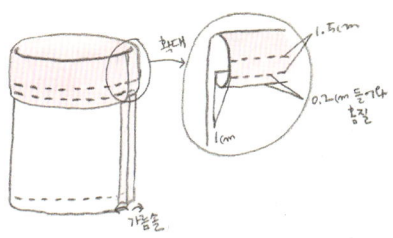

 끈 마무리 & 수놓기

끈 끝은 묶어주거나 별 장식을 달아 마무리한다. 파우치에 원하는 그림이나 이니셜을 수성 초크로 그린 후 박음질로 수놓아 장식한다.

※point 별 장식 만들기는 p.141의 별 모빌 만들기 참조. 더 자세한 수놓기 방법은 p.187 참조.

PART 5
TODDLER STREET LOOK

뜨거운 태양을 피하는 스타일 아이템

선캡

가끔 따스한 햇볕을 쬐는 것이 정신적 신체적 건강에 좋다지만, 햇볕이 너무 강하면 연약한 아기 피부가 손상을 입을 수도 있다. 얼굴에 직접 내리쬐는 햇살로부터 아기를 보호해주는 선캡 하나면 이제 뜨거운 태양도 두렵지 않다.

엄마랑 아기랑 맞춰 쓰는
커플 모자

엄마랑 아기랑 함께 맞춰 입은 커플 룩보다 더 사랑스러운 커플 룩이 있을까? 커플 옷을 맞춰 입는 게 다소 부담스럽다면 간단한 커플 모자로 엄마랑 아기랑 닮은꼴 스타일을 뽐내보자. 함께 써서 더 예쁘고 더 기분 좋은 자연스럽고 수수한 커플 모자.

선캡

실물 도안이 들어있어요

챙 스트라이프 원단 18×11cm 2장, 이마끈 원단 27×6.5cm 1장,
밴드 원단 23×5cm 1장, 퀼트솜 17×10cm 분량, 고무줄 13cm 1개

※ 원단 구입 tip
스트라이프 원단 반마

1 재단하기

오가닉 원단에 도안을 놓고 본을 뜬 후 재단선을 따라 재단한다. 퀼트솜도 그림과 같이 본을 대고 그린 후 완성선보다 사방 0.5cm 작게 재단한다.

※ point 솜은 원단보다 작게 재단해야 겉면으로 뒤집었을 때 원단이 울지 않고 반듯하게 펴진다.

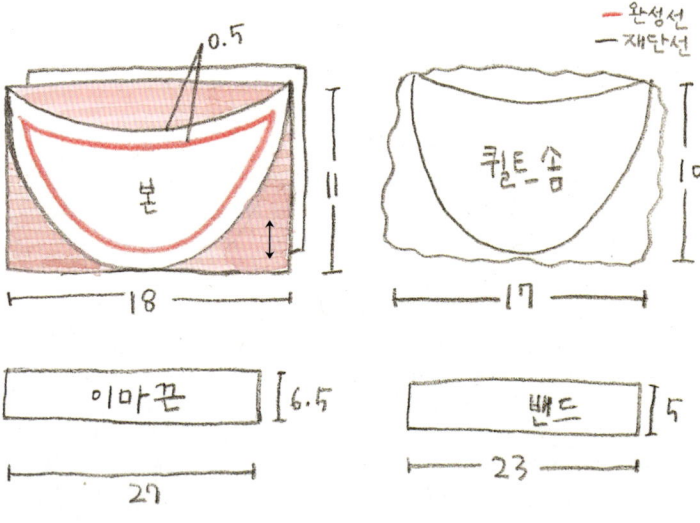

2 퀼트솜 붙이기

챙 원단 한 장을 퀼트 솜의 접착면과 마주 대고 다리미로 다려 고정한다.

※ point 퀼트솜은 물을 살짝 적셔 원단의 겉면에서 고열의 다리미로 지그시 누르듯 다리면 원단에 쉽게 접착된다.

3 챙 박음질하기

솜을 붙인 챙 원단과 남은 챙 원단의 겉면과 겉면을 마주 대어 그림과 같이 A 부분은 남기고 완성선을 따라 박음질한다. 이때 곡선 부분은 가위집을 넣어준다. A 부분을 통해 겉면으로 뒤집는다.

※ point 곡선 부분은 시접의 절반 정도만 살짝 가위집을 주면 원단이 울지 않고 반듯하게 뒤집어진다.

4 챙 & 이마끈 박음질하기

이마끈 중심을 챙 중심에 맞춰 그림과 같이 A 부분을 따라 두르고 시침핀으로 고정한다. A 부분의 윤곽선에서 0.5cm 안으로 들어와 박음질한다.

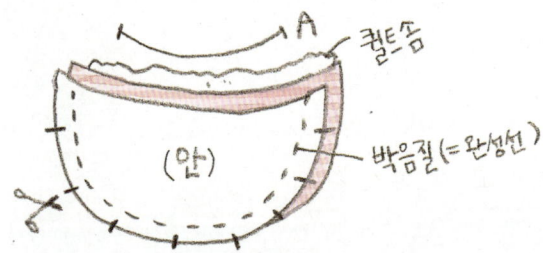

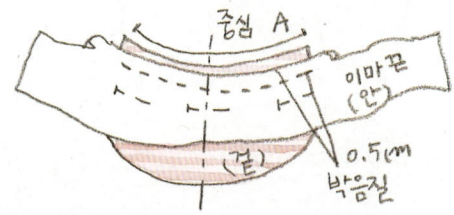

 수놓기

박음질한 이마끈을 그림과 같이 바느질한 부분을 꺾어 이마끈 겉면이 보이도록 펼친다. 이마끈에 아기 이니셜이나 원하는 글씨를 수놓는다. 이때 이니셜은 높이가 2cm를 넘지 않는 범위에서 수를 놓는다.

※ **point** 완성될 이마 부분의 폭이 2cm이므로 그 안에 이니셜을 수놓아야 한다. 더 자세한 이니셜 수놓기 방법은 p.188 참조.

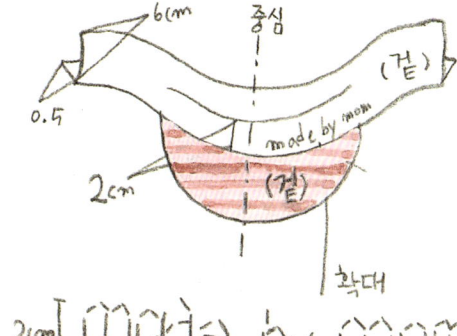

 이마끈 공그르기

이마끈을 박음질한 부분을 감싸서 2cm씩 안쪽으로 두 번 접고 시침핀으로 고정한 후 공그르기한다.

※ **point** 이마끈을 2cm씩 두 번 접어 원단을 두 겹으로 만든 이유는 이마 부분을 탄탄하게 만들기 위해서다.

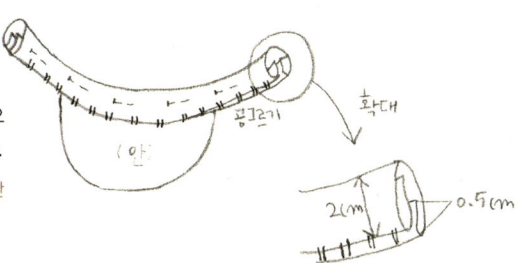

 끈 만들기

밴드 원단을 그림과 같이 안면이 보이게 반 접는다. 파란 완성선을 따라 박음질한다. 끈 끝 B의 구멍을 통해 겉면으로 뒤집는다.

 마무리하기

이마끈의 양쪽 끝을 그림과 같이 1cm 가량 안으로 접어넣는다. 접은 이마끈의 양쪽 끝에 고무줄 박은 밴드를 1cm 가량 안으로 끼워넣고 이마끈의 윤곽선에서 0.5cm 안으로 들어가 박음질로 고정한다.

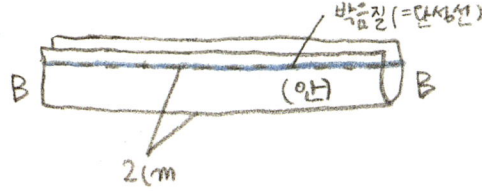

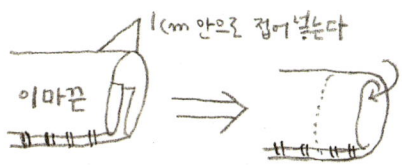

 고무줄 박기

고무줄 끝에 옷핀을 꽂아 밴드 원단의 B 구멍 사이에 끼운다. 고무줄을 그림과 같이 밴드 원단 양쪽 끝에 맞춘 다음, 고무줄 양쪽 끝에서 0.5cm 들어온 지점을 박음질한다.

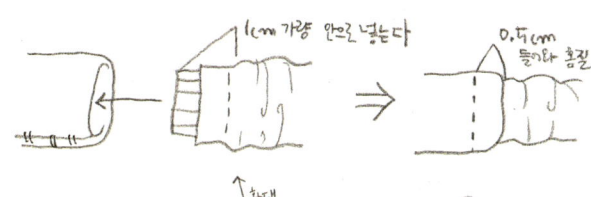

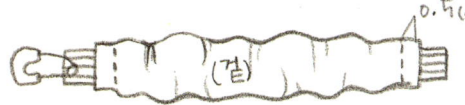

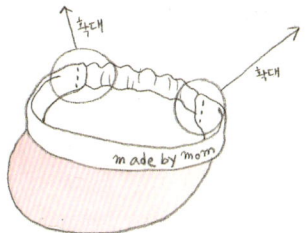

커플 모자

엄마 모자 스트라이프 원단 18×28cm 6장(겉감) · 무지 원단 18×28cm 6장(안감),
아기 모자 스트라이프 원단 13×20.5cm 6장(겉감) · 무지 원단 13×20.5cm 6장(안감),
면끈 폭 1cm 길이 47cm(엄마용) 2개 · 폭 1cm 길이 35cm(아기용) 2개, 장식단추 2개, 장식실

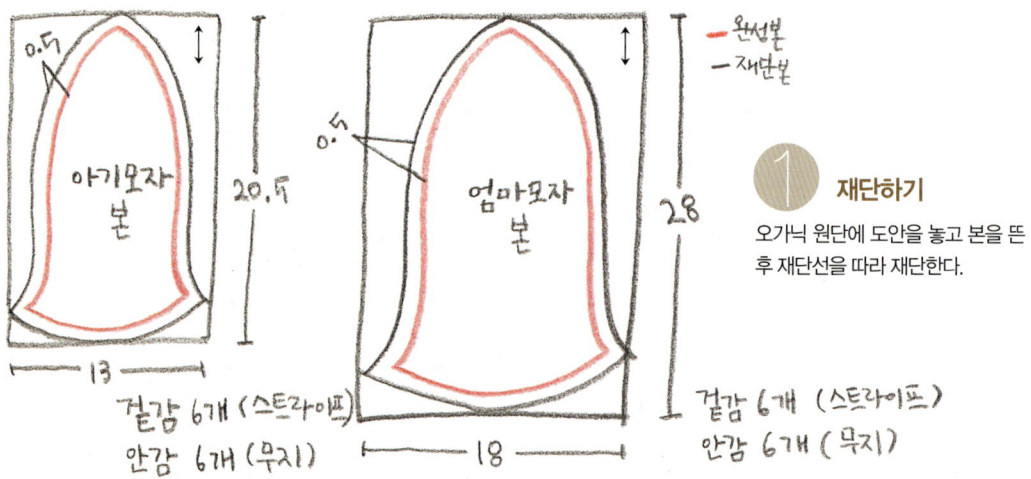

 재단하기

오가닉 원단에 도안을 놓고 본을 뜬 후 재단선을 따라 재단한다.

 모자 겉감 연결하기

모자 겉감 원단 6장을 그림과 같이 옆선의 겉면과 겉면을 마주 대어 붙인다. 완성선을 따라 박음질한다. 이때 모자 원단 ①의 오른쪽 옆선과 모자 원단 ②의 왼쪽 옆선을 겉면과 겉면을 마주 대어 박음질하고, 모자 원단 ②의 오른쪽 옆선과 모자 원단 ③의 왼쪽 옆선을 마주 대어 박음질한다. 같은 방법으로 모자 겉감 원단 6장을 모두 이어준다.

 모자 안감 연결하기

모자 안감 원단 6장을 겉감 원단과 같은 방법으로 옆선의 겉면과 겉면을 마주 대고 완성선을 따라 박음질해서 이어준다. 단, 모자 원단 ①과 모자 원단 ②를 박음질할 때 그림과 같이 고무줄 넣을 구멍을 남기고 박음질한다. 이때 엄마 모자 안감은 밑선에서 6cm를 박음질한 후 구멍 2cm를 남기고 나머지를 박음질하며, 아기 모자 안감은 밑선에서 4cm를 박음질한 후 구멍 2cm를 남기고 나머지를 박음질한다.

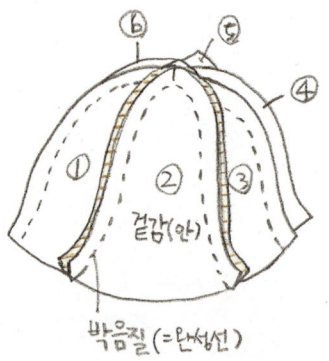

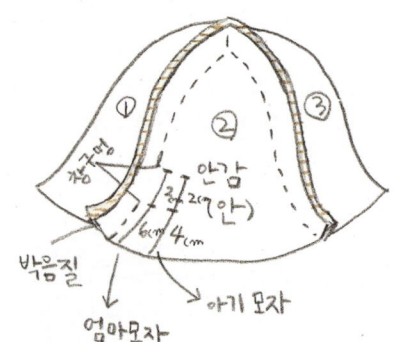

 겉감 & 안감 끼우기

박음질한 겉감과 안감을 그림과 같이 겉면과 겉면이 마주 닿게 끼운다. 창구멍 5cm를 남기고 밑선의 완성선을 따라 박음질한다. 이때 시접은 가름솔로 펴준다.

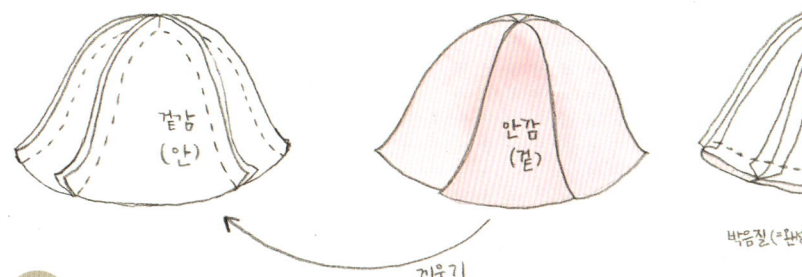

 창구멍 막기

밑선에 남긴 창구멍을 통해 원단을 겉면으로 뒤집은 후 창구멍을 공그르기해 막는다.

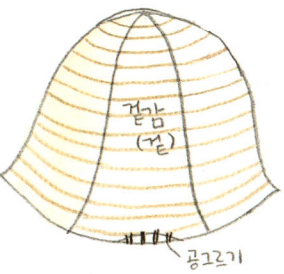

 홈질하기

엄마 모자 겉감과 안감을 함께 그림과 같이 두 줄로 홈질한다. 이때 그림과 같이 밑선에서 5.5cm 위로 올라가 한 바퀴 홈질하고, 첫 번째 홈질한 선에서 2cm 위로 올라가 다시 한 바퀴 홈질한다. 아기 모자도 겉감과 안감을 함께 두 줄 홈질한다. 아기 모자의 경우, 밑선에서 3.5cm 위로 올라가 한 바퀴 홈질하고, 첫 번째 홈질한 선에서 2cm 위로 올라가 다시 한 바퀴 홈질한다.

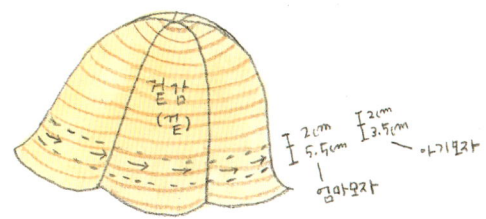

 고무줄 마무리하기

모자를 안감으로 뒤집은 후 엄마 모자, 아기 모자 모두 고무줄 끝에 옷핀을 꽂아 안감에 남겨놓은 구멍 사이로 고무줄을 끼운다. 고무줄을 다 끼운 후 고무줄 양쪽 끝을 확대 그림과 같이 포개 박음질한다.

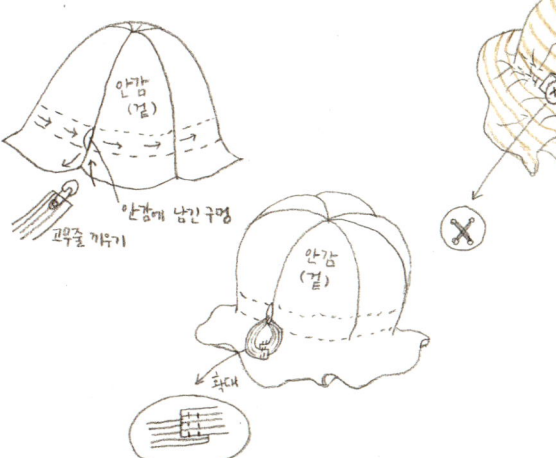

 단추 & 리본 달기

모자를 다시 겉감으로 뒤집은 후 준비한 면끈 2개를 모자의 양쪽에 대칭이 되도록 위치를 잡는다. 면끈 끝을 한 번 접어 그 위에 장식단추를 대어 면끈과 함께 달아준다. 면끈의 나머지 끝은 1cm 가량 두 번 접어 X자 스티치로 마무리한다.

※ **point** 더 자세한 끈 마무리와 단추 달기 방법은 각각 p.185, p.186 참조.

GUIDE FOR BEGINNERS

초보자도 쉽게 따라하는
오가닉 코튼 DIY 가이드

학창 시절 가정 시간에 배운 간단한 바느질법, 어린 시절 엄마 옆에서 어깨 넘어 보았던 기본 바느질법만 익히면, 누구나 오가닉 코튼 DIY에 도전할 수 있다. 능숙한 바느질 기술보다 더 중요한 것은 한 땀 한 땀 정성을 기울이는 엄마의 마음!
기본 바느질법만 제대로 알면 엄마가 직접 만들어 더욱 뿌듯한, 핸드메이드 오가닉 코튼, 아기용품을 우리 아기에게 지금 바로 선물할 수 있다.

바느질 도구

기본 바느질을 위해 꼭 갖춰야 할 반짇고리 도구들.

가위
본을 만들 때 쓰는 가위, 천을 자르는 재단가위, 실을 뜯는 쪽가위 등 용도에 따라 갖추면 편리하다. 천을 자르는 재단가위로 종이를 자르면 날이 상하기 쉬우므로 구분해 사용한다.

실뜯개
쪽가위도 대기 힘든 촘촘한 바느질 부분의 실을 뜯을 때 쓰면 천을 손상시키지 않고 쉽게 제거할 수 있다.

줄자
직선은 물론 곡선의 길이도 잴 수 있어 일반 자보다 쓰임새가 많다.

시침핀 & 핀 쿠션
재단용 본을 천에 고정하거나 바느질 작업 중 천이 밀리지 않도록 고정할 때 쓴다. 핀 쿠션에 꽂아두고 사용하면 편리하다.

일반 자
도안을 뜨거나 시접을 재서 표시할 때 쓴다. 시접 폭이 그려진 전문 시접자를 쓰면 더욱 편리하지만, 간단한 손바느질에는 전문가용 시접자 대신 일반 자를 사용해도 충분하다.

스펀지
주사위 같은 정육면체 장난감을 만들 때 속으로 사용하면 좋다. 동대문종합상가를 비롯해 솜 등을 취급하는 부자재 시장에서 구입한다.

수성 초크
옷감에 시접이나 완성선을 표시할 때 쓴다. 요즘은 손에 묻히지 않고 선을 그을 수 있는 펜 형태의 수성 초크를 주로 사용한다. 다양한 컬러가 있으며 물로 쉽게 지울 수 있다.

면끈
신생아는 성장 속도가 빠르므로 단추보다는 부드러운 면끈을 이용해 옷을 여며 품을 조절한다. 아기옷 원단의 두께나 종류에 따라 면끈의 종류를 선택한다.

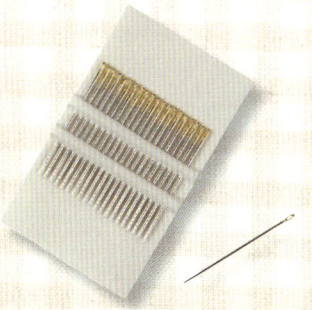

바늘
손바늘질용 바늘은 가늘고 끝이 뾰족하다. 굵기에 따라 1~12호로 나뉘는데, 호수가 작을수록 굵고 길다. 보통 바느질에는 6~9호 바늘을 쓰는데, 바늘은 원단 두께에 알맞은 것을 고른다.

단추 & 똑딱이단추
자연 느낌 그대로의 오가닉 코튼 제품에 나무 단추를 달아 특별한 포인트를 줄 수 있다. 똑딱이단추는 요면인 암단추와 철면인 수단추를 서로 꼭 눌러 맞물리게 하는 단추로, 아기옷의 여밈 부분에 달아주면 빠르고 편리하게 옷을 입고 벗길 수 있다.

삑삑이 & 딸랑이
아기 장난감에 사용하는 소리 나는 부자재로 삑삑이나 딸랑이를 만들 때 필요한 재료다. 솜을 넣는 과정에 같이 넣어 만든다. 역시 동대문종합상가 등의 부자재 시장에서 구입한다.

실
주로 바탕천과 비슷한 재질의, 바탕천보다 약간 짙은 색의 실을 선택해 바느질한다. 스티치를 놓을 때는 장식실이 적합하다.

둥근 면끈
장난감이나 인형 등에 장식용 끈을 달 때는 입체감 있는 둥근 면끈이 적당하다.

레이스끈
장난감이나 인형 등에 고리를 만들어 달아주거나 주머니 등을 장식할 때 레이스끈을 사용하면 아기자기한 분위기를 낼 수 있다.

고무줄 & 옷핀
치마, 바지, 모자 등에 신축성이 좋은 고무줄을 사용하면 사이즈를 조절하기 좋다. 고무줄을 넣을 때 고무줄 끝에 옷핀을 꽂아 넣으면 한결 수월하게 작업할 수 있다.

솜
인형이나 작은 소품의 속을 채울 때는 구름솜(왼쪽)을, 이불이나 옷을 만들 때는 패딩솜(가운데)을 이용한다. 침구류, 장난감 원단에 솜을 고정해서 바느질할 때는 퀼트솜(오른쪽)이 편리하다. 퀼트솜은 안면에 접착 부분이 있어 분무기 또는 스팀으로 물을 살짝 적신 후 원하는 원단 아래에 놓고 지긋이 눌러주듯 다리미로 다리면 쉽게 접착되므로 편리하다.

기본 바느질

가장 많이 쓰이므로 꼭 알아두어야 할 기본 바느질법.

홈질
가장 쉬우면서도 기초가 되는 바느질법이다. 바늘땀을 일정하게 유지해가며 앞으로 진행하는 방식으로 땀의 크기는 원단의 두께에 따라 조절한다.

감침질
원단 끝의 올풀림을 방지할 때 많이 쓰이는 바느질법으로 오버로크를 재봉틀 없이도 대체할 수 있어 유용하다. 사선으로 둥글게 감치주는 형태이며, 가늘고 작게 뜰수록 단정하게 바느질된다.

박음질
실을 곱걸어 꿰매는 방식의 바느질법이다. 한 땀을 뜬 후 다시 뒤로 돌아가 두 땀 건너뛰어 빼는 방식을 반복하면 실밥이 잘 풀리지 않는 단단한 바느질이 된다. 바늘땀의 생김이 앞뒤가 다르므로 바느질할 때 원단의 겉면을 보며 해야 한다.

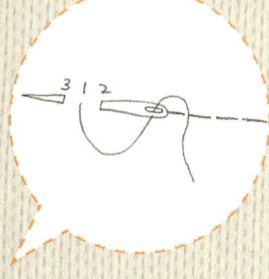

매듭 마무리하기
실 끝에 매듭을 지어 바느질을 시작하며 마무리는 바늘에 실을 두세번 걸어 바늘을 잡아 당기는 방법으로 한다.

공그르기
바늘땀이 보이지 않는 바느질법으로 단 처리할 때, 2개의 원단을 연결할 때, 바이어스테이프를 마무리할 때 주로 쓰인다. 양쪽 원단을 균일한 땀 크기로 한 땀씩 떠나가는 방법과 한쪽은 한 땀을 뜨고 다른 한쪽은 살짝 고정만 하는 방법으로 떠나가는 방법이 있다.

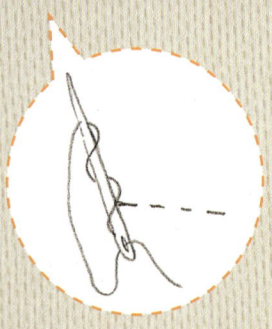

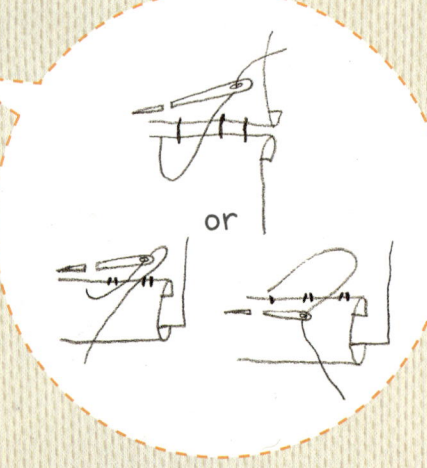

식서
원단에 본을 그리거나 재단하기 전에 먼저 식서 방향을 파악해야 한다. 식서 방향은 변폭으로서 주로 원단의 올이 풀리지 않는 쪽을 말한다. 도안에서는 식서 방향을 '↕'로 표시한다.

업그레이드 바느질

원단의 가장자리를 깔끔하게 마무리하는 바이어스 테이프와
아기옷 여밈에 많이 쓰는 끈 달기 노하우.

바이어스 테이프 재단하기

1 바이어스 테이프를 만들 때는 일반적으로 원단의 사선(45°) 방향으로 잘라 만든다. 그림과 같이 원단의 사선 방향으로 원하는 바이어스 테이프 폭만큼 간격을 두고 자른다.

2 바이어스 테이프를 길게 연결해서 쓸 때는 자른 바이어스 테이프를 그림과 같이 겉면과 겉면을 마주 대어 박음질로 연결한다.

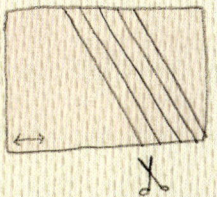

3 연결한 시접은 가름솔을 펼쳐 사용한다.

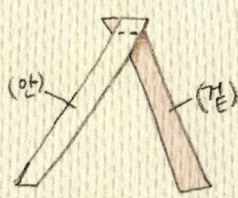

끈 마무리하기 & 끈 달기

1 끈은 올 풀림을 방지하기 위해 끈 끝을 1cm씩 두 번 접어 그림과 같이 두 줄로 박음질해서 마무리한다. 끈을 원단에 달아줄 경우 원단과 함께 박음질해서 단다.

2 혹은 끈 끝을 1cm씩 두 번 접어 X자 스티치로 마무리한다. 끈을 원단에 달아줄 경우 원단과 함께 스티치해서 단다.

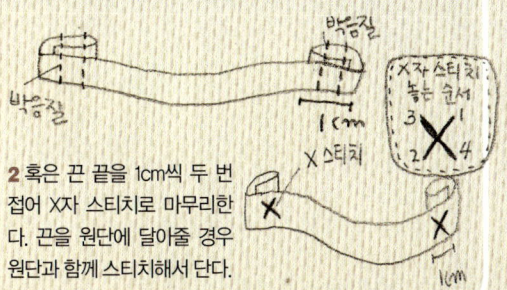

바이어스 테이프 두르기

일반적인 경우

1 원단의 겉면과 바이어스 테이프의 겉면을 마주 대고 시침핀으로 바이어스 테이프를 고정한다. 원단의 파란 윤곽선에서 0.8cm 안으로 들어와 박음질한다.

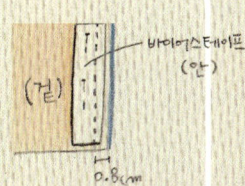

2 박음질한 바이어스 테이프를 파란 선을 감싸서 원단 안쪽으로 접어넘긴다.

3 접어넘긴 바이어스 테이프 끝을 0.8cm 안으로 접어 넣고 시침핀으로 고정한다.

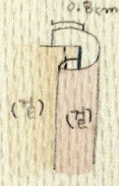

4 바이어스 테이프를 공그르기해 원단에 고정시킨다.

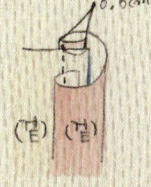

바이어스 테이프를 끈으로 만들 경우

1 바이어스 테이프 양쪽 끝을 1~2cm 가량 접는다. 접는 양은 원단 두께에 따라 달라진다.

2 바이어스 테이프의 중심을 기준으로 양쪽을 접어 반으로 접는다.

3 다시 반을 접어 공그르기로 마무리한다.

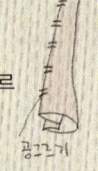

시작과 마무리를 겹쳐 바이어스 테이프를 두를 경우

바이어스 테이프 시작 지점의 끝을 1~2cm 가량 접는다. 끝을 접는 양은 원단의 두께에 따라 달라진다. 바이어스 테이프를 두른 다음 마무리 지점으로 시작 지점을 덮는다. 원단의 윤곽선에서 0.8cm 안으로 들어와 박음질한다.

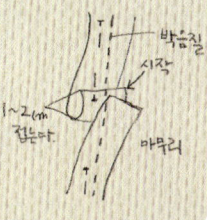

부자재 달기

장식단추, 똑딱이단추, 싸개단추 달기부터 깜찍한 리본 달기에 이르기까지 여러 가지 부자재 다는 방법.

단추 달기

1 단춧구멍 하나에서 바늘을 뺀다.

2 대각선 방향의 단춧구멍으로 바늘을 집어넣는다. 이를 두세 번 반복한다.
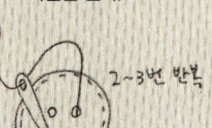

3 나머지 단춧구멍 2개도 같은 방법으로 바늘을 걸어 두세 번 반복한다.
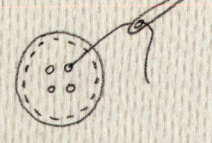

4 단추와 원단 사이의 공간에 실을 감아 단단히 고정한 후 매듭을 지어 마무리한다.
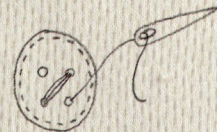
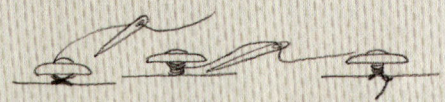

싸개단추 만들기 & 달기

1 싸개단추 원단을 시작 지점에서 마무리 지점까지 완성선을 따라 홈질한 후, 중앙에 약간의 솜을 놓는다.
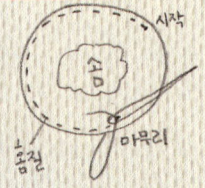

2 홈질한 실을 잡아당겨 그림과 같이 동그랗게 만든 후 매듭을 짓는다.
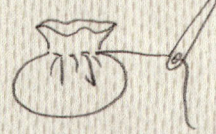

3 싸개단추의 시접 부분을 원단과 마주 대어 그림과 같이 공그르기해 단다.

똑딱이단추 달기

1 똑딱이단추 4개의 구멍 중 하나에 바늘을 걸어 뺀다.

2 똑딱이단추를 감싸서 다시 구멍 안으로 바늘을 넣어 실고리를 만들어준다.

3 실고리 사이로 바늘을 빼 매듭을 지어준다. 이를 두세 번 반복한다.

4 나머지 구멍에도 같은 방법으로 바늘을 걸어 두세 번 반복한 후 매듭을 지어 마무리한다.

리본 달기

1 리본끈을 준비해 그림과 같이 고리를 만든다. 이때 A는 길게, B는 A보다 짧게 남긴다.

2 길게 남긴 A를 고리를 감싸서 구멍 C 사이로 고리를 만들며 빼낸다.
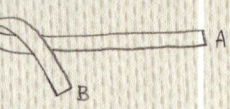

3 양쪽 끝의 리본 길이를 비슷하게 맞춰 정리한다.

4 면 리본인 경우 올이 풀리기 쉬우므로 리본 끝을 그림과 같이 1cm씩 두 번 접어 X자 스티치로 마무리한다.
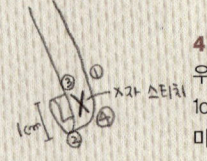
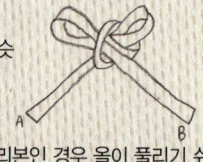

5 리본을 원단에 놓고 리본이 풀릴 수 있는 중앙 매듭 부분에 그림과 같이 바늘을 두 땀 정도 잡아 고정해 달아준다.

기본 스티치로 수놓기

간단한 바느질법만 알면 할 수 있는 여러 가지 스티치 기법.

러닝 스티치(홈질 스티치)

홈질과 같으며 바늘땀이 보이는 곳에 사용하면 예쁘다. 시접을 고정하거나 포인트를 줄 때 많이 사용한다. 장식실의 굵기에 따라 스티치의 느낌을 달리 표현할 수 있다.

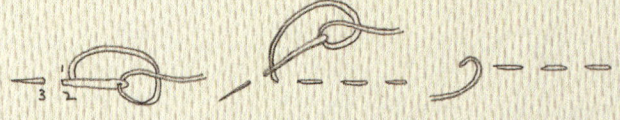

백 스티치(박음질 스티치)

박음질과 같으며 선을 가장 정확하게 표현할 수 있다. 바늘땀을 완전히 메워 스티치한다

프렌치 노트 스티치(매듭 스티치)

실을 감아 매듭을 만드는 스티치로 인형의 눈이나 씨앗, 점 등을 표현하기 좋다. 바늘에 실을 두세 번 감아 바늘을 빼지 말고 다시 제자리에 찔러넣은 후 잡아당겨 매듭을 만든다. 바늘에 실을 감는 횟수에 따라 매듭의 크기가 달라진다.

새틴 스티치

면을 완전히 메우는 스티치 기법으로 인형의 코, 나뭇잎 등 작은 면을 채울 때 쓴다.

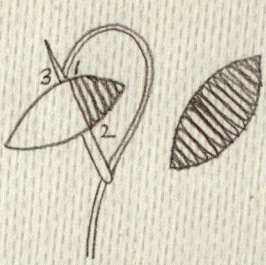

체인 스티치

고리 모양을 사슬처럼 계속해서 이어 꿰매는 스티치. 단순한 선보다 훨씬 더 풍부한 윤곽선을 표현할 수 있어 굵은 선을 표현하는 데 좋다.

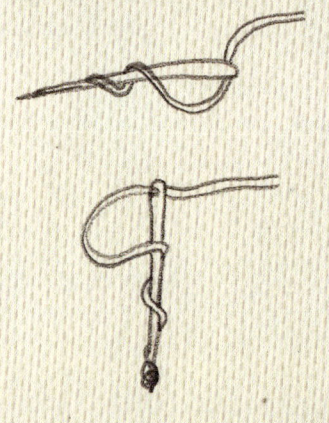
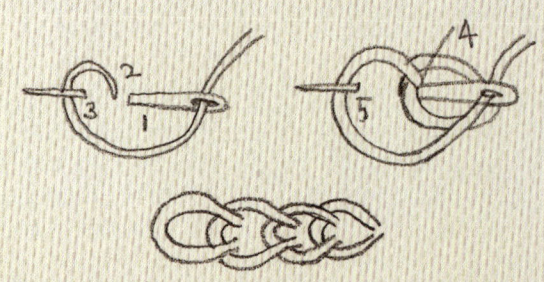

이니셜 수놓기

러닝(박음질) 스티치를 이용하여 알파벳, 숫자, 한글 수놓기.

ABCDEFGHIJKLMNO
PQRSTUVWXYZ
abcdefghijklmn
opqrstuvwxyz
1234567890
ㄱㄴㄷㄹㅁㅂㅅㅇㅈㅊㅋㅌㅍㅎ
ㅏㅑㅓㅕㅗㅛㅜㅠㅡㅣㅐㅒㅖㅢㅚㅝㅟㅘ

아플리케

조각천을 원하는 모양대로 오려 바탕천에 놓고 그 윤곽을 실로 꿰매 붙이는 장식 기법을 아플리케라고 한다. 아기의 이니셜을 오려 만든 조각천을 간단한 러닝 스티치(홈질)을 이용해 붙이는 식으로 적용해볼 수 있다. 러닝 스티치로 조각천을 달 때는 완성선에서 0.2cm 들어와 홈질하고 바늘땀의 크기는 원단의 두께나 이니셜의 크기에 따라 알맞게 둔다.

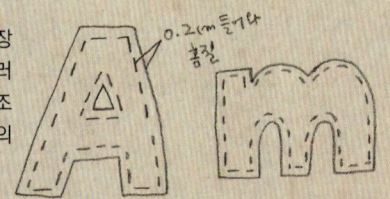

동물 장식 만들기

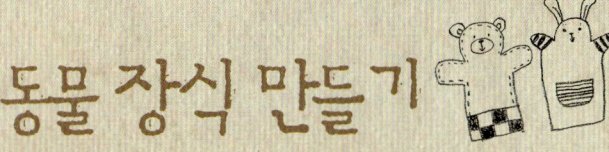

여러 아이템에 활용할 수 있는 귀여운 병아리, 토끼, 곰돌이 장식 만들기

병아리 장식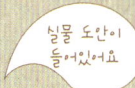

> 원단 7×6.5cm 2장(대) · 원단 5.5×5cm 2장(소), 장식실

 재단하기

오가닉 원단에 도안을 놓고 본을 뜬 후 재단선을 따라 재단한다. 원단의 크기와 색깔은 원하는 대로 선택한다.

— 완성선
— 재단선

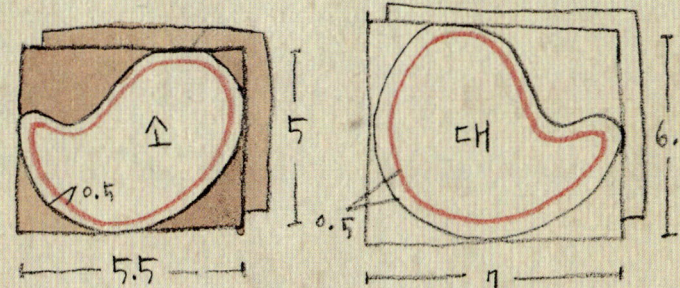

 병아리 몸 만들기

원단 2장의 겉면과 겉면을 마주 대어 창구멍 3cm를 남기고 완성선을 따라 박음질한다. 창구멍을 통해 겉면으로 뒤집은 후 공그르기해 창구멍을 막는다.

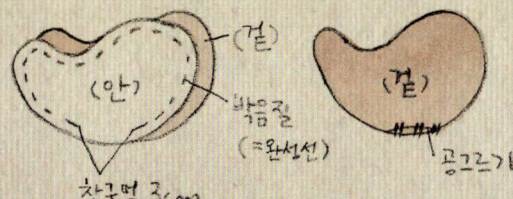

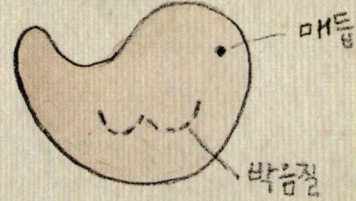 **수놓기**

수성 초크로 눈과 날개를 그려 장식실로 수놓는다. 눈은 매듭 스티치로, 날개는 박음질로 수를 놓는다.

 바탕천에 수놓기

병아리 장식을 달 바탕천 위에 수성 초크로 부리와 다리를 그려 장식실로 수놓는다. 부리는 확대 그림과 같이 새틴 스티치로, 다리는 확대 그림과 같이 번호 순서대로 중앙의 실이 고정될 수 있게 좌우로 한 땀씩 잡아주는 방식으로 수를 놓는다.

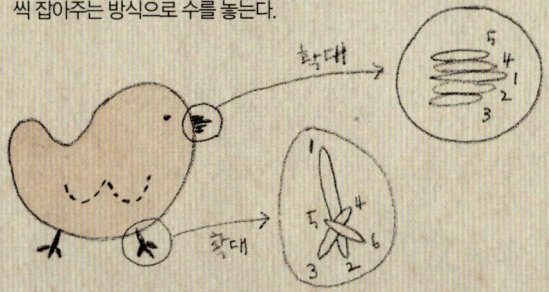

마무리하기

부리와 다리를 수놓은 바탕천 위에 준비한 병아리 장식을 공그르기해 달아준다.

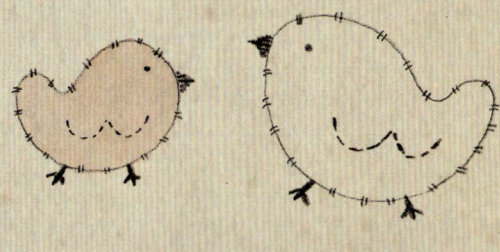

토끼 장식

실물 도안이 들어있어요

얼굴 화이트 원단 6.5×7cm 2장, 귀 브라운·체크 원단 3×4.5cm 각 2장씩, 장식실, 끈(선택) 10cm 1개, 솜(선택) 30g, 딸랑이(선택)

1 재단하기

오가닉 원단에 도안을 놓고 본을 뜬 후 재단선을 따라 재단한다.

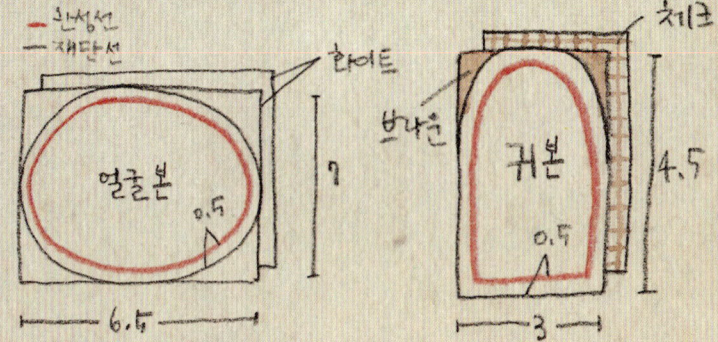

2 귀 만들기

브라운 원단 1장과 귀 체크 원단 1장의 겉면과 겉면을 마주 댄다. 창구멍을 남기고 완성선을 따라 박음질한다. 창구멍을 통해 겉면으로 뒤집는다. 같은 방법으로 귀를 2개 만든 뒤 그림과 같이 세로로 반을 접어 아랫부분을 감침질로 고정한다.

3 얼굴 만들기

얼굴 원단 2장의 겉면과 겉면을 마주 대어 준비한 귀를 그림과 같이 얼굴 원단 사이에 끼운다. 창구멍을 4cm 가량 남기고 완성선을 따라 박음질한다. 토끼 장식에 고리를 달고 싶으면 준비한 끈을 그림과 같이 얼굴 원단 사이에 함께 끼운다. 창구멍을 통해 겉면으로 뒤집는다.

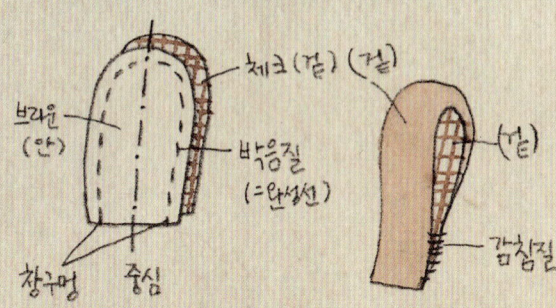

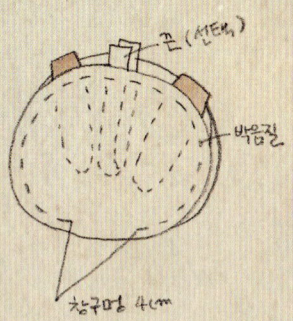

5 마무리하기

창구멍을 공그르기해 막는다.

4 수놓기

토끼 장식에 솜을 넣어 인형처럼 만들고 싶으면 준비한 솜을 창구멍을 통해 넣어준다. 딸랑이 재료를 솜과 함께 넣으면 소리 나는 장난감이 된다. 수성 초크로 얼굴에 눈, 코, 입을 그려 장식실로 수놓는다. 눈은 매듭 스티치로, 코는 새틴 스티치로, 입은 박음질로 수를 놓는다.

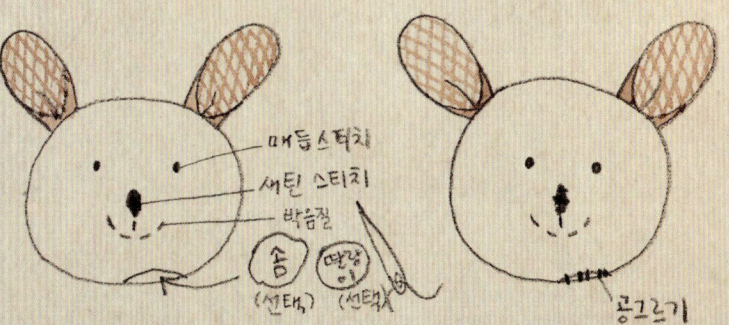

곰돌이 장식

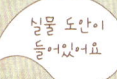 실물 도안이 들어있어요

얼굴 브라운 원단 6.5×7cm 2장, 귀 브라운·체크 원단 4×3cm 각 2장씩, 입 화이트 원단 3×2.5cm 2장, 장식실, 끈(선택) 10cm 1개, 솜(선택) 30g, 딸랑이(선택)

1 재단하기

오가닉 원단에 도안을 놓고 본을 뜬 후 재단선을 따라 재단한다.

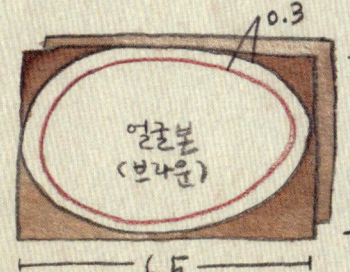
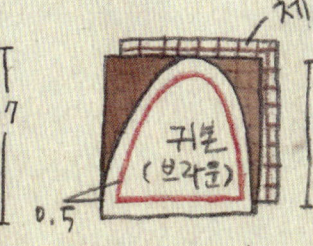

2 귀 만들기

브라운 원단 1장과 체크 원단 1장의 겉면과 겉면을 마주 댄다. 창구멍을 남기고 완성선을 따라 박음질한다. 창구멍을 통해 겉면으로 뒤집는다. 같은 방법으로 귀를 2개 만든다.

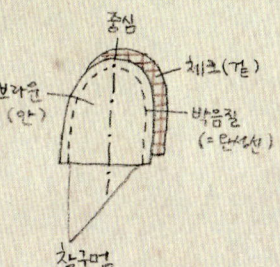

3 입 만들기

원단 2장의 겉면과 겉면을 마주 대어 창구멍 1.5cm를 남기고 완성선을 따라 박음질한다. 창구멍을 통해 겉면으로 뒤집은 후, 공그르기해 창구멍을 막는다.

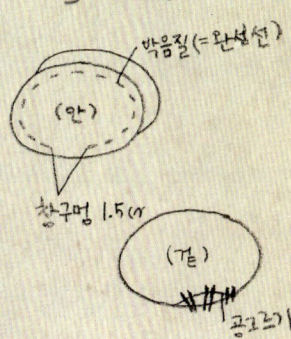

4 얼굴 만들기

원단 2장의 겉면과 겉면을 마주 대어 준비한 귀를 그림과 같이 얼굴 원단 사이에 끼운다. 창구멍을 4cm 가량 남기고 완성선을 따라 박음질한다. 곰돌이 장식에 고리를 달고 싶으면 준비한 끈을 그림과 같이 얼굴 원단 사이에 함께 끼운 후 박음질한다. 창구멍을 통해 겉면으로 뒤집는다.

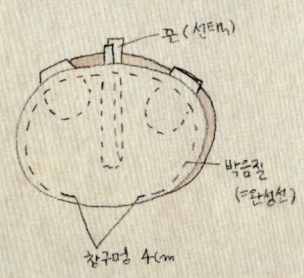

5 수놓기

곰돌이 장식에 솜을 넣어 인형처럼 만들고 싶으면 준비한 솜을 창구멍을 통해 넣는다. 이때 딸랑이 재료를 솜과 함께 넣으면 소리 나는 장난감이 된다. 준비한 입을 얼굴 중앙에 놓고 공그르기해 고정한다. 수성 초크로 얼굴에 눈과 코를 그려 장식실로 수놓는다. 눈은 매듭 스티치로, 코는 새틴 스티치로 수를 놓는다. 새틴 스티치로 만든 코 아래로 그림과 같이 양쪽에 한 땀씩 수를 놓는다.

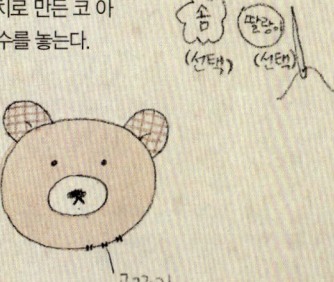

6 마무리하기

창구멍을 공그르기해 막는다.

예비 엄마들 사이에서 인기있는 김원미는...

현재 친환경 오가닉 코튼 DIY 패키지 제품을 판매하는 회사 '오가닉 코튼 DIY(www.ocdiy.co.kr)'를 운영하고 있다. 미술을 통한 아동 심리 상담 및 유아교육 전문가를 거치며 자연스럽게 아이용품에 관심을 갖게 되었고 2006년부터 본격적으로 오가닉 코튼을 이용한 아기옷, 아기용품 만들기 제품을 선보이기 시작했다. 오가닉 코튼 DIY에서 다루는 제품은 완제품이 아닌 엄마들이 직접 바느질하고 만드는 DIY 패키지 제품으로, 이번 책은 패키지 제품에 만족하지 않고 직접 재료를 구해 좀 더 다양한 아이템에 도전하고자 하는 엄마들을 위한 오가닉 코튼 DIY 가이드북으로 구성했다. 롯데, 현대, 신세계, AK 등 전국의 유명 백화점 문화센터 강의 및 다양한 초청 강의를 진행하고 있으며, 육아 전문 잡지《맘&앙팡》에 칼럼을 연재하는 한편, KBS《활력 충천 530》및《세상의 아침》, 동아일보를 비롯한 각종 언론 매체에 소개된 바 있다. 국내의 대표적인 임신출산육아 박람회 '베이비 페어'에도 매년 참여해 단연 인기 부스로 인정받고 있는 '오가닉 코튼 DIY'는 앞으로 센스있는 디자인 감각을 발휘해 아기용품 뿐만 아니라 오가닉 코튼으로 만든 리빙용품 등 그 영역을 조금씩 넓혀갈 계획이다.

홈페이지 www.ocdiy.co.kr **쇼핑몰** www.ocdiymall.co.kr **네이버 카페** http://cafe.naver.com/ocdiy

오가닉 코튼으로 만드는 친환경 아기용품

발행일 초판 1쇄 2009년 8월 20일
　　　　 7쇄 2015년 3월 27일

지은이 | 김원미

발행인 | 노재현
편집장 | 이정아
마케팅 | 김동현, 김용호, 이진규
제작 | 김훈일

진행 | 김주윤
교정·교열 | 노경수
디자인 | design bis(02-779-2282)
사진 | 최상규(F1 STUDIO, 02-749-3570)
스타일링 | 심희진(트위니 스튜디오, 031-706-1952)
일러스트 | 최제희(titijehee@yahoo.co.kr)
출력 | 트리콤
인쇄 | 웰컴 P&P
협찬 | 트리앤그린 TREE&GREEN www.treengreen.com,
　　　도시와 생활 www.citynlife.co.kr,
　　　울랄라베베, 호시노앤쿠키스, 아리플리마켓

발행처 | 중앙북스(주)
등록 | 2007년 2월 13일 제2-4561호
주소 | 서울시 중구 서소문로 100 (서소문동) J빌딩 3층
구입 문의 | 02-2031-1303
내용 문의 | 02-2031-1374
팩스 | 02-2031-1399
홈페이지 | www.joongangbooks.co.kr

ⓒ 김원미, 2009

이 책은 저작권법에 따라 보호받는 저작물이므로 무단 전재와 무단 복제를 금지하며,
이 책 내용의 전부 또는 일부를 이용하려면 반드시 저작권자와 중앙북스(주)의 서면 동의를 받아야 합니다.

※잘못된 책은 구입처에서 바꾸어 드립니다.
※책 값과 ISBN은 뒤표지에 있습니다.